中国高等院校信息系统学科课程体系（CIS2011）规划教材

丛书主编：陈国青

信息系统分析与设计实践教程（第2版）

汤宗健　梁革英　韦琳娜　编著

清华大学出版社

北京

内 容 简 介

本书以信息系统分析与设计的实践操作为主线，通过对一个简单信息系统的开发过程的详细介绍，完整描述了信息系统分析、设计、实现的理论与实验方法及过程。全书共5章，包括信息系统的应用与构成、信息系统分析、信息系统设计、信息系统分析与设计实验和信息系统实现。本书融理论与实践为一体，图文并茂，涵盖了信息系统开发全过程的8个实验，详细介绍了使用 Microsoft Visio 2010 绘制信息系统分析与设计模型的方法，提供了各种开发文档编写的规范示例，并展示了使用 Microsoft Visual Studio 2010 实现一个信息系统的全过程。每个实验项目都说明了实验所需的相关理论、实验要求与实验过程。

本书的目标是使读者掌握信息系统的开发方法，特别适合想提高信息系统分析与设计能力的读者。对于希望以开发信息系统作为毕业设计的学生而言，本书能够指导他们高质量、快速地完成毕业设计任务，撰写规范的毕业设计文档。本书可作为高等院校信息类专业信息系统分析与设计、管理信息系统的实验教材或课程设计指导用书，也可作为高职学生的信息系统开发实训教材。

图书在版编目（CIP）数据

信息系统分析与设计实践教程/汤宗健等编著.—2 版.—北京：清华大学出版社，2019（2022.2 重印）
（中国高等院校信息系统学科课程体系（CIS2011）规划教材）
ISBN 978-7-302-48840-8

Ⅰ．①信… Ⅱ．①汤… Ⅲ．①信息系统－系统分析－高等学校－教材 ②信息系统－系统设计－高等学校－教材 Ⅳ．①G202

中国版本图书馆 CIP 数据核字（2017）第 285932 号

责任编辑：刘向威　张爱华
封面设计：常雪影
责任校对：焦丽丽
责任印制：沈　露

出版发行：清华大学出版社
　　　　　网　　址：http://www.tup.com.cn，http://www.wqbook.com
　　　　　地　　址：北京清华大学学研大厦 A 座　　　　　邮　　编：100084
　　　　　社 总 机：010-62770175　　　　　邮　　购：010-83470235
　　　　　投稿与读者服务：010-62776969，c-service@tup.tsinghua.edu.cn
　　　　　质量反馈：010-62772015，zhiliang@tup.tsinghua.edu.cn
　　　　　课件下载：http://www.tup.com.cn，010-83470236
印 装 者：三河市龙大印装有限公司
经　　销：全国新华书店
开　　本：185mm×260mm　　　　　印　张：17　　　　　字　　数：411 千字
版　　次：2012 年 11 月第 1 版　　2018 年 1 月第 2 版　　　　印　　次：2022 年 2 月第 5 次印刷
印　　数：6001～7000
定　　价：49.00 元

产品编号：077255-01

前　言
FOREWORD

　　《信息系统分析与设计实践教程》(978-7-302-29843-4)自2012年出版以来,已经重印4次,得到了广大师生的好评。今年我们对教材进行改版,主要做了如下修改:第一,升级了实验中使用的开发工具。鉴于高校实验室环境的升级改造,将开发工具Microsoft Visual Studio 2008升级为Microsoft Visual Studio 2010,将数据库管理系统Microsoft SQL Server 2005升级为Microsoft SQL Server 2008,并对所有程序进行了版本更新后的调整。同时,将分析设计工具Microsoft Visio 2003升级为Microsoft Visio 2010,删掉了ERwin的使用。第二,在信息系统需求分析部分,删掉了结构化分析方法,改为面向对象分析方法。第三,在信息系统设计部分,增加了类设计的内容,同时,充实了数据库设计的内容。

　　· **本书的结构与内容**

　　管理信息系统以服务管理为目标,对改善管理流程有重要作用。结构化方法以流程分析为主,比较符合管理理论与方法的要求。面向对象方法在软件开发中具有重要地位。本书运用结构化方法与面向对象方法,以管理信息系统的分析与设计为主线,从实验的角度,用一个简单的易于理解的信息系统开发项目作为案例,展示了信息系统开发过程中使用到的理论、技术、方法及文档的撰写。

　　第1章信息系统的应用与构成,介绍了信息系统的概念、信息系统分析与设计的方法、信息系统的开发步骤、信息系统的几种应用形式及各种应用形式实现的功能、信息系统的结构,并通过金蝶K/3 ERP系统的应用实验,让读者对信息系统的应用与构成产生直观的印象,为信息系统分析、设计、实现提供可借鉴的实例。

　　第2章信息系统分析,介绍了信息系统的调查方法及用户需求分析方法,并参照国家标准《计算机软件文档编制规范》(GB 8567—2006),提供了项目视图与范围规格说明书、软件需求说明书、数据要求说明书等信息系统分析文档的编写示例。

　　第3章信息系统设计,介绍了信息系统总体设计和信息系统详细设计的要求与方法,提供了数据库设计说明书、系统概要设计说明书、系统详细设计说明书等信息系统设计文档的编写示例。

　　第4章信息系统分析与设计实验,介绍了如何运用Microsoft Visio 2010绘制信息系统分析与设计中所涉及的各种模型,包括组织结构图、业务流程图、数据流程图、E-R图、功能模块结构图、结构图、UML模型图等图形的绘制方法,以及利用Microsoft Visio 2010设计系统界面的方法。

　　第5章信息系统实现,以Microsoft SQL Server 2008和Microsoft Visual Studio 2010为主要开发环境,通过6个实验详细介绍了信息系统实现阶段中所涉及的几个方面:数据库设计与实现、信息系统输入设计、信息系统输出设计、信息系统处理设计、信息系统辅助功能设计、信息系统安装与测试。在每个实验中,都说明了实验的目的、实验要求、实验预备知识、实验环境及要求、实验步骤、实验结果与报告。

为方便读者完成实验内容，所有章节具体的实验过程都详细说明了实验应进行的每项工作及操作步骤，并提供了相应的图示。

• 阅读建议

本书第 1 章值得想通过对 ERP 这样的大型信息系统的使用获得信息系统开发启示的读者认真阅读。本书从第 2 章开始每章内容都是围绕工资管理系统这个实例来展开的，是最值得认真阅读与实践的，读者应按照章节顺序阅读，它展示了信息系统分析、设计、实现、测试的过程及文档撰写格式与内容，值得读者亲自动手体会。

管理信息系统开发是一个复杂的综合过程，本书只是利用一个实际的案例，从一个简单的角度介绍了信息系统开发中所用到的开发方法、设计技巧、应注意的问题，这对于大多数信息系统来说都是适用的。学习时注重基本技能的训练，从一点一滴中积累，要将本书中介绍的方法推广到其他信息系统的开发中去，包括使用不同的开发工具、不同的开发环境，这样才能真正地掌握信息系统的开发。要知道，管理信息系统是一个复杂的系统，它也是由一个个细节所构成的，有时候，细节是可以决定成败的。考虑总体，更要关注细节。实践是信息系统开发的唯一真理，亲身体会信息系统开发中的乐趣是成功的重要因素，现在就动手吧！

本书由汤宗健统稿，并负责第 1～4 章大部分内容的编写，梁苹英负责编写第 2 章、第 3 章及第 5 章部分内容，韦琳娜编写第 5 章部分程序。在编写过程中，还参考了国内外有关研究成果及网站，在此对所有涉及的专家、学者表示衷心的感谢。

本书虽已完成，但由于作者的水平和经验有限，难免存在不足，敬请各位专家、读者批评指正，以便我们今后对本书进行修订。

本书所涉及的程序源代码及其他相关教学资源都可提供给教师，联系电子邮箱：tzj2680@126.com。

作　者

2017 年 10 月

目录
CONTENTS

第1章　信息系统的应用与构成　①

1.1　信息系统概述　①

1.1.1　信息系统的定义　①

1.1.2　信息系统开发的条件　①

1.1.3　信息系统分析与设计方法　②

1.1.4　信息系统开发的基本步骤与要求　②

1.2　信息系统的应用　③

1.3　信息系统的构成　⑦

1.4　信息系统的构成与应用实验——金蝶 K/3 系统　⑨

1.4.1　实验目的　⑨

1.4.2　实验内容与要求　⑨

1.4.3　实验预备知识　⑨

1.4.4　金蝶 K/3 ERP V11.0 操作实践　⑳

1.4.5　实验结果与报告　52

第2章　信息系统分析　53

2.1　系统调查　53

2.1.1　系统调查的目标　53

2.1.2　调查的方法　54

2.1.3　收集信息的种类　57

2.1.4　信息收集的策略　57

2.2　信息系统需求分析　58

2.2.1　组织结构与功能分析　58

2.2.2　确定系统边界　60

2.2.3　确定系统需求　60

2.2.4　建立新系统逻辑模型　63

2.3　分析文档——工资管理系统的分析报告　63

2.3.1　项目视图与范围规格说明书　64

2.3.2　软件需求说明书　66

2.3.3　数据要求说明书　76

第3章　信息系统设计　78

3.1　信息系统总体设计　78

3.2　信息系统详细设计　82

3.2.1　用户界面设计　82

3.2.2　处理过程设计　84

3.2.3　输入输出设计　85

3.2.4　类设计　86

3.3　设计文档——工资管理系统的设计报告　87

3.3.1　数据库设计说明书　87

3.3.2　系统概要设计说明书　91

3.3.3　系统详细设计说明书　94

第4章　信息系统分析与设计实验——Microsoft Visio 2010　98

4.1　实验目的　98

4.2　实验内容和要求　98

4.3　实验预备知识　98

4.3.1　Microsoft Visio 2010 简介　98

4.3.2　Microsoft Visio 2010 的基本操作方法　99

4.3.3　将 Microsoft Visio 2010 的图形插入到 Word 文档中　104

4.3.4　模具管理　104

4.4　实验环境与要求　107

4.5　实验步骤　107

4.5.1　组织结构图的绘制　107

4.5.2　业务流程图的绘制　109

4.5.3　数据流程图的绘制　111

4.5.4　E-R 图的绘制　111

4.5.5　功能模块结构图的绘制　114

4.5.6　结构图的绘制　114

4.5.7　界面设计　114

4.5.8 UML 模型图的绘制 (115)

4.6 实验结果与报告 (119)

第 5 章 信息系统实现 (120)

5.1 实验 1：数据库设计实验 (121)

5.1.1 实验目的 (121)

5.1.2 实验要求 (121)

5.1.3 实验预备知识 (121)

5.1.4 实验环境与准备 (122)

5.1.5 实验步骤 (122)

5.1.6 实验结果与报告 (151)

5.2 实验 2：输入设计实验 (151)

5.2.1 实验目的 (151)

5.2.2 实验内容与要求 (151)

5.2.3 实验预备知识 (151)

5.2.4 实验环境及要求 (155)

5.2.5 实验步骤 (155)

5.2.6 实验结果与报告 (182)

5.3 实验 3：输出设计实验 (182)

5.3.1 实验目的 (182)

5.3.2 实验内容与要求 (183)

5.3.3 实验预备知识 (183)

5.3.4 实验环境及要求 (184)

5.3.5 实验步骤 (184)

5.3.6 实验结果与报告 (201)

5.4 实验 4：信息系统处理设计实验 (201)

5.4.1 实验目的 (201)

5.4.2 实验内容与要求 (201)

5.4.3 实验预备知识 (201)

5.4.4 实验环境及要求 (202)

5.4.5 实验步骤 (202)

5.4.6 实验结果与报告 (217)

5.5 实验 5：辅助功能设计实验 (218)

5.5.1 实验目的 (218)

5.5.2 实验内容与要求 (218)

5.5.3 实验预备知识 (218)

5.5.4 实验环境及要求 (219)

5.5.5 实验步骤 (219)

5.5.6 实验结果与报告 (244)

5.6 实验 6：系统安装与测试实验 (244)

5.6.1 实验目的 (244)

5.6.2 实验内容与要求 (244)

5.6.3 实验预备知识 (244)

5.6.4 实验环境及要求 (248)

5.6.5 实验步骤 (248)

5.6.6 实验结果与报告 (260)

参考文献 (261)

第1章 信息系统的应用与构成

1.1 信息系统概述

1.1.1 信息系统的定义

简单来说,信息系统就是用于对信息进行加工处理并提供信息的系统。当把信息系统用于管理领域时,我们把信息系统称为管理信息系统,有时候也简称为信息系统。管理信息系统是一个社会技术系统,它是利用信息技术来解决管理问题的一个人机系统,这意味着管理信息系统不是一个全自动的系统,需要在人和机器之间进行分工,共同完成相关的管理活动。因此,可以把管理信息系统定义为:管理信息系统是一个以人为主导,利用计算机硬件、软件、网络通信设备以及其他办公设备,进行信息的收集、传输、加工、存储、更新和维护,以提升企业竞争优势、提高经济效益和工作效率为目的,支持企业管理活动的集成化的人机系统。

管理信息系统是一个以人为主导的人机系统,管理信息系统设计者首先要了解人(或称为用户)的需要,以满足人的需要为出发点,要考虑人参与的各种管理活动,应当认真分析哪些工作由人做合适,哪些工作由计算机做合适,要充分发挥人和计算机各自的长处。

管理信息系统是一个集成的系统。系统的集成包括人与计算机系统的集成、计算机系统与管理系统的集成、各职能部门与系统功能的集成、人的活动模式与信息处理模式的集成等。也就是说,利用管理信息系统完成管理活动要从企业的战略目标出发,全面考虑,保证管理系统与信息系统协调运作。

管理信息系统的主要处理对象是数据,统一规划的数据库是管理信息系统设计的基础。在数据库设计时,要考虑数据的存储、共享、安全、使用等问题,要满足管理活动的需要。

1.1.2 信息系统开发的条件

管理模型、信息处理模型、系统实现的基本环境是管理信息系统开发的必要条件。

管理模型是对管理领域相关问题的理解,包括信息系统服务对象领域的专门知识及该领域问题处理的模型。如开发一个销售管理系统,需要具备销售管理的知识,能够将与销售业务相关的管理活动、业务活动利用模型(或某种约定的方法)进行具体描述与表达,以供开发人员及管理人员共同理解管理活动的内容与规则。

信息处理模型是指管理信息系统中处理信息的结构与方法,是管理模型在信息系统中的表示方式,它将管理模型抽象为信息的输入、处理、存储、输出等信息过程。

系统实现的基本环境是指可供信息系统应用的硬件技术、软件技术、网络技术、通信技术、相关领域工作人员、相关制度与规则、社会环境以及其他相关资源。

1.1.3 信息系统分析与设计方法

信息系统分析与设计是信息系统开发的关键环节。信息系统分析的主要任务是分析用户需求,提出新系统的逻辑模型,并撰写用户需求规格说明书。信息系统设计是依据用户需求规格说明书的要求,考虑系统实现的基本环境,具体设计信息系统实现的技术方案,即设计新系统的物理模型,一般包括系统总体设计和详细设计两部分。系统设计的成果主要表现为系统设计说明书。

常用的信息系统分析与设计的方法有结构化方法和面向对象方法。结构化方法的目的是有序、高效、高可靠性和少错误。它要求系统开发人员遵循严格的开发纪律和建立标准化的开发文档,在每一个开发阶段都要进行成果的检查,以提高系统开发的成功率。结构化方法依据“瀑布模型”将系统开发过程依次分为确定系统需求、确定软件需求、初步设计、详细设计、编程调试、测试运行、运行维护几个阶段。

面向对象方法来源于面向对象编程,特别是大量可视化编程工具(如 Microsoft Visual Studio、Delphi 等)的出现,为快速完成信息系统程序提供了有力的帮助。面向对象方法认为客观世界是由许多对象组成的,每种对象都由属性与方法组成,对象之间的联系主要是通过消息传递来实现,对象可按其属性进行归类。在进行面向对象编程时,采用封装技术将对象严格模块化来满足软件工程的要求。面向对象开发方法一般将信息系统开发步骤分为四个阶段:系统调查和需求分析,即弄清要做什么;面向对象分析,即从需求中抽象地识别出对象及其行为、结构、属性、方法等;面向对象设计,即对分析的结果做进一步的抽象、归类、整理,确定最终的对象形式;面向对象程序实现。

结构化方法在确定管理信息系统用户需求,特别是对业务流程的管理需求方面具有优势,而面向对象方法在软件设计与实现上具有优势,因此,可在管理信息系统开发中将两种方法结合运用。

1.1.4 信息系统开发的基本步骤与要求

第一步,明确为什么要建立管理信息系统,即提出系统开发的目标。从管理的角度来说,建立管理信息系统的目标可归纳为提高业务处理效率,减少不必要的业务处理过程,提高经济效益。

第二步,了解客户的初步需求及系统的基本运行环境,确定系统边界,明确管理信息系统的应用领域及范围,撰写项目视图与范围规格说明书。

第三步,详细分析用户的具体需求,重点分析业务处理过程及所涉及的数据,将业务过程分解为若干处理节点,确定哪些节点由计算机处理,确定各节点需要输入、输出及存储的数据,以此确定系统的功能及数据需求,撰写系统需求说明书、数据要求说明书。

第四步,根据系统需求规格说明书进行系统设计,明确实现需求规格说明书要求的功能及数据管理要求的具体方法。系统设计可分两个阶段进行。首先进行系统总体设计,它的主要任务包括系统信息处理流程设计、系统结构设计、数据库设计,撰写系统概要设计说明书、数据库设计说明书。在总体设计的基础上,对构成系统的各个部件(可以是结构化方法中的模块,也可以是面向对象方法中的类或对象)进行详细设计说明,包括程序的描述、功能、性能、输入、输出、处理逻辑、涉及的数据等系统实现的具体要求,撰写系统详细设计说明书。

第五步,根据数据库设计说明书的要求,利用数据库管理系统建立信息系统的数据库,包括建立表、建立存储过程、定义数据库访问角色、定义数据访问权限等。

第六步,根据详细设计说明书的要求,利用软件开发工具编写程序代码,并完成系统发布(或建立系统安装程序),撰写程序说明书、系统使用说明书。

第七步,系统测试,撰写系统测试分析报告。

第八步,完善系统,交付正式的信息系统,提交相关开发文档。

1.2 信息系统的应用

随着信息技术的发展,信息系统有各种不同的应用类型,它可以应用于管理控制,应用于具体的业务处理,甚至应用于战略决策。信息系统的应用没有一个固定的模式,它一般是根据用户的需求提供各种信息,完成某些活动的处理。目前,常见的信息系统应用可以包括以下几个方面。

1. 事务处理系统

事务处理系统(Transaction Processing System,TPS)也称电子数据处理,是组织管理活动的基础活动,主要包括中层和高层管理所需要的原始数据的录入、处理和基本报表的产生等功能。这类信息系统的结构相对简单、功能单一,可以在单机环境下运行,也可以在网络环境下运行,主要是面向数据量大、操作规范、稳定的单项应用。事务处理系统提供的功能主要是替代原来的手工操作,提高处理效率,节约人力和物力。常见的事务处理系统有会计账务处理系统、民航售票系统、工资管理系统、学生成绩管理系统、库存管理系统、商品销售系统、图书借还管理系统、人事档案管理系统等。

2. 管理控制信息系统

管理控制信息系统主要服务于企业的中层管理者,他们利用信息系统来完成有关的管理活动,如资源调配、计划、绩效评价、激励、确定控制行动等。这类系统依赖于事务处理系统提供的原始数据,需要对数据进行汇总、筛选、综合和概括、预测等处理,并在此基础上提出相应的管理方案。常见的管理控制信息系统有业绩评价系统、计划管理系统、进度管理系统、市场预测系统等。

3. 战略决策信息系统

战略决策信息系统主要服务于高层管理者,典型的例子是经理信息系统(Executive Information System,EIS)。经理信息系统是企业信息系统的一个重要子系统,它可为高层管理人员提供决策所需的信息(信息来自于中层管理控制系统经过加工后的数据及大量外部数据),并提供多种决策模型和数据处理方法来满足大量半结构化和非结构化决策的需要。

4. 职能信息系统

对不同类型的企业来说,各企业职能的划分或内容有很大的差别。一般来说,企业职能主要包括生产管理、人力资源管理、财务管理、营销管理、采购管理等,这些管理又根据组织结构分为不同的层次。按照组织的不同职能构建的信息系统称为职能信息系统。常见的职能信息系统有财务信息系统、人力资源管理信息系统、制造信息系统等。

财务信息系统一般又包括账套管理子系统、基础信息录入子系统、总账子系统、应收应付子系统、现金管理子系统、工资子系统、报表子系统、固定资产核算子系统、成本核算子系统、财务分析子系统等。

人力资源管理信息系统一般包括人事管理子系统、绩效管理子系统、薪酬管理子系统、考勤管理子系统、社保福利管理子系统、招聘选拔子系统、人力资源研究子系统、人力资源情报子系统、人力规划子系统、环境报告子系统。

制造信息系统的主要任务是辅助制造企业完成与生产密切相关的产品开发、制造、运输业务过程和管理。制造信息系统一般包括主生产计划子系统、库存控制子系统、成本计划与控制子系统、直接劳动成本计划与控制子系统、材料成本计划与控制子系统、管理费用处理子系统。

5. 决策信息系统

决策信息系统主要解决非结构化决策过程的自动化问题,辅助高层管理者运用信息做出科学的决策。决策信息系统需要较多的信息技术特别是数据模型和算法的支持,例如人工智能技术、机器人技术、人工神经网络技术等的支持。常见的决策信息系统有决策支持系统、智能决策支持系统、专家系统等。

1) 决策支持系统

决策支持系统(Decision Support System,DSS)由数据库、模型库和灵活方便的应用接口等组成,一般包括人机对话子系统、数据库系统、模型库系统、方法库系统、知识库系统五个子系统。它综合运用数据、模型和分析技术为使用者提供解决非结构化或半结构化的决策问题。

2) 智能决策支持系统

智能决策支持系统(Intelligent Decision Support System,IDSS)是在传统的决策支持系统基础上增加了一些深度知识库,增强决策支持系统解决复杂的非结构化问题的能力。IDSS 一般由以下几部分组成:

(1) 传统 DSS 的用户接口、数据库、模型库等;

(2) 存储管理科学、运筹学及多领域决策知识应用方法的深度知识库;

(3) 学习和获取知识的深度知识库;

(4) 基本决策和信息价值的深度知识库,包括有关决策最基本规律的知识、常识。

3) 专家系统

专家系统(Expert System,ES)是实现知识共享的一种途径,是帮助使用者解决某一领域问题的决策信息系统。专家系统由知识库、推理机、解释工具、知识获取工具、用户界面五大部分组成。构建专家系统的关键是如何获取专家的知识,并将这些知识表达出来供其他用户使用。因此专家系统应具备以下特征。

(1) 求解问题:能进行某一领域问题的求解工作;

(2) 知识表示:以规则或框架的形式表示知识;

(3) 人机接口:能实现人和系统的交互;

(4) 输出:提供多种假设供使用者选择。

6. 电子商务系统

电子商务是建立在 Internet 或移动平台上的商务活动,其核心是商务活动的信息化、数字化。电子商务系统实质上是一个非常复杂的大型信息系统,它一般由以下部分组成。

1) 电子商务网站系统

电子商务网站是企业的网上门户,起着连接企业内外信息的作用,它也是企业从事网络营销的主要平台。一般说来,电子商务网站系统可以划分为两大部分:电子商务前台系统和电子商务后台系统。

(1) 电子商务前台系统。

电子商务前台系统是客户与企业网上交互的平台,网站内容是吸引客户的关键因素,所以在设计电子商务前台系统时要从客户的角度和企业的特色去考虑其功能结构和实现。一般情况下,电子商务网站前台系统的主要功能包括:

① 展示企业形象、企业介绍;

② 客户(会员)注册、登录;

③ 商品展示、销售信息(包括购物车、订单、支付、配送信息等);

④ 促销策略(包括广告、有奖销售、热卖商品排行榜、友情链接等);

⑤ 联系信息(如电子邮箱、投诉、评论等);

⑥ 商品搜索;

⑦ 其他功能,如论坛、我的购物专区、版权信息等。

(2) 电子商务后台系统。

电子商务后台系统是前台系统的支持平台,它负责为电子商务交易、网站维护等提供服务。一般说来,具有交易功能的网站的后台系统应具有以下功能:

① 网页文件、数据、各种资源的管理;

② 电子商务交易过程管理(销售、支付、安全等);

③ 客户资料管理(客户登录、注册信息、购买信息等);

④ 管理人员管理(管理员设置、密码修改、权限管理等);

⑤ 其他管理功能(如网站安全、配送信息、访问记录、信息查询等)。

2) 电子支付系统

电子支付系统是由网上交易主体(买卖双方)、金融机构、认证机构等联合运作构成的为电子商务提供交易信息处理和数字资金流动的复杂系统。这个系统的关键是安全,要有设计合理的在线安全系统,确保交易信息及信用卡等电子支付工具的安全,同时要提供可靠的支付工具,如信用卡、电子现金、电子支票等。

3) 物流系统

物流系统由仓储系统、配送系统、物流网络系统、物流客户服务系统和物流信息系统等子系统构成,其中物流信息系统是整个物流系统的核心和神经。

(1) 物流信息网络。物流信息网络是整个物流系统管理和调度的信息平台,是物流系统的信息基础设施。所有的管理信息、物流信息和客户服务信息都是通过数据通信网络平台传输和管理的。物流信息网络应与上下游企业或其他合作伙伴、物流企业之间实现通信连接。

(2) 物流配送中心。物流配送中心是融商流、物流、信息流为一体,集存储保管、集散转运、流通加工、商品配送、信息传递等多功能于一体的现代物流管理中心。所有的物流信息在物流配送中心汇总、分析,并在此基础上执行物流方案的决策和控制。

(3) 物流仓储系统。现代物流仓储系统为了实现存储空间的高效利用和货物的快速分拣,需要立体的存储货架、现代化的存取货物的机械设备以及智能化仓储管理信息系统。

(4) 物流运输网络。物流运输网络是由分布在不同地域的各种运输工具和相应的管理系统及工作人员组成,承担将货物由物流配送中心(或生产厂家)运送到指定目的地的任务。物流运输网络是在物流信息网络的统一管理下运行,这需要利用计算机和网络通信的支持,以实现对整个系统的监控和管理。

(5) 客户服务和管理。它是电子商务的最后一个环节,是电子商务最终完成的保证。快速、便捷、透明的物流服务是使客户满意的重要条件。因此,一个功能完善的物流系统应该包括完善的客户服务系统,为客户提供物流信息跟踪、客户投诉、信息反馈等功能。

4) 客户关系管理系统

客户关系管理(Customer Relationship Management,CRM)系统使企业可以迅速收集、追踪和分析与客户相关的各种资料和信息,帮助公司业务员了解、掌握重要客户情况,加强与客户的联系,提高客户对企业的忠诚度。CRM 软件的基本功能包括客户管理、联系人管理、时间管理、潜在客户管理、销售管理、电话销售、营销管理、客户服务等。其主要功能模块有:

(1) 销售模块。销售模块用来帮助决策者管理销售业务,其目标是提高销售过程的自动化程度和销售效果。它的主要功能包括现场销售管理、额度管理、销售能力管理和地域管理。

(2) 营销模块。营销模块对市场营销活动加以计划、执行、监督和分析,使得营销部门实时地跟踪活动的效果,执行和管理多样的、多渠道的营销活动。

(3) 客户服务模块。客户服务模块的目标是提高与客户支持、现场服务和仓库管理相关的业务流程的自动化并提供优质服务。客户服务模块的主要功能包括现场服务分配、现有客户管理、客户产品全生命周期管理、服务技术人员档案、客户地域管理等。

(4) 呼叫中心模块。该模块是利用电话与计算机系统的连接来促进销售、营销和服务。

7. 电子政务系统

电子政务系统是政府利用信息及通信技术通过网络来管理其管辖的公共事务,使人们可以从不同渠道获取政府的信息及服务。我国的电子政务系统采用三层网络应用体系,各层网络之间采取隔离措施,必需的数据转接采用安全数据网关,确保不存在信息泄露的可能性。

1) 外网

外网与因特网相连,面向社会提供一般应用服务及信息发布。主要应用包括:基于网站的信息发布及查询;面向社会的各类信访、建议、反馈及数据收集统计系统;面向社会的各类项目计划的申报、申请;相关文件、法规的发布及查询;各类公共服务性业务的信息发布和实施,如工商管理、税务管理等。

2) 专网

专网是政府部门内部以及部门之间的各类非公开的应用系统,其中涉及的信息应在政务专网上传输,主要包括各类公文、一般涉密数据及政府部门之间的各类交换信息。这些信息必须依据政府内部的各类管理权限传输,防止来自内部或外部的非法入侵。其主要应用包括:从中央政府到地方各级政府间的公文信息的审核、传递系统;从中央政府到地方各级政府间的多媒体信息的应用平台,如视频会议等;同级政府之间的公文传递和信息交换。

3) 内网

内网是指政府部门内部的各类业务管理信息系统及核心数据应用系统。其主要应用包括:各种个人办公自动化辅助工具,如文字处理、网络应用等;政府内部的公文流转、审核、处理系统；政府内部的各类专项业务管理系统；政府内部的各类事务管理系统；政府内部的面向不同管理层的统计、分析系统；政府内部不同应用业务的数据库系统以及统一的数据资源平台。

8. 企业资源计划系统

企业资源计划(Enterprise Resource Planning，ERP)系统是建立在最新信息技术基础上，以系统化的管理思想整合企业管理理念、业务流程、基础数据、人力、物力和财力，集计算机硬件和软件于一体的企业资源管理系统，是现代企业的运行模式。ERP系统的核心管理思想在于：以计算机为工具，将企业各方面的资源进行管理，合理调配，使企业在激烈的市场竞争中获得更大的竞争力。

ERP系统突破了只管理企业内部资源的传统方式，实现了企业内部资源和相关外部资源的高度集成，把客户需求和企业内部运营活动以及供应商的资源结合起来，运用IT技术，把采购、生产、库存、计划、销售、财务管理、人事管理、投资管理、决策管理、订单处理等各个环节统筹考虑，以求企业效益和效率最大化。随着互联网技术的发展，Gartner Group公司提出了ERPII的概念。ERPII集成了协同电子商务，允许位于多个地理位置不同的合作伙伴以基于电子商务的形式交换信息，让企业向自己的供应商、客户等合作伙伴开放自己的核心系统，集成了CRM、SCM等管理功能，为企业提供全面的客户、项目、产品、库存及供应链管理等管理功能，用户界面更加人性化，具备内容管理功能，实现企业前端到后端的一体化管理，使共同利益群体中企业与企业之间可以共享信息资源。

1.3 信息系统的构成

信息系统的应用不同，信息系统的结构也不同。信息系统的结构可以从以下角度来划分。

1. 信息系统的功能结构

信息系统的功能结构反映系统所具备的功能，它可以说明为用户完成了哪些任务。一般说来，信息系统的功能包括输入、处理、输出、存储等，其结构图如图1.3.1所示。

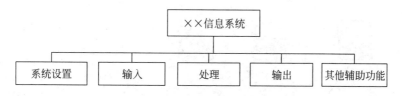

图1.3.1 信息系统的功能结构图

例如，某企业的工资管理系统的功能结构图如图1.3.2所示。

2. 信息系统的物理结构

信息系统的物理结构是指不考虑信息系统各部分的实际工作和软件结构，只抽象地考察其硬件系统的拓扑结构。信息系统的物理结构一般有三种类型：集中式结构(见图1.3.3)、分布-集中式结构(见图1.3.4)、分布式结构(见图1.3.5)。这三种结构各有优缺点，一般根据管理的需要来选择。目前，分布式结构是信息系统的主要结构方式，如B/S结构、C/S结构等。

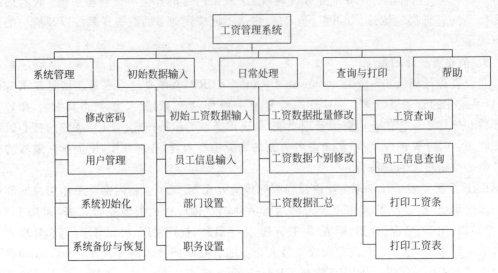

图 1.3.2　某企业的工资管理系统的功能结构图

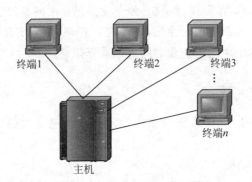

图 1.3.3　集中式结构

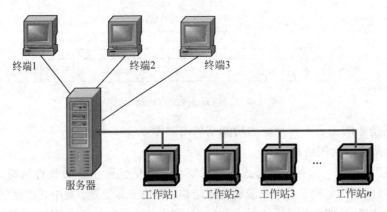

图 1.3.4　分布-集中式结构

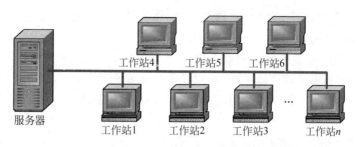

图 1.3.5　分布式结构

3. 信息系统的逻辑结构

信息系统的逻辑结构反映的是系统内部的软件构成及各组件之间的关系。其表示方法可以从组织功能和管理业务活动等方面来描述。图 1.3.6 是一个信息系统的逻辑结构图。

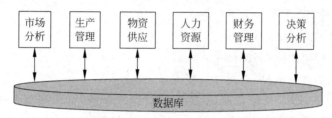

图 1.3.6　信息系统逻辑结构图

1.4　信息系统的构成与应用实验——金蝶 K/3 系统

1.4.1　实验目的

通过实验,了解信息系统的构成(包括功能结构、物理结构、逻辑结构),了解信息系统界面设计所使用的要素,了解信息系统的操作流程与方法,体会系统各功能之间存在的数据关系,为后续的信息系统分析、设计与实现提供直观印象。

1.4.2　实验内容与要求

1. 实验内容

查看金蝶 K/3 系统的结构,使用金蝶 K/3 的销售模块、采购模块、仓存管理模块,完成基础数据的设置及购销业务的处理。

2. 实验要求

了解金蝶 K/3 系统的构成与功能,了解金蝶 K/3 系统的应用领域及使用方法,绘制系统功能结构图,说明系统操作流程,并了解信息系统设计所涉及的内容(如界面设计、控件使用流程设计等)。

1.4.3　实验预备知识

1. ERP 概念

企业资源计划(ERP)是指企业通过建立完善的现代企业管理信息系统,对企业资源进行统一规划、统一管理,达到加强企业成本控制、提高资金利用效率、重视企业现代管理、提高企业整体实力的目的。

ERP从供应链的概念出发改变企业的经营战略思想,着眼于供应链上的物料增值过程,保持信息、物料和资金的快速流动,处理好各个环节的供需矛盾,以企业有限的资源去迎接无限的市场机会。要求以最少的消耗、最低的成本、最短的生产周期产出最大的市场价值和利润。

ERP这一观念最初是由美国的Gartner Group公司在20世纪90年代初期提出的,并就其功能标准给出了界定。

ERP可以从管理思想、软件产品、管理系统三个层次给出它的定义。

从管理思想的角度,ERP由美国著名的计算机咨询和评估集团Gartner Group提出了一整套企业管理系统体系标准,包括如下四个方面:

(1) 超越了MRPII范围和集成功能。

(2) 支持混合方式的制造环境。

(3) 支持动态的监控能力,提高业务绩效。

(4) 支持开放的客户机/服务器计算环境。

从软件产品角度,ERP是综合应用了客户机/服务器体系、关系数据库系统、面向对象技术、图形用户界面、第四代语言(Fourth-Generation Language,4GL)、网络通信等信息产品成果,是以ERP管理思想为灵魂的软件产品。

从管理系统的角度,ERP是整合了企业管理理念、业务流程、基础数据、人力物力、计算机硬件和软件于一体的企业资源管理系统。

2. ERP的模块构成

ERP系统主要由供应链管理、生产制造管理、财务管理、伙伴/分销管理、企业决策支持、库存管理、销售管理、客户关系管理、人力资源管理、企业知识管理等模块组成。下面是金蝶K/3系统的部分功能结构图(见图1.4.1~图1.4.7)。

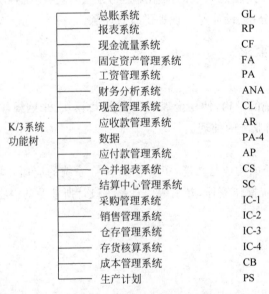

K/3系统 功能树	总账系统	GL
	报表系统	RP
	现金流量系统	CF
	固定资产管理系统	FA
	工资管理系统	PA
	财务分析系统	ANA
	现金管理系统	CL
	应收款管理系统	AR
	数据	PA-4
	应付款管理系统	AP
	合并报表系统	CS
	结算中心管理系统	SC
	采购管理系统	IC-1
	销售管理系统	IC-2
	仓存管理系统	IC-3
	存货核算系统	IC-4
	成本管理系统	CB
	生产计划	PS

图1.4.1　金蝶K/3系统功能树

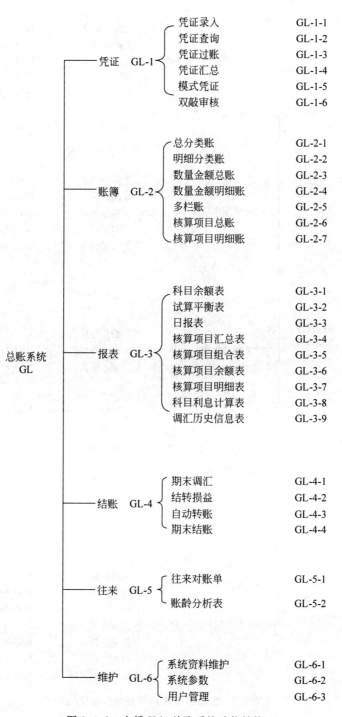

图 1.4.2 金蝶 K/3 总账系统功能结构

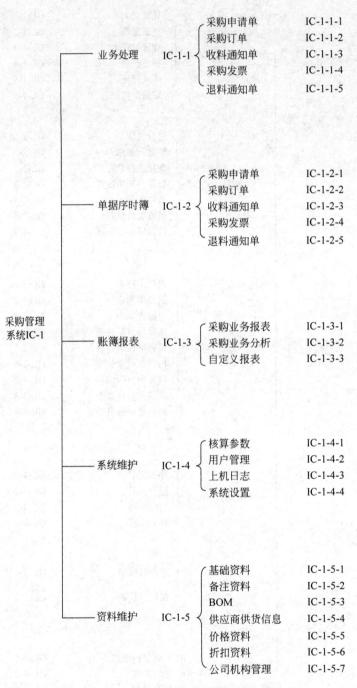

图 1.4.3 金蝶 K/3 采购管理系统功能结构

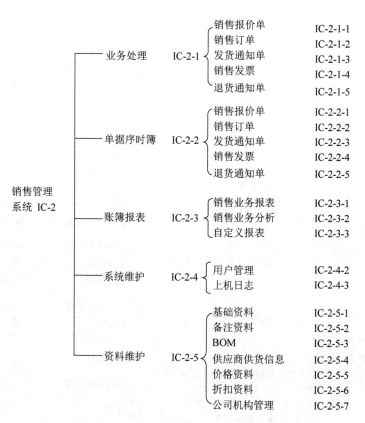

图 1.4.4 金蝶 K/3 销售管理系统功能结构

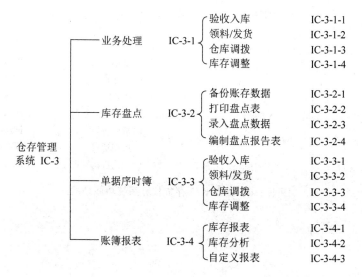

图 1.4.5 金蝶 K/3 仓存管理系统功能结构

		外购入库核算	IC-4-1-1
		存货估价入账	IC-4-1-2
	入库核算 IC-4-1	自制入库核算	IC-4-1-3
		其他入库核算	IC-4-1-4
		委外加工入库核算	IC-4-1-5
		材料出库核算	IC-4-2-1
		产成品出库核算	IC-4-2-2
	出库核算 IC-4-2	不确定单价单据	IC-4-2-3
		红字出库核算	IC-4-2-4
		核算单据查询	IC-4-2-5
		记账凭证查询	IC-4-3-1
	记账凭证管理 IC-4-3	生成凭证	IC-4-3-2
		凭证模板	IC-4-3-3
		录入调价单据	IC-4-4-1
	计划成本管理 IC-4-4	调价单据查询	IC-4-4-2
存货核算系统 IC-4		历史价格维护	IC-4-4-3
	期初末处理 IC-4-5	期末结账	IC-4-5-1
		期初余额调整	IC-4-5-2
	报表分析 IC-4-6	报表	IC-4-6-1
		分析	IC-4-6-2
		核算参数	IC-4-7-1
	系统维护 IC-4-7	用户管理	IC-4-7-2
		上机日志	IC-4-7-3
		系统设置	IC-4-7-4
		基本资料	IC-4-8-1
		备注资料	IC-4-8-2
		BOM	IC-4-8-3
	资料维护 IC-4-8	供应商供货信息	IC-4-8-4
		价格资料	IC-4-8-5
		折扣资料	IC-4-8-6
		公司机构管理	IC-4-8-7

图 1.4.6　金蝶 K/3 存货核算系统功能结构

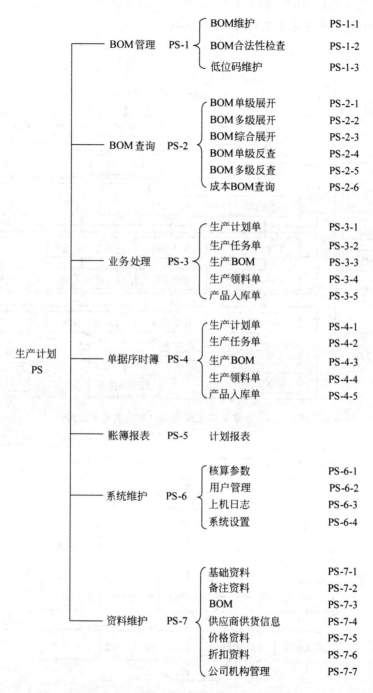

图 1.4.7 金蝶 K/3 生产计划系统功能结构

3. ERP 模块之间的关系

ERP 的基本思想是将制造业企业的制造流程看作是一个紧密连接的供应链,其中包括供应商、制造工厂、分销网络和客户等;将企业内部划分成几个相互协同作业的支持子系统,如财务、市场营销、生产制造、质量控制、服务维护、工程技术等,还包括对竞争对手的监视管理。ERP 的核心是 MRP。图 1.4.8 是金蝶 K/3 系统模块之间的关系示意图。图 1.4.9 是金蝶 K/3 供应链与财务系统之间的数据流程图。

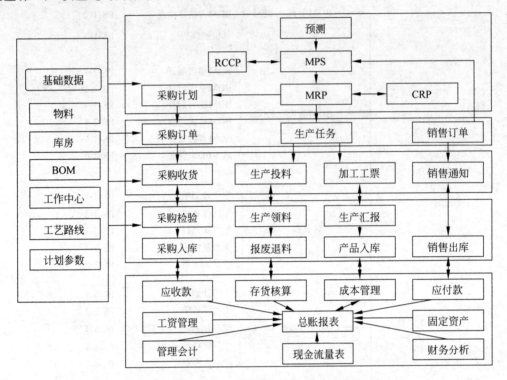

图 1.4.8　金蝶 K/3 系统模块之间的关系示意图

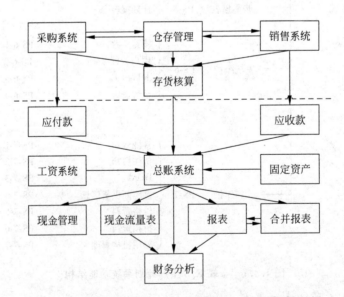

图 1.4.9　金蝶 K/3 供应链与财务系统之间的数据流程图

　　ERP 从产品的结构出发,实现了物料信息的集成:其顶层是出厂产品,是属于企业市场销售部门的业务;底层是采购的原材料或配套件,是企业物资供应部门的业务;介于其间的是制造件,是生产部门的业务。根据需求的优先顺序,在统一的计划指导下,把企业的"供产销"信息集成起来。工艺流程(工序、设备或装置)同产品结构集成在一起,就可以把流程工业的特点融合进来。ERP管理模式解决了制造业所关心的既不出现短缺,又不积压库存的矛盾。

4. ERP 系统的体系结构

ERP系统的体系结构目前主要是采用C/S结构,但许多产品同时也支持B/S结构。例如,金蝶K/3系统基于SQL Server数据库建立,分为数据层、中间层、客户端三层。其中,数据层存储系统的所有数据;中间层负责系统环境的配置、账套的管理、业务内容的设置等;客户端是用户操作的界面。

5. 一般操作流程

ERP系统的操作流程一般包括三部分:首先是账套管理,然后是基础资料设置,最后才能进行日常操作。金蝶K/3系统的一般操作流程如下:

(1)调用中间层服务部件,先进行账套管理。用户可根据本单位情况进行组织机构管理、数据库管理、账套管理和系统管理。

(2)系统基础信息录入,包括系统设置、基础资料设置、初始数据录入等工作。

(3)账套的日常操作业务,主要完成日常的业务处理功能。

6. 金蝶 K/3 ERP 总体流程

金蝶K/3 ERP的功能领域可分为企业绩效管理、供应链管理、客户关系管理、财务管理、协同管理、人力资源管理、移动商务、BOS等几个部分,它们之间的流程关系如图1.4.10所示。

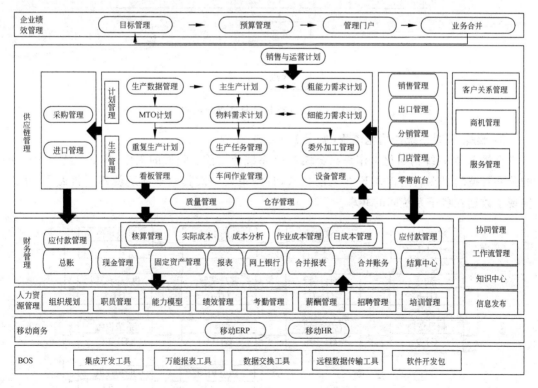

图 1.4.10　金蝶 K/3 ERP 流程图

7. 金蝶 K/3 供应链管理的操作流程

1) 金蝶 K/3 整体操作流程(见图 1.4.11)

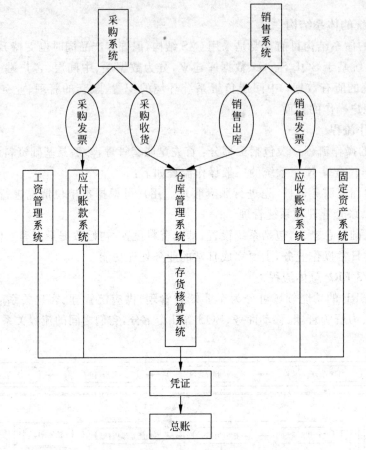

图 1.4.11 金蝶 K/3 整体操作流程

2) 金蝶 K/3 系统初始化流程(见图 1.4.12)

金蝶 K/3 系统初始化工作是在金蝶 K/3 系统使用前必须做的工作,各子系统中所使用的公共数据均可在启用金蝶 K/3 之前录入,只需录入一次其他子系统就不用再做了,从而实现了数据在各子系统间的共享。

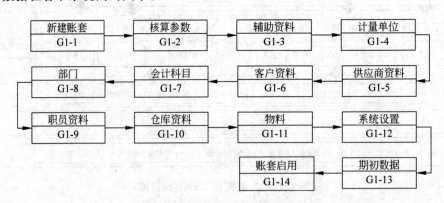

图 1.4.12 金蝶 K/3 系统初始化流程

3) 采购业务处理的基本流程(见图1.4.13)

进行采购业务处理时采购申请人、采购员、仓库管理人员等要参与到采购活动中,图1.4.13中方框内的粗斜体字表示的是仓库人员的操作。

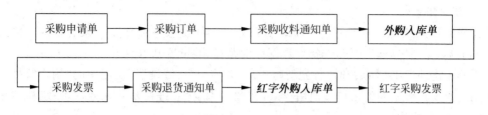

图1.4.13 采购业务处理的基本流程

4) 销售业务处理

(1) 销售业务处理的基本流程(见图1.4.14)。

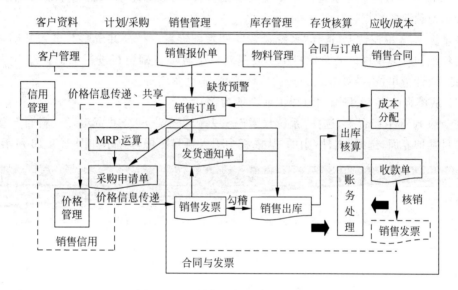

图1.4.14 销售业务处理的基本流程

(2) 销售业务的基本流程(见图1.4.15)。

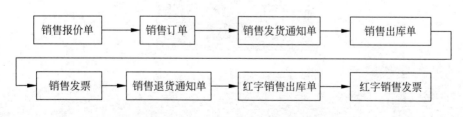

图1.4.15 销售业务的基本流程

(3) 仓存业务。

仓存业务包括外购入库处理、生产领料处理、产品入库处理、生产退料处理、受托加工处理、仓库调拨处理、销售出库处理等业务。

1.4.4　金蝶 K/3 ERP V11.0 操作实践

1. 系统初始化处理

1) 新建账套

操作路径："开始"→"程序"→"金蝶 K/3"→"中间层服务部件"→"账套管理",输入用户 admin 后,单击"新建"按钮,选择好数据库的路径,并设置基本参数。

当第一次使用 K/3 系统时,首先新建账套,并使用"系统设置"功能中的"用户管理",根据使用的需要设置不同的用户及使用权限,在此基础上,应进行初始化处理,系统初始化流程如图 1.4.12 所示。

说明:此操作是在服务端进行,一般普通用户无此权限。

2) 基础资料的输入

金蝶 K/3 所有的业务系统都需要使用基础资料,主数据用来承载业务数据,辅助资料用来辅助记载业务数据。

在金蝶 K/3 主控台上,选择"系统设置"→"基础资料"→"公共资料",进入基础资料的公共资料维护管理模块。公共资料中主要是对以下各项基础资料进行维护管理:科目、币别、凭证字、计量单位、结算方式、仓位、核算项目、辅助资料等。

(1) 从模板中引入会计科目(以工业企业为例)。

在金蝶 K/3 主控台上,选择"系统设置"→"基础资料"→"公共资料"→"科目",就可以进入科目维护界面,选择"文件"中的"从模板中引入科目",屏幕显示如图 1.4.16 所示。

图 1.4.16　会计科目维护界面

选择"企业会计制度科目",并单击"引入"按钮,屏幕显示出要引入的会计科目后,用户可根据需要单击"全选"按钮或根据需要选择所需的科目后,单击"确定"按钮,弹出对话框提示引入会计科目的进程,当屏幕显示"引入成功"后(见图1.4.17),单击"确定"按钮,科目引入完成。

在成功引入会计科目后,用户根据业务需要可以对会计科目进行维护。如果需要修改与会计科目相关的内容,在主控台上,选择"系统设置"→"基础资料"→"公共资料"→"科目",就可以进入科目维护界面,单击"管理"按钮,弹出如图1.4.18所示的会计科目管理界面。

图1.4.17 会计科目引入成功提示

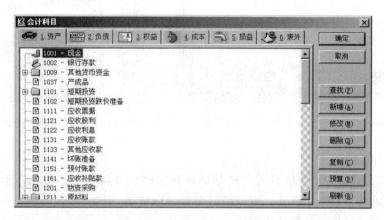

图1.4.18 会计科目管理界面

可对会计科目进行查找、增加、修改、删除等操作。单击"修改"按钮,弹出如图1.4.19所示的对话框。

图1.4.19 会计科目修改界面

可以修改科目设置、核算项目。单击"核算项目"一栏,屏幕显示如图1.4.20所示。
用户可根据提示增加或删除核算项目类别。单击"增加核算项目类别"按钮,屏幕弹出如图 1.4.21 所示的对话框。对话框中列出可以核算的项目,用户可根据需要选择所需的核算项目。输入完毕后单击"确定"按钮,存储所录入的数据项。

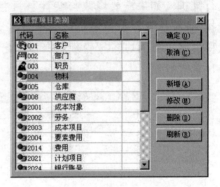

图 1.4.20　会计科目核算项目的修改界面　　　图 1.4.21　"核算项目类别"对话框

（2）币别设置。

进入主控台后,选择"系统设置"→"基础资料"→"公共资料"→"币别",就可以进入如图 1.4.22 所示的币别维护界面。可以根据需要进行增加、删除、修改等相关操作。如果采用人民币,则直接选择系统默认值即可。

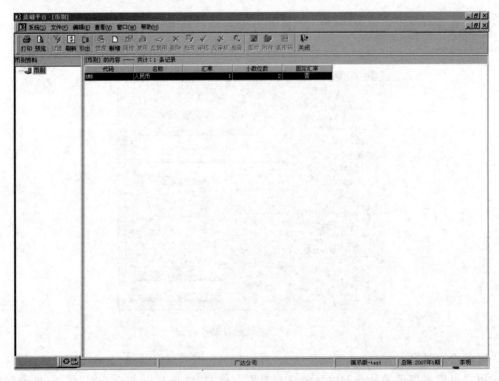

图 1.4.22　币别维护界面

（3）凭证字设置。

进入主控台后，选择"系统设置"→"基础资料"→"公共资料"→"凭证字"，就可以进入如图 1.4.23 所示的凭证字维护界面。在该界面中可以对凭证字进行初始数据录入和日常维护操作。单击"新增"按钮，屏幕弹出如图 1.4.24 所示的新增凭证字录入对话框，按提示输入相关项目并单击"确定"按钮即可。

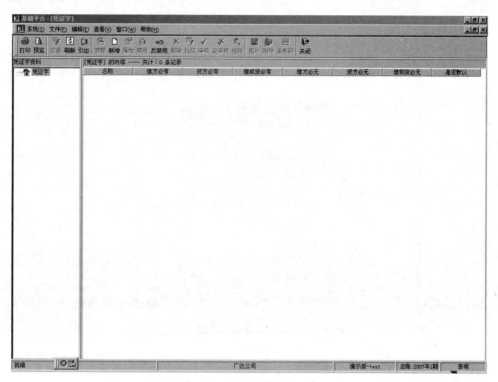

图 1.4.23 凭证字维护界面

图 1.4.24 新增凭证字录入对话框

（4）计量单位设置。

进入主控台后，选择"系统设置"→"基础资料"→"公共资料"→"计量单位"，就可以进入计量单位维护界面。在维护界面中,可以对计量单位组和计量单位进行维护管理。单击"新增"按钮,弹出如图1.4.25所示的"新增计量单位组"对话框。

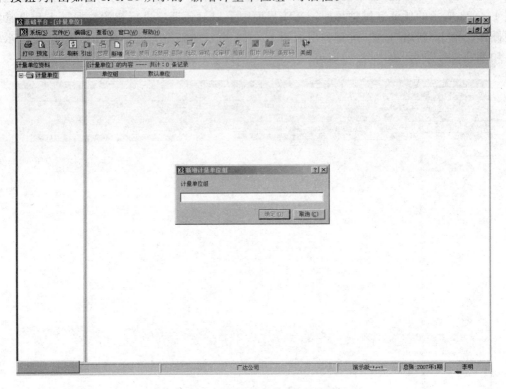

图1.4.25 "新增计量单位组"对话框

在输入计量单位组后,单击"管理"按钮,弹出如图1.4.26所示"计量单位组"的对话框。

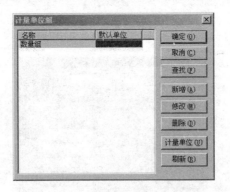

图1.4.26 "计量单位组"对话框

单击"计量单位"按钮,出现计量单位组维护界面,如图1.4.27所示。单击"新增"按钮,弹出如图1.4.28所示的新增计量单位对话框,按提示输入计量单位相关属性并存盘。

(5) 结算方式设置。

进入主控台后,选择"系统设置"→"基础资料"→"公共资料"→"结算方式",就可以进入结算方式维护界面。单击"新增"按钮,屏幕显示如图1.4.29所示的结算方式维护界面。按提示输入相关信息后,单击"确认"按钮即可。

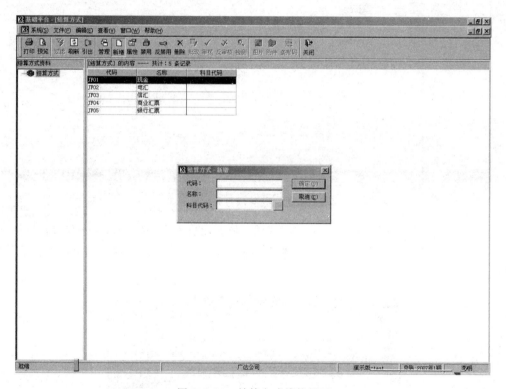

图 1.4.27　计量单位组维护界面 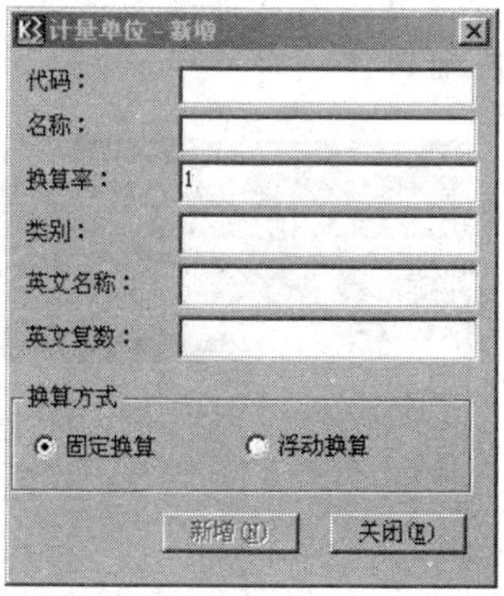　　　　　图 1.4.28　新增计量单位对话框

图 1.4.29　结算方式维护界面

（6）核算项目管理。

在金蝶 K/3 系统中已经预设了多种核算项目类别，如客户、部门、职员、物料、仓库、供应商、成本对象、劳务、成本项目、要素费用、分支机构、工作中心、现金流量项目等。用户也可以根据实际需要，自己定义所需要的核算项目类别。对于核算项目类别，用户可以进行以下操作：新增、修改、删除、类别管理、属性管理。而对于核算项目，用户可以进行以下操作：新增、修改、删除、浏览、核算项目管理、禁用、禁用管理、审核、反审核、条形码管理、附件管理、属性管理、检测使用状况、引出（包括按 F7 键引出搜索结果）、打印、预览等。

进入金蝶 K/3 主控台后，选择"系统设置"→"基础资料"→"公共资料"→"核算项目管理",就可以进入如图 1.4.30 所示的核算项目维护界面。用户可根据需要增加、删除或修改核算项目。

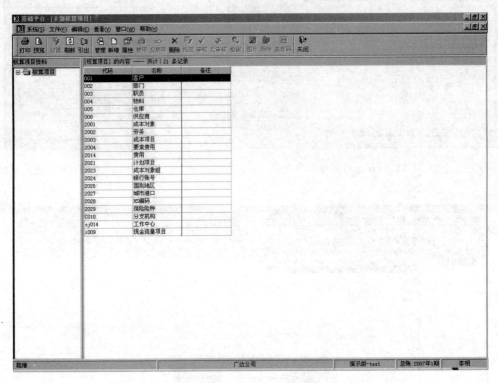

图 1.4.30　核算项目维护界面

单击"管理"按钮,弹出如图 1.4.31 所示的"核算项目类别"对话框,单击"新增"按钮,弹出如图 1.4.31 所示的新增核算项目类别对话框。用户输入相应的数据,即可增加新的核算项目。

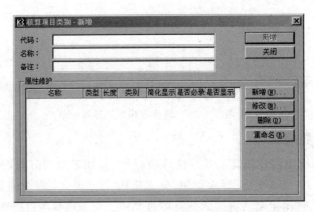

图 1.4.31　新增核算项目类别

(7) 客户管理。

客户管理提供了客户资料的增加、修改、删除、复制、打印等功能,对企业的客户资料进行集中、分级管理,其作用是标识和描述每类客户及其详细信息。

进入金蝶 K/3 主控台后,选择"系统设置"→"基础资料"→"公共资料"→"客户",单击"新增"按钮,显示如图 1.4.32 所示的客户维护界面。

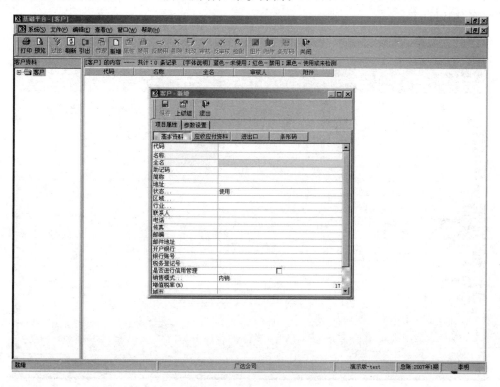

图 1.4.32　客户维护界面

单击"上级组"按钮,弹出如图 1.4.33 所示的"客户-新增"界面,按屏幕提示输入客户组的相关信息。

图 1.4.33　新增客户组界面

　　输入各客户组后,单击"客户"下的"+",显示已输入的组,选择一个已输入的组,单击"新增"按钮,出现新增客户信息输入界面,如图1.4.34所示,按屏幕提示输入相关信息并单击"保存"按钮存盘。

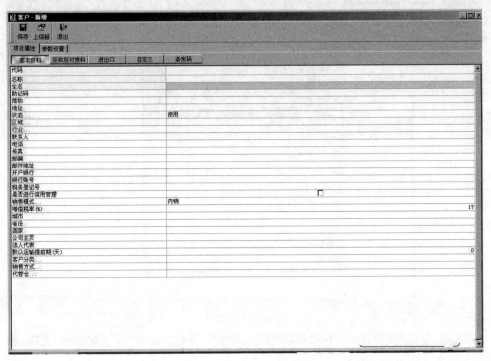

图1.4.34　新增客户信息输入界面

　　(8) 部门管理。

　　部门管理提供了部门资料的增加、修改、删除、复制、打印等功能,对企业所使用的部门资料进行集中、分级管理,其作用是标识和描述每个部门及其详细信息。

　　进入主控台后,选择"系统设置"→"基础资料"→"公共资料"→"部门",就可以进入如图1.4.35所示的部门维护界面。

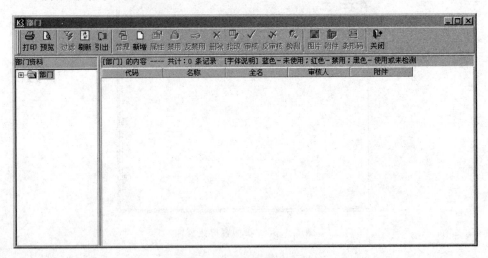

图1.4.35　部门维护界面

单击"新增"按钮,屏幕显示如图 1.4.36 所示的新增部门信息输入界面,按提示输入部门组或各具体部门相应的数据项信息,其操作方法与客户维护界面相同。

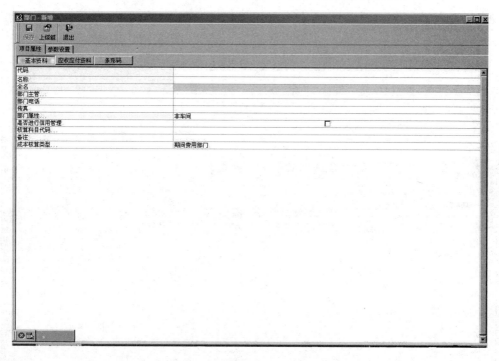

图 1.4.36　新增部门信息输入界面

(9) 职员管理。

进入主控台后,选择"系统设置"→"基础资料"→"公共资料"→"职员",就可以进入如图 1.4.37 所示的职员维护界面。在这个界面中,可以专门对职员资料进行维护和管理。职员维护和管理提供了职员资料的增加、修改、删除、复制、打印等功能,可对企业所使用的职员资料进行集中、分级管理,其作用是标识和描述每个职员及其详细信息。

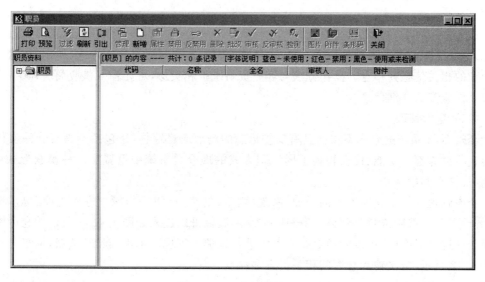

图 1.4.37　职员维护界面

单击"新增"按钮,屏幕显示如图 1.4.38 所示,按提示依次输入职员相应的信息并存盘。

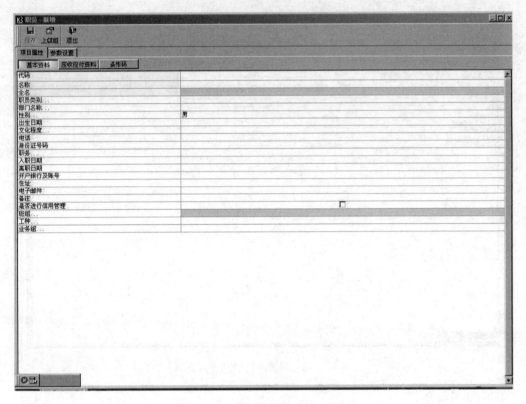

图 1.4.38 新增职员信息输入界面

(10) 供应商管理。

供应商管理提供了供应商资料的增加、修改、删除、复制、打印等功能。在这个界面中,可对企业的供应商资料进行集中、分级管理和维护,其作用是标识和描述每个供应商及其详细信息。

进入主控台后,选择"系统设置"→"基础资料"→"公共资料"→"供应商",就可以进入如图 1.4.39 所示的供应商维护界面。单击"新增"按钮,屏幕显示如图 1.4.40 所示,依次输入供应商的相关信息并存盘。操作方法与客户资料维护相类似,可先输入供应商所在组,再输入每个供应商的详细信息。

(11) 仓库管理。

金蝶 K/3 系统的仓库不仅指具有实物形态的场地或建筑物,还包括不具有仓库实体形态但代行仓库部分功能、代表物料不同管理方式的虚仓。系统中设置了三种虚仓形式:待检仓、代管仓和赠品仓。

仓库管理提供了仓库资料的增加、修改、删除、复制、打印等功能。进入主控台后,选择"系统设置"→"基础资料"→"公共资料"→"仓库",就可以进入如图 1.4.41 所示的仓库维护界面。在这个界面中,可以专门对仓库资料进行维护和管理。单击"新增"按钮,屏幕显示如图 1.4.42 所示,依次输入仓库的相关信息并存盘。

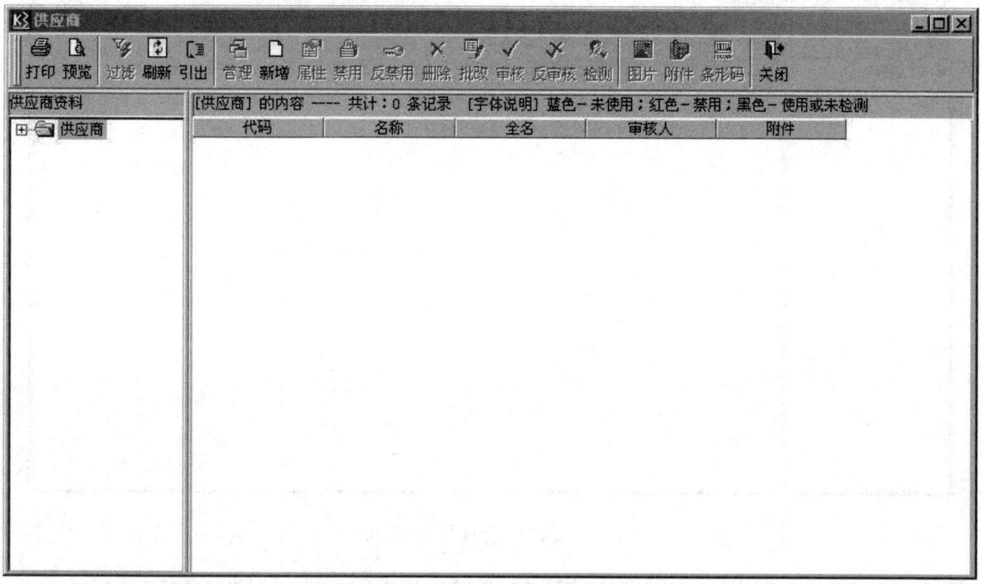

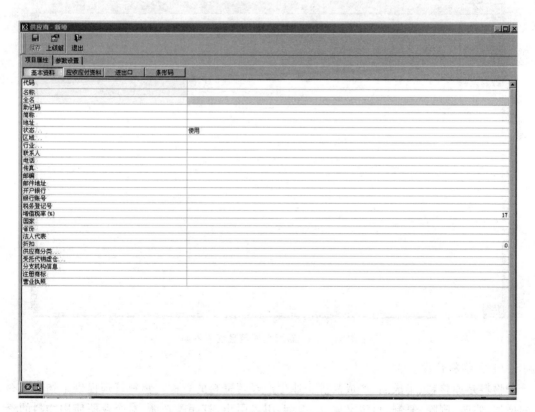

图 1.4.39　供应商维护界面

图 1.4.40　新增供应商信息输入界面

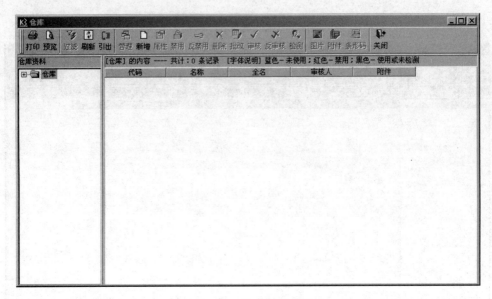

图 1.4.41 仓库维护界面

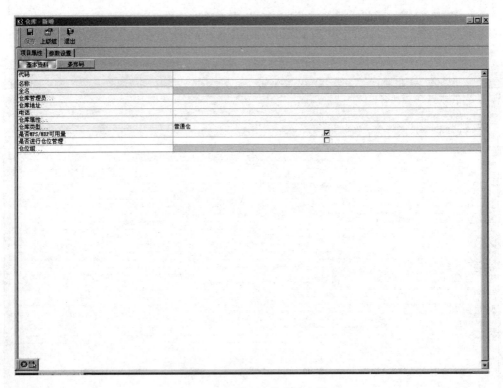

图 1.4.42 新增仓库信息输入界面

(12) 物料管理。

物料是原材料、半成品、产成品等企业生产经营资料的总称。物料管理提供了物料资料的增加、修改、删除、复制、自定义属性、查询、引入引出、打印等功能,对企业所使用物料的资料进行集中、分级管理,其作用是标识和描述每种物料及其详细信息。同其他核算项目一样,物料可以分级设置,用户可以从第一级到最明细级逐级设置。

进入主控台后,选择"系统设置"→"基础资料"→"公共资料"→"物料",就可以进入如图 1.4.43 所示的物料维护界面。在这个界面中,可以专门对物料数据进行维护和管理。单击"新增"按钮,弹出如图 1.4.44 所示的对话框,依次输入物料的相关信息。其操作方法与客户资料维护相同。

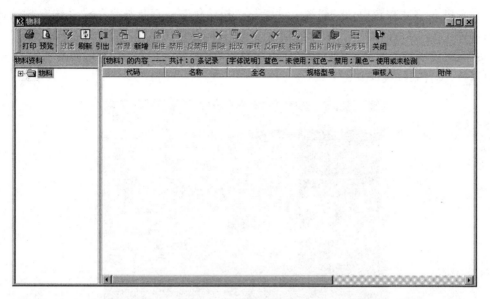

图 1.4.43　物料维护界面

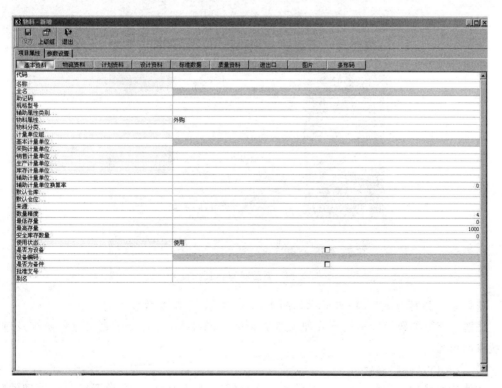

图 1.4.44　新增物料信息输入界面

3）设置核算参数

使用供应链系统之前,除了输入基础资料外,用户需要设置供应链系统内的核算参数。

核算参数的设置前提有两个：供应链系统处于初始化阶段；供应链系统中不存在任何已录入的初始余额和业务单据。

在金蝶 K/3 主控台中,选择"系统设置"→"初始化"→"存货核算"→"系统参数设置",弹出如图 1.4.45 所示的对话框,按提示设置启用年度和启用期间,设置完毕后单击"下一步"按钮,出现设置业务系统的启用期间。选择后单击"下一步"按钮,显示如图 1.4.46 所示的对话框,设置系统核算方式。

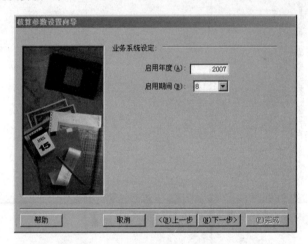

图 1.4.45 业务系统启用期间的设置

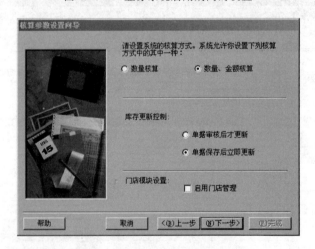

图 1.4.46 系统核算方式的设置

选择系统核算方式后,屏幕显示如图 1.4.47 所示,系统参数设置完成。

注意：核算参数设置是所有管理项目必须完成的任务,否则无法启用业务系统及进行系统参数设置。

4）录入仓存初始数据

在使用系统前,要录入仓存初始数据。在金蝶 K/3 主控台中,在设置完仓存管理的"系统参数设置"后,选择"系统设置"→"初始化"→"仓存管理"→"初始数据录入",显示界面如

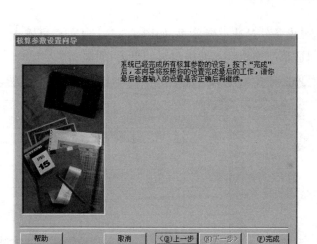

图1.4.47 系统核算参数设置完成

图1.4.48所示。展开仓库树,选择一个仓库,按屏幕提示输入该仓库中所存物资的相应的数据。如果相应的数据栏没有显示在屏幕上,可拖动左右滚动条至需要修改的内容处并输入相应的数据。输入完毕,单击"保存"按钮即可。物料的计价方法如采用"先进先出法、后进先出法、分批认定法",则在录入初始数据时必须通过双击"批次/顺序号"进行输入。

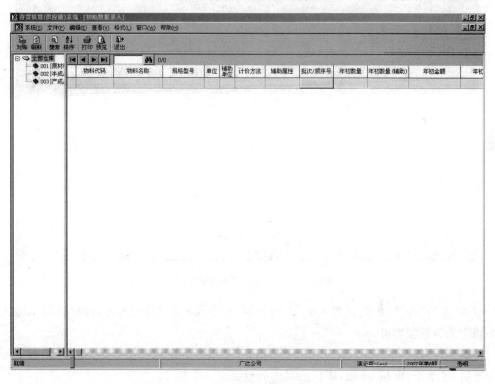

图1.4.48 仓存初始数据录入界面

5)录入初始启用期前单据并进行单据审核

(1)录入启用期前的暂估入库单。

在金蝶K/3系统主控台中,选择"系统设置"→"初始化"→"采购管理"→"录入启用期前的暂估入库单",弹出条件过滤设置界面,如图 1.4.49 所示。可输入适当的条件后,单击"确定"按钮,计算机能按所给条件过滤出指定的单据,如图 1.4.50 所示。

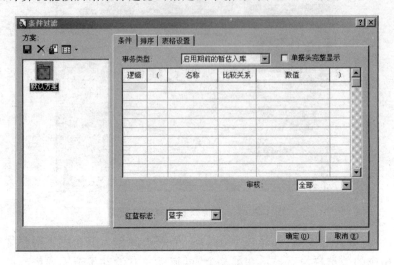

图 1.4.49　条件过滤设置界面

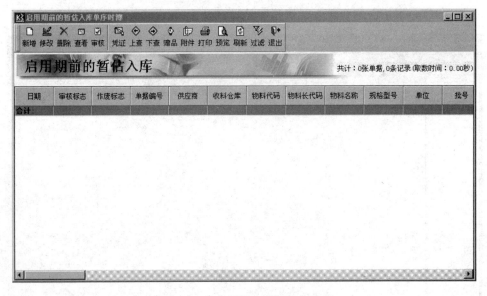

图 1.4.50　启用期前的暂估入库单

单击"新增"按钮,出现如图 1.4.51 所示的"外购入库单"录入界面,按屏幕所示输入单据中相应的数据项即可。

在输入数据时,可按 F7 键查找相关的信息,并用列表框选择输入。在输入检查发现没有问题后,可单击"审核"按钮,审核已录入的单据。

(2) 录入启用期前的未核销销售出库单。

在金蝶 K/3 主控台中,选择"系统设置"→"初始化"→"销售管理"→"录入启用期前的未核销销售出库单"。屏幕显示条件过滤对话框后,单击"确定"按钮,进入启用期前的未核销销售出库界面,如图 1.4.52 所示。

图 1.4.51　新增外购入库单录入界面

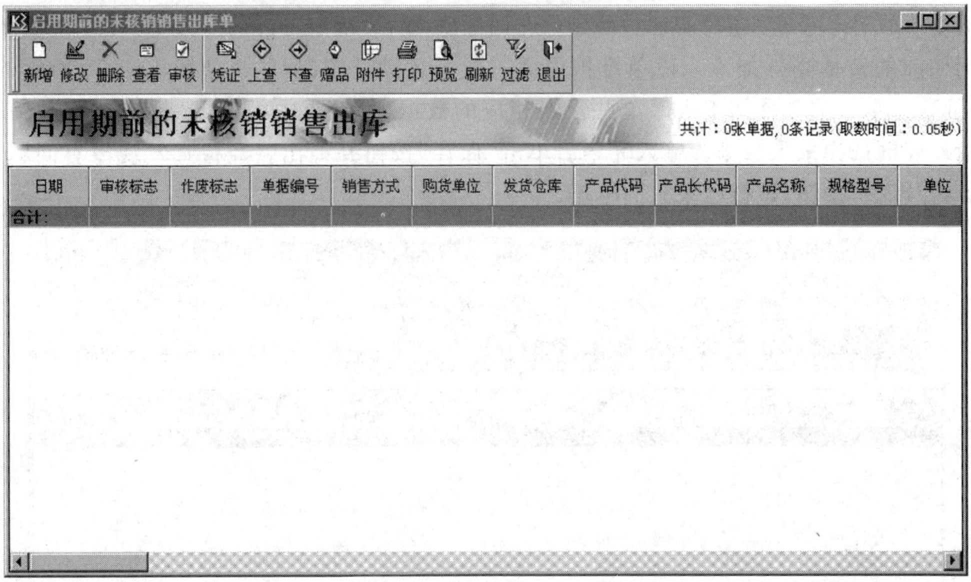

图 1.4.52　启用期前的未核销销售出库单界面

　　单击"新增"按钮,屏幕显示如图 1.4.53 所示的销售出库单录入界面,输入相应的数据项,录入中可按 F7 键查找相关信息,并用列表框选择录入数据。输入完毕后单击"保存"按钮并退出。经检查发现没有问题后,可单击"审核"按钮,审核已录入的单据。

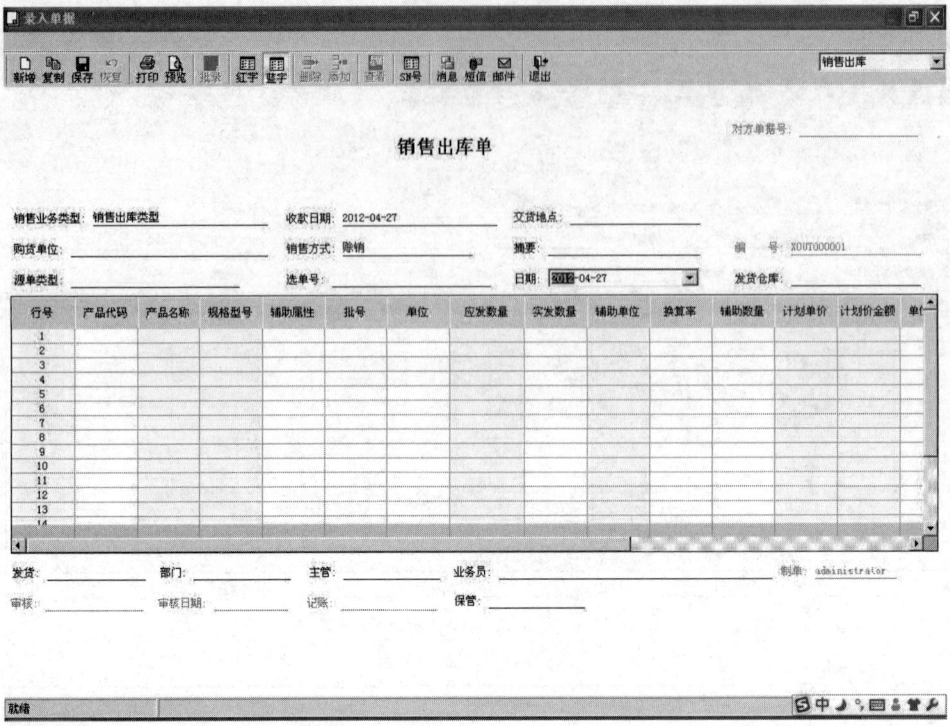

图 1.4.53　　　销售出库单录入界面

（3）录入启用期前的暂估委外加工库单。

在金蝶 K/3 主控台中,选择"系统设置"→"初始化"→"仓存管理"→"录入启用期前的暂估委外加工入库单",屏幕显示过滤条件对话框后,单击"确定"按钮进入如图 1.4.54 所示的启用期前的暂估委外加工入库单维护界面。单击"新增"按钮,显示如图 1.4.55 所示的界面,屏幕显示暂估委外加工入库单并录入相应的数据项,录入中可按 F7 键查找相关信息,并用列表框选择录入数据。输入完毕后单击"保存"按钮并退出。经检查发现没有问题后,可单击"审核"按钮,审核已录入的单据。

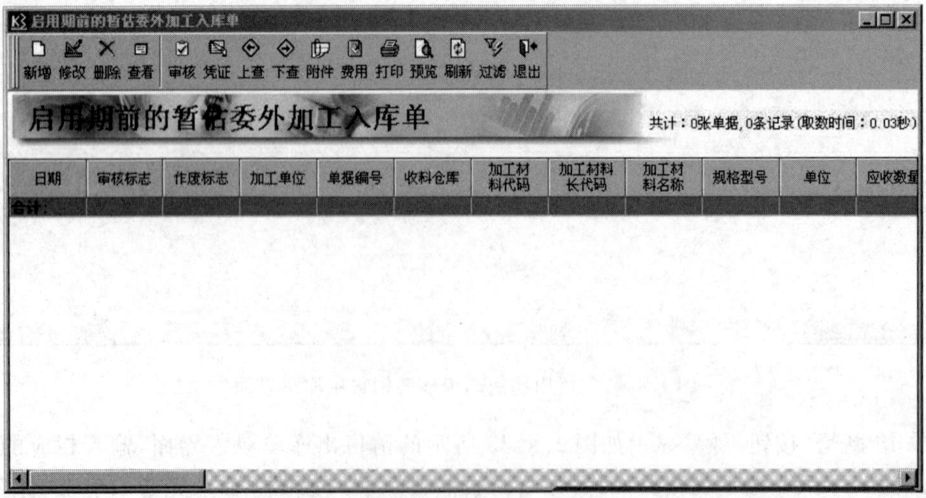

图 1.4.54　启用期前的暂估委外加工入库单维护界面

图 1.4.55 委外加工入库单录入界面

（4）录入启用期前的未核销委外加工出库单。

在金蝶 K/3 主控台中，选择"系统设置"→"初始化"→"仓存管理"→"录入启用期前的未核销委外加工出库单"，屏幕显示过滤条件窗口后，单击"确定"按钮进入如图 1.4.56 所示的未核销委外加工出库单维护界面。单击"新增"按钮，显示如图 1.4.57 所示的委外加工出库单录入界面，在录入相应的数据项时可按 F7 键查找相关信息，并用列表框选择录入数据。录入完毕后单击"保存"按钮并返回图 1.4.56 所示界面。经检查后，可单击"审核"按钮，审核已录入的单据。

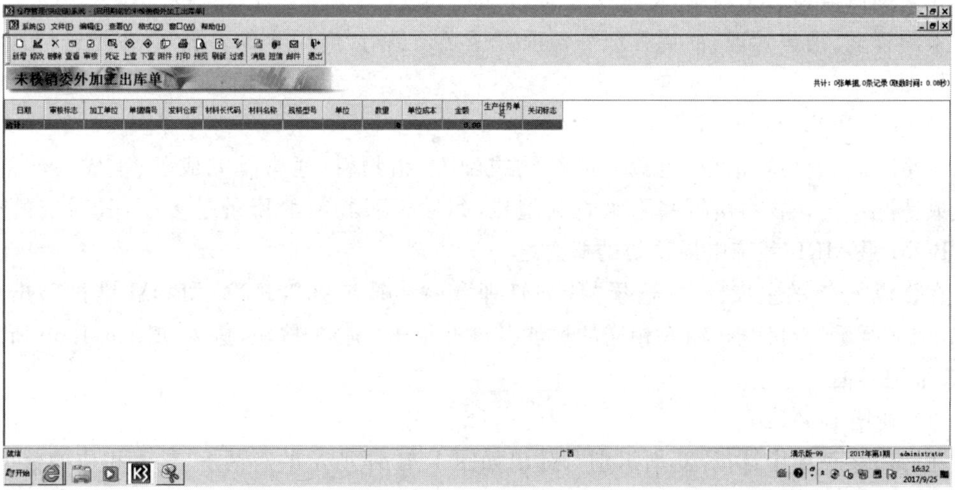

图 1.4.56 未核销委外加工出库单维护界面

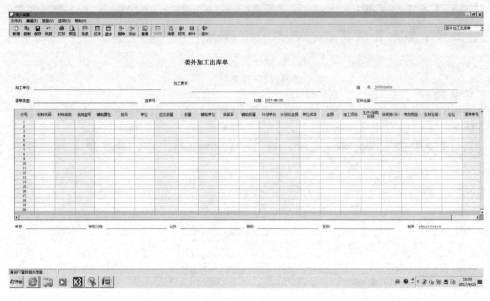

图 1.4.57 新增委外加工出库单录入界面

6）启用业务系统

在输入完相应的基础资料和初始数据后，可启动业务系统。在金蝶 K/3 主控台中，选择"系统设置"→"初始化"→"仓存管理"→"启动业务系统"后，屏幕弹出如 1.4.58 所示的对话框。

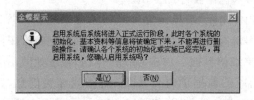

图 1.4.58 确认是否启用系统对话框

如果确认需要启用系统，单击"是"按钮，即完成启用仓存管理系统的工作。

采购管理、销售管理、存货管理等各项管理必须进行"启用业务系统"后才能进行日常的业务处理。

7）录入 BOM 单

BOM 即物料生产清单，也称产品结构或配方，指物料（通常是完成品、半成品或部品）的组成情况——该物料由哪些下级物料组成，每一下级物料的用量是多少，其对应的属性等。BOM 是 MRP 系统中最重要的概念之一。

在金蝶 K/3 的主控台中，选择"计划管理"→"生产数据管理"→"BOM 维护"，出现如图 1.4.59 所示的对话框，输入相应的过滤条件并单击"确定"按钮，进入如图 1.4.60 所示的 BOM 维护界面。

（1）新增 BOM 组。

在"编辑"菜单中选择"新增组别"，弹出如图 1.4.61 所示的对话框，输入相应的数据，单击"确定"按钮即可。

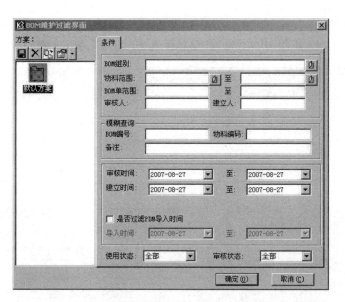

图 1.4.59　　BOM 维护过滤界面

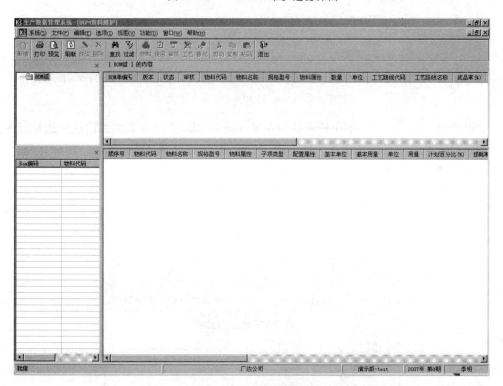

图 1.4.60　BOM 维护界面

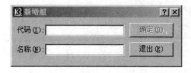

图 1.4.61　新增 BOM 组对话框

（2）新增 BOM 单。

选择相应的 BOM 单组后，在"编辑"菜单中选择"新增"，弹出如图 1.4.62 所示的窗口。

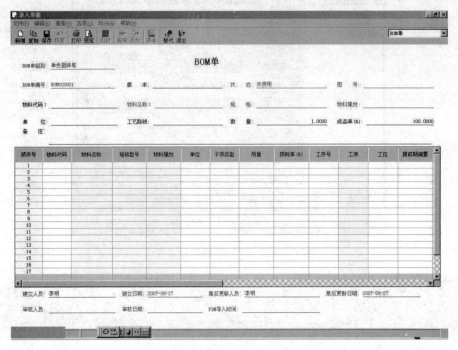

图 1.4.62　新增 BOM 单录入界面

按提示录入 BOM 单中相应的内容。在录入时，可按 F7 键查找相关信息并选择录入。在单据录入完毕且检查无误后可单击"审核"按钮，将已录入的单据置为审核状态。

8）设置系统参数

在金蝶 K/3 的主控台中，选择"系统设置"→"系统设置"→"存货核算"→"系统设置"，弹出如图 1.4.63 所示的窗口。用户可根据管理的需要选择相应的内容，设置相应的系统参数。

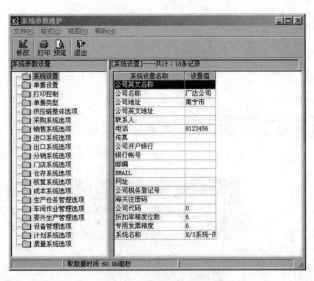

图 1.4.63　系统参数维护界面

2. 采购管理系统的使用

例1.4.1 采购部采购人员黄平于2012年4月20日向佳和公司订购笔芯2000支,单价0.8元(不含税价)。2012年4月25日货到,当日采购部门通知仓库入库,仓管人员陈力经检验合格后入库(原材料仓)。同日收到佳和公司开出的采购增值税发票及采购过程发生的500元运费发票。

在处理一笔业务时,首先确定处理业务的流程,然后选择相应的功能执行。在本例中,这项业务的特点是"单货同到(有运费发生)",业务流程如下:采购订单→收料通知单→外购入库单→购货发票→费用发票。

1) 录入采购订单

在金蝶K/3的主控台中,选择"供应链"→"采购管理"→"采购订单"→"采购订单—新增",出现如图1.4.64所示的界面,录入采购订单中相应的数据项。录入完毕后单击"保存"按钮,保存相应的单据。检查无误后可单击"审核"按钮,审核所录入的单据。

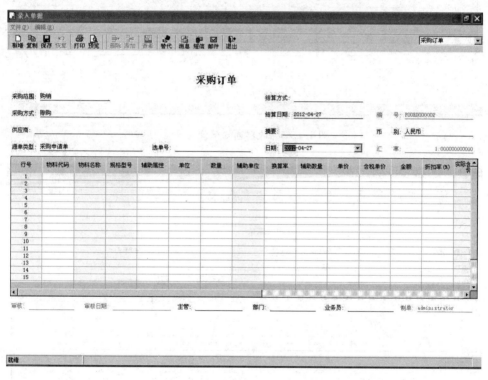

图1.4.64 采购订单录入界面

2) 录入收料通知单

在金蝶K/3的主控台中,选择"供应链"→"采购管理"→"收料通知"→"收料通知单—新增",出现如图1.4.65所示的界面,录入收料通知单中相应的数据项。录入完毕后单击"保存"按钮,保存相应的单据。检查无误后可单击"审核"按钮,审核所录入的单据。

3) 录入外购入库单

在金蝶K/3的主控台中,选择"供应链"→"采购管理"→"外购入库"→"外购入库—新增",出现如图1.4.66所示的界面,录入外购入库单中相应的数据项。录入完毕后单击"保存"按钮,保存相应的单据。检查无误后可单击"审核"按钮,审核所录入的单据。

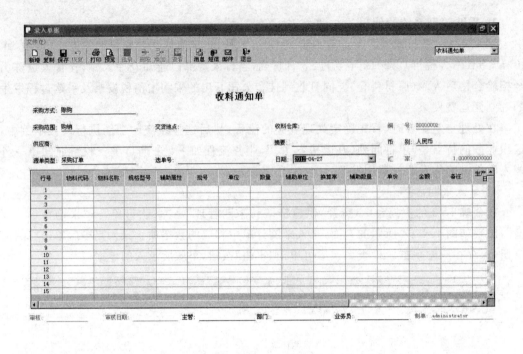

图 1.4.65 收料通知单录入界面

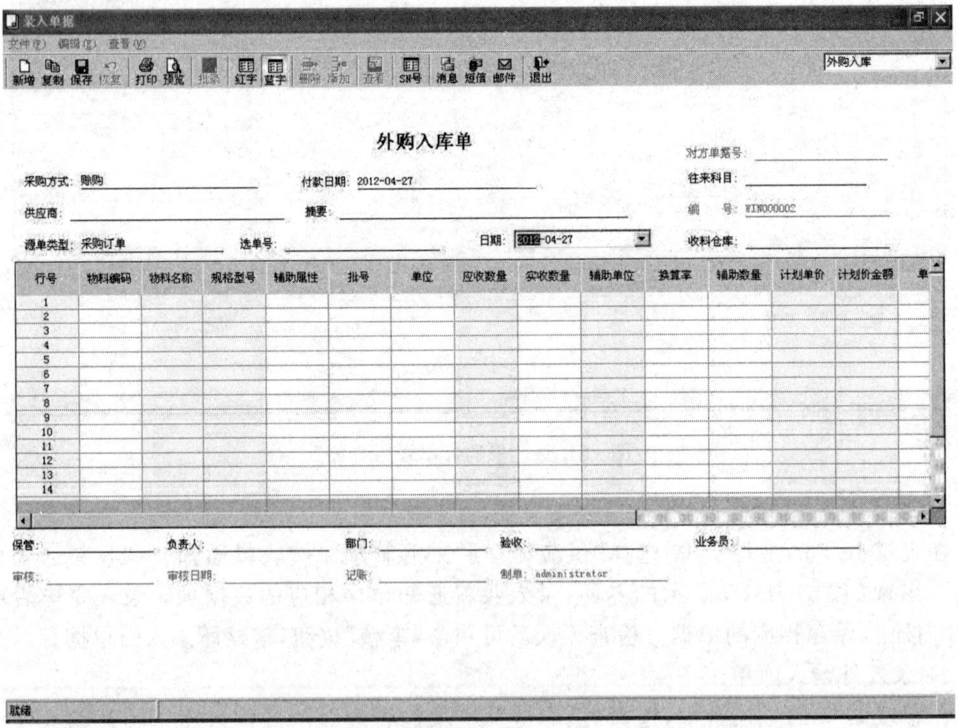

图 1.4.66 外购入库单录入界面

4）录入购货发票

在金蝶 K/3 的主控台中，选择"供应链"→"采购管理"→"采购结算"→"购货发票—新增"，出现如图 1.4.67 所示的界面，录入购货发票中相应的数据项。录入完毕后单击"保存"按钮，保存相应的单据。检查无误后可单击"审核"按钮，审核所录入的单据。

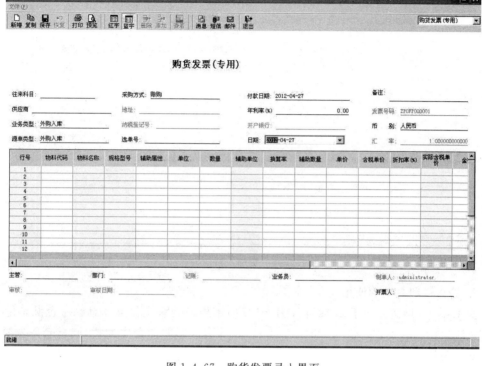

图 1.4.67 购货发票录入界面

5）录入费用发票

在金蝶 K/3 的主控台中，选择"供应链"→"采购管理"→"采购结算"→"费用发票—新增"，出现如图 1.4.68 所示的界面，录入费用发票中相应的数据项。录入完毕后单击"保存"按钮，保存相应的单据。检查无误后可单击"审核"按钮，审核所录入的单据。

说明：企业的实际业务比较复杂，处理过程也各不相同，因而有不同的业务流程。具体如下。

（1）货到单未到的采购流程如下：采购申请单→采购订单→收料通知单→外购入库单→购货发票。

（2）暂估入库的采购流程如下：采购订单→收料通知单→外购入库单→购货发票（下月发票到后做）。

（3）单先到货后到的采购流程如下：采购订单→购货发票→收料通知单（从购货发票获取）→外购入库单。

（4）退货业务流程如下：红字外购入库单→红字购货发票。

（5）收到部分货物业务流程如下：采购订单→收料通知单→外购入库单。

（6）代管物资业务流程如下：输入收料通知单，但通过收料通知单中的"收料仓库"设为虚仓，即代管物资仓。

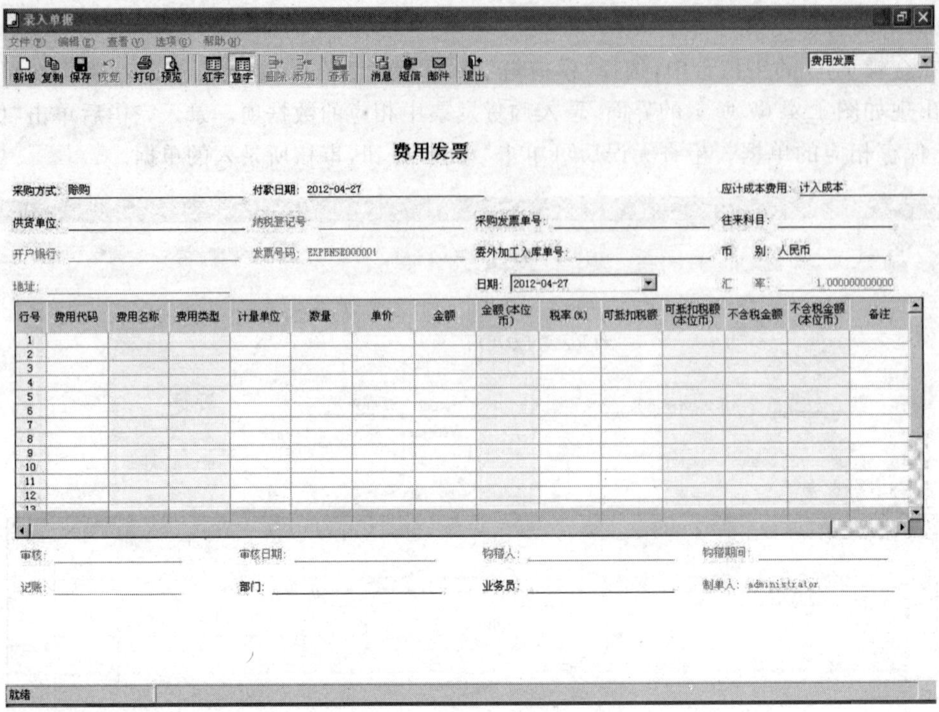

图 1.4.68　费用发票录入界面

3. 销售管理系统的使用

例 1.4.2　科达公司于 2012 年 4 月 10 日向销售部销售人员赵立订购单色圆珠笔 500 支,销售单价 5 元(不含税价)。2012 年 4 月 13 日销售部通知仓库发货,同日仓库发货,销售部开具销售发票。

在处理一笔业务时,首先确定处理业务的流程,然后选择相应的功能执行。在本例中,这项业务的特点是"开票和发货同时进行",业务流程如下:销售订单→发货通知单→销售出库单→销售发票。

1) 录入销售订单

在金蝶 K/3 的主控台中,选择"供应链"→"销售管理"→"销售订单"→"销售订单—新增",出现如图 1.4.69 所示的界面,录入销售订单中相应的数据项。录入完毕后单击"保存"按钮,保存相应的单据。检查无误后可单击"审核"按钮,审核所录入的单据。

2) 录入发货通知单

在金蝶 K/3 的主控台中,选择"供应链"→"销售管理"→"发货通知"→"发货通知—新增",出现如图 1.4.70 所示的界面,录入发货通知单中相应的数据项。录入完毕后单击"保存"按钮,保存相应的单据。检查无误后可单击"审核"按钮,审核所录入的单据。

3) 录入销售出库单

在金蝶 K/3 的主控台中,选择"供应链"→"销售管理"→"销售出库"→"销售出库—新增",出现如图 1.4.71 所示的界面,录入销售出库单中相应的数据项。录入完毕后单击"保存"按钮,保存相应的单据。检查无误后可单击"审核"按钮,审核所录入的单据。

4) 录入销售发票

在金蝶 K/3 的主控台中,选择"供应链"→"销售管理"→"销售结算"→"销售发票—新

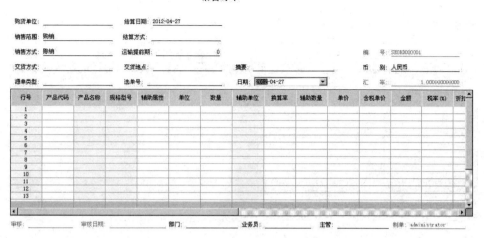

图 1.4.69　销售订单录入界面

图 1.4.70　发货通知单录入界面

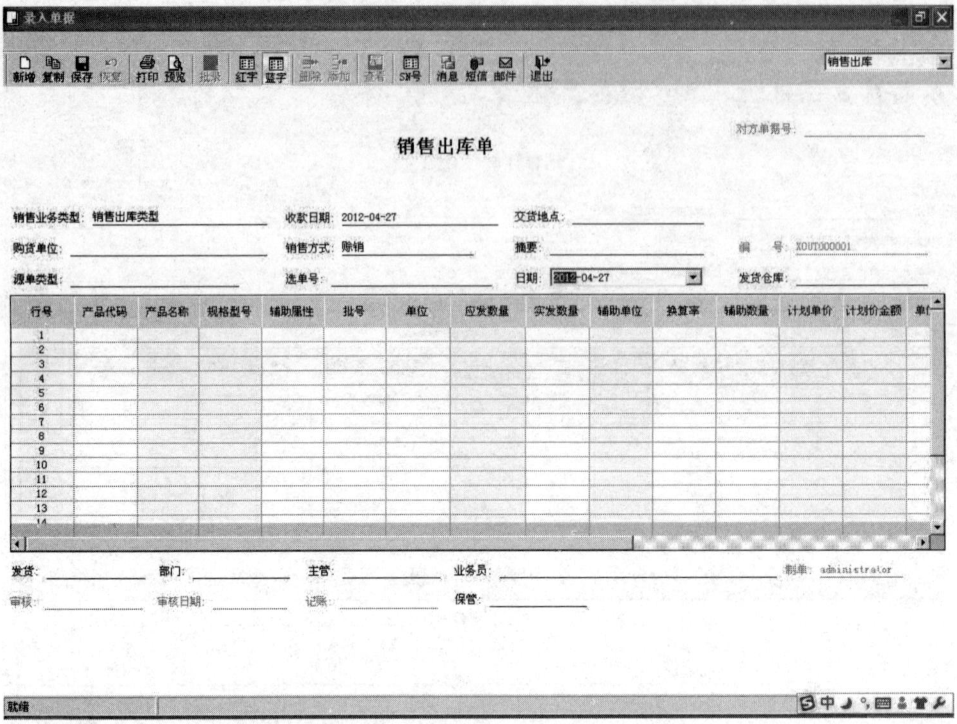

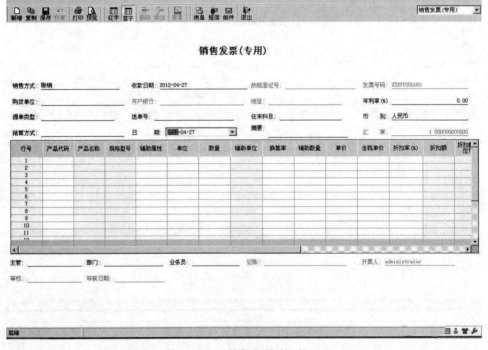

图 1.4.71　销售出库单录入界面

增",出现如图 1.4.72 所示的界面,录入销售发票中相应的数据项。录入完毕后单击"保存"按钮,保存相应的单据。检查无误后可单击"审核"按钮,审核所录入的单据。

图 1.4.72　销售发票录入界面

说明：企业的实际业务比较复杂，处理过程也各不相同，因而有不同的业务流程。具体如下。

（1）先开票后发货的业务流程：销售订单→销售发票→发货通知单（从销售发票获取）→销售出库单。

（2）销售退货业务流程：红字销售出库单→红字销售发票。

（3）现销业务流程：销售发票→发货通知单（从销售发票获取）→销售出库单。

（4）销售分次发货业务流程：销售出库单（分两张单录入）→销售发票（获取单据时同时选择两张单据关联生成）。

（5）分期收款销售业务流程：销售出库单→销售发票（下月收款时做）。

4. 仓存管理系统的使用

1）录入生产领料单

在金蝶 K/3 的主控台中，选择"供应链"→"仓存管理"→"领料发货"→"生产领料单—新增"，出现如图 1.4.73 所示的界面，录入生产领料单中相应的数据项。录入完毕后单击"保存"按钮，保存相应的单据。检查无误后可单击"审核"按钮，审核所录入的单据。

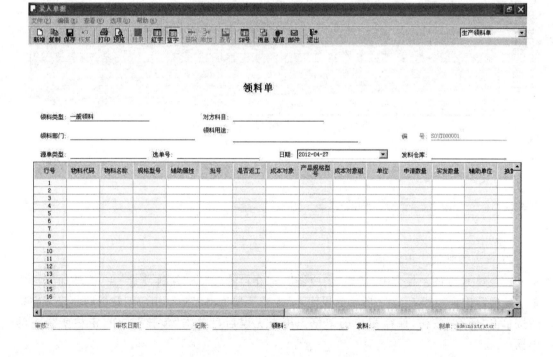

图 1.4.73　领料单录入界面

2）录入生产退料

此项工作主要适用于生产部门或生产车间将多领用的材料退回到仓库。其实为录入红字生产领料单,操作过程与1)同,只是在录入单据前先单击"红字"。

3）录入产品入库单

在金蝶 K/3 的主控台中,选择"供应链"→"仓存管理"→"验收入库"→"产品入库—新增",出现如图 1.4.74 所示的界面,录入产品入库单中相应的数据项。录入完毕后单击"保存"按钮,保存相应的单据。检查无误后可单击"审核"按钮,审核所录入的单据。

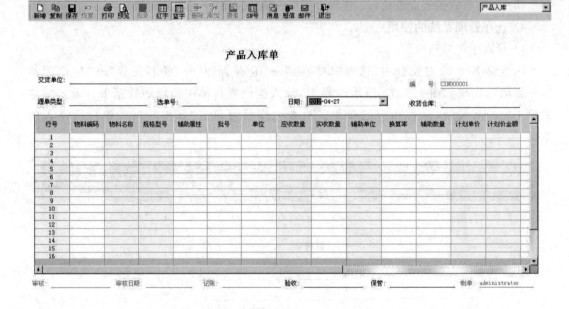

图 1.4.74 产品入库单录入界面

4）录入委外加工出库单

在金蝶 K/3 的主控台中,选择"供应链"→"仓存管理"→"领料发货"→"委外加工出库单—新增",出现如图 1.4.75 所示的界面,录入委外加工出库单中相应的数据项。录入完毕后按单击"保存"按钮,保存相应的单据。检查无误后可单击"审核"按钮,审核所录入的单据。

5）录入委外加工入库单

在金蝶 K/3 的主控台中,选择"供应链"→"仓存管理"→"验收入库"→"委外加工入库单—新增",出现如图 1.4.76 所示的界面,录入委外加工入库单中相应的数据项。录入完毕后单击"保存"按钮,保存相应的单据。检查无误后可单击"审核"按钮,审核所录入的单据。

图 1.4.75 委外加工出库单录入界面

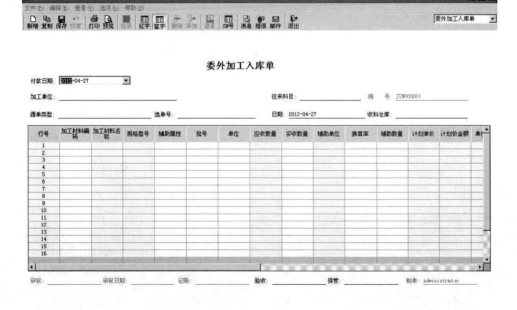

图 1.4.76 委外加工入库单录入界面

1.4.5 实验结果与报告

1. 实验结果

本实验的主要目的是通过查看并操作已有的信息系统,了解信息系统的应用领域和信息系统的使用方法,了解信息系统的体系设计与界面设计。因此,正确的实验结果是要能正确使用信息系统的某一模块,掌握信息系统的操作流程,分析信息系统的构成。

2. 实验报告

实验报告首先要描述所查看的信息系统的背景、应用领域,写出所使用模块的操作流程(注意描述系统提供的具体操作方法);最后画出系统的功能结构图(或逻辑结构图、物理结构图)。

第2章　信息系统分析

信息系统分析也简称系统分析,是信息系统开发过程中最重要也是最复杂的阶段。面向对象系统分析是从问题域及用户需求出发的,通过对问题域的深入分析研究,建立一个能满足用户需求的系统模型。在传统的结构化开发方法中,系统分析是一个面向过程的分析,遵循"自顶向下,逐步求精"的原则,把系统看成是一个可以分解的功能的集合,通过逐层分解,建立系统可以运行的功能模块。系统分析的过程首先是通过系统调查充分了解用户需求,然后分析现有系统存在的问题及改进方法,最后从功能上定义系统,建立目标系统的功能模型。因此,系统分析的目标是:在书面上规范描述对现行系统的理解,设计出一个能够满足用户需求的信息系统的功能模型(数据流程图或用例图),其最终成果称为需求规格说明书(或称为系统分析报告)。需求规格说明书中明确描述系统的行为、特性或属性,是信息系统设计的依据及最后系统验收评价的基本标准。

2.1　系统调查

2.1.1　系统调查的目标

详细掌握用户的需求是信息系统开发的第一步,只有通过系统调查,了解用户的需求,才能确定系统的目标。然而,用户在最开始时所提出的需求常常是很简单而且很模糊的,他们对需求的表达与描述也不是很规范,这样容易引起误解与分歧。因此,进行系统调查,掌握用户的真正需求是进行系统开发的前提。通过系统调查,了解以下内容:

1. 组织结构

对组织结构的了解包括掌握企业经营目标分解体系树、企业性能指标体系树、权力结构树、分工组成结构树等相关内容。企业经营目标分解体系、企业性能指标体系可以利用树枝图描述;权力结构可以用权力结构图描述;分工组成结构树描述分工情况,不仅可以描述岗位担负的工作职责,也可以展开描述成履行职责的工作步骤。

2. 业务流程

业务流程分为业务协作流程和职责执行流程。业务协作流程图用于描述部门或岗位之间的工作协作流程。业务协作流程图的绘制要点是:

(1) 明确参与协作的活动主体,活动主体最好是岗位,尽可能不是部门,以防止出现业务之间的不确定性。

(2) 体现 PDCA(Plan,计划;Do,执行;Check,检查;Action,处置)质量环节,保证过程内容的完整性。

(3) 明确开始事件和结束事件。

（4）明确事件链一环紧扣一环，流程不中断。

（5）明确伴随事件的业务信息。

（6）标注每个岗位进行的工作职责或工作步骤，这样就建立了与"分工组成结构树"和职责执行流程图的关系，不一定把每个岗位职责的所有工作步骤全部标注，一般只标注与协作有关的步骤。

职责执行流程图描述每个工作岗位自身如何完成具体的工作职责，是业务协作流程的微观具体展开。在职责执行流程图中，用顺序执行、条件分析、循环执行等逻辑单元形成执行工作步骤的逻辑流程，注明对业务信息具体栏目的处理方式。业务信息栏目的处理方式包括增加、删除、修改、查询等。

3. 业务信息

业务信息包括业务单证和业务报表，前者是原始凭证，后者是由业务单证综合而来的报表。收集的业务信息包括业务信息的内容、业务信息之间的关系、业务信息的处理权限、业务信息的共享方式等。业务信息由信息的名称、信息栏目(标题)组成。业务信息关系用业务信息关系图进行描述，描述的要点包括用计算链描述由原始凭证合成综合报表的方式、用连接链描述业务信息之间的业务关联关系。

2.1.2 调查的方法

1. 对现有文档、表格和数据库进行抽样

当研究一个系统时，可以通过研究现有文档、表格和数据库建立对原系统的感性认识。收集的第一份文档是组织结构图，并由组织结构图找到与项目相关的文档，包括：

（1）办公室之间的便函、研究、琐事、建议箱、客户抱怨和记录了问题的报告。

（2）财务记录、工作成绩回顾、工作度量回顾以及其他安排的工作报告。

（3）信息系统项目请求——过去的和现在的。

（4）公司任务陈述和战略计划。

（5）正被研究的下级部门的正式工作目标。

（6）可能对建议的系统产生约束的政策条款。

（7）用于特定业务操作的标准操作规程、工作概要或任务指令。

（8）在过程周期的各个点上代表实际事务的完整表格。

（9）手册和计算机数据库的样本。

（10）手册和计算机屏幕及报表的样本。

（11）各种类型的流程图和图形。

（12）项目字典或资料库。

（13）设计文档，例如输入、输出和数据库。

（14）程序文档。

（15）计算机操作手册和培训手册。

对以上需要收集的文档或事实全部收集完整是比较困难的，因此可以采用抽样的方法来获取有代表性的事实，并尽可能包含各种类型的事实。

2. 调研和实地访问

大多数问题都不是独一无二的，其他人在之前可能已经解决了这些问题。因此，实地考察对类似问题有经验的公司,如果这些公司愿意共享信息,就有可能获得有价值的信息,同时可以节省开发过程中的大量时间或费用。因特网、计算机期刊和参考书也是一个很好的信息来源。

3. 观察工作环境

为了获得对系统的理解,观察是一种有效的数据收集技术。观察时系统分析员或者参与活动中,或者观察他人的活动来了解系统。当通过其他方法所收集数据的有效性值得怀疑时,或者当系统某方面的复杂度妨碍了用户做出清晰的解释时,就经常使用这项技术。

系统分析员通过观察获得事实,首先要做大量的准备工作,其次必须决定以何种方式实际地收集数据,确定快速记录数据的表格及观察系统的时间等。

观察的方法可以有工作抽样法和现场直播法。工作抽样法是一种调查研究技术,它包括以随机间隔进行的大量观察,但要注意观察每天不同时间的活动。现场直播法是系统分析员主动地扮演一段时间的用户角色,这是了解系统问题和需求的最有效方法之一。通过站在用户的角度看问题,系统分析员可以快速地获得对用户体验及其工作的理解。

4. 用调查表调查

调查表是一种具有特殊目的的文档,系统分析员可以使用它从调查对象那里收集到对现行系统的状况信息,并发现原有系统的问题,及对未来系统要求等大量事实。调查表有两种格式:自由格式和固定格式。自由格式调查表为回答者提供了很大的回答范围。它提出一个问题,然后回答者在这个问题后面提供的空白区里填写答案。固定格式调查表由需要从预先定义的答案中做出选择的问题构成。

1) 调查表中固定格式的问题分类

对于任何问题,回答者必须从可选答案中进行选择。固定格式的问题分三类:

(1) 多项选择问题。给回答者提供几个答案,回答者应被告知是否可以选择多个答案,当没有一个标准答案可用时,有些多项选择问题允许提供很简要的自由格式回答。

(2) 分级评定问题。给回答者提供一段话,然后要求回答者使用提供的答案陈述一个观点。为了防止问题自身的偏好,问题中应该有同样数量的正面和反面答案。下面是固定格式分级评定问题的例子:

实现数量折扣将会增加客户订单。□同意　□不表态　□不同意

(3) 次序评定问题。给回答者提供几个可能的答案,每一个都要求按照喜好或经验进行排序。

2) 调查表的制作过程

(1) 确定必须收集的事实和观点以及调查的对象。

(2) 根据需要的事实和观点,确定调查表的格式是采用自由格式问题还是固定格式问题。

(3) 编写问题。

(4) 在一个小的回答者样本中测试这些问题。

(5) 复制并分发调查表。

5. 面谈

面谈是一种通过面对面的交互方式从个人那里收集信息的一种调查研究技术。

1) 面谈的目标

面谈可以用来实现下列目标:发现事实、验证事实、澄清事实、激发热情、让最终用户参与、确定需求以及求证想法和观点。在一次面谈中,系统分析员可以扮演接见者角色,负责组织和引导面谈;用户或系统所有者是被接见者,他们按要求回答一系列问题。

2) 面谈的类型

面谈的类型有两种:结构化面谈和非结构化面谈。在结构化面谈中,接见者事先准备一套专门的问题询问被接见者。这些问题可以是开放式问题,也可以是封闭式问题。开放式问题允许被接见者以任何认为合适的方式回答。封闭式问题把回答严格限制在特定的选择范围内,或者限制为简短的直接回答。

3) 面谈的过程

一次成功的面谈应包括如下几个过程:

(1) 选择被接见者。一个正式的组织结构图有助于确定面谈对象及其职责。在面谈之前尽可能多地了解每一个人,试着了解他们的实力、害怕的事情、偏见和动机,就可以在面谈中考虑这些人的特点。

(2) 准备面谈。为确保主题的所有有关方面都被涉及,分析员应该准备一份面谈指南,将询问被接见者的问题及时间安排列成一个清单。

(3) 进行面谈。在面谈中应该做到:

- 有礼貌。
- 仔细聆听。
- 保持控制。
- 探查。
- 观察特殊习惯和非口头交流。
- 有耐心。
- 让被接见者保持放松。
- 保持自我控制。

(4) 面谈后续工作。为了有助于维持同被接见者的友善关系和信任,应该送给他们一份总结了面谈内容的备忘录。这份备忘录应该提到被接见者对项目的贡献,并给他们机会澄清可能在面谈期间得出的任何错误解释。

6. 获取原型

当开发团队难以定义需求时,可以使用原型设计技术来发现或验证用户需求。

7. 联合需求计划

联合需求计划(Joint Requirement Planning, JRP)是一种小组工作会议,通过高度结构化的小组会议的方式来分析问题并获取用户的需求。JRP 会议包括一些不同的参与者和角色,每个参与者都被期望能够参加并主动参与整个 JRP 会议,它包括的人员一般有负责人、主持人、用户和管理人员、抄写员以及 IT 职员。

召开 JRP 会议首先需要做好 JRP 会议计划,包括选择会议地点、选择 JRP 会议参与者、准备 JRP 会议议程。在 JRP 会议过程中,主持人应遵循的原则如下:

(1) 不要无理由地偏离议程。

(2) 控制进度(议题分配了明确的时间)。

(3) 确保抄写员能够记录。

(4) 避免使用技术行话。

（5）应用冲突解决技能。

（6）允许充分的休息。

（7）鼓励小组取得一致意见。

（8）鼓励用户和管理人员参与，不允许个人把持会议。

（9）确保与会者遵守制定的会议基本规则。

2.1.3　收集信息的种类

1. 业务类

业务类描述业务是如何运作的。它描述职能划分和机构开展的跨部门活动。这类信息还描述了业务的高层目标、产品和服务、财会结构、综合业务功能和过程、组织总体结构，以及所有这些要素之间的交互。它包括将组织从当前状态转换到未来状态的主要业务策略和主要业务规划。

2. 应用程序类

应用程序类包括服务和功能，提供系统和服务当前使用的情况。这些服务和功能为了完成共同的业务目标，跨越机构边界，连接具有不同技能和职能的用户。应用程序类中的信息描述支持业务过程的自动化服务和非自动化服务。它提供业务应用系统交互和相互依赖方面的信息。

在机构中，使用不同的工具往往使相同的任务重复多次。在搜集机构内部的流程信息时，要检查用于管理公司活动的各种不同的应用程序。现在应用程序的某些部分可以为任何新的解决方案提供核心服务。对这些服务进行重组。通过指出潜在的低效和冗余，搜集来的信息有助于精简业务流程。

3. 操作类

操作类描述机构为经营其业务流程的运作而需了解的知识。操作类包括标准数据模型、数据管理策略，以及业务中信息消费和信息生产模式的描述。

数据管理策略确定业务流程中信息的来源、归属和消费。对其访问和使用模式进行跟踪和分析，这确定了为建立数据复制、数据存储和数据仓库的标准和原则所需的信息，也为数据分配、复制和分区提供了决策依据。

关键业务流程和处理这些流程所需的信息两者之间的关系有助于建立标准和原则。这些标准和原则一方面是针对信息或数据的创建、查询、更新及删除而建立的；另一方面也是为了共享重要的文档和数据，并确定访问的保密水平和标准。

4. 技术类

技术类确定完成业务任务、支持业务任务所需的技术，包括布局、开发环境、API、安全保密、网络服务、数据库管理系统（DBMS）服务、技术规格说明、硬件等级、操作系统等。技术类提供标准和原则方面的信息，建立了应用程序和信息之间的连接。可以利用技术类信息确定开发项目的标准接口、服务和应用程序模型。

2.1.4　信息收集的策略

在搜集信息时，应先定义一个信息搜集策略。这个定义信息策略的过程包括确定用户、确定问题以及为信息搜集选择一种恰当的技术。

1. 制定信息策略应考虑的问题

在制定信息策略时,需要考虑如下问题:

(1) 确定搜集信息的信息源。

(2) 需要搜集信息的内容。

(3) 确定搜集信息的方法,每种方法适用于哪些信息源。

(4) 记录收集来的信息所采用的形式。

(5) 收集信息的时间安排。

2. 常见的信息收集策略

(1) 使用多种信息收集方法。

(2) 确定最有效的收集方法。

(3) 记住所有的视角、信息类型和信息源。

(4) 从使用相似业务过程的群组中搜集信息。

2.2 信息系统需求分析

信息系统需求是系统服务或约束的陈述,其核心是对系统功能的描述。系统服务陈述描述单个用户或整个用户群体,系统应该如何运行,同时定义了一个必须一直要服从的业务规则,如每月月末计算员工的实发工资;系统约束陈述表达系统行为或开发的限制,如安全性约束,或必须使用的开发工具约束等。

信息系统需求分析是在完成系统调查、取得信息系统开发的目标与开发范围之后,详细分析业务流程、规则和相关数据,获得信息系统业务处理中的数据管理的内容和处理的需求,明确用户对信息系统的详细功能需求、性能需求和其他非关键需求,确定新系统的业务流程,最终写出需求规格说明,如有必要还需使用原型开发技术验证可视的操作功能需求,以便获得完整而明确的定义。在面向对象分析中,用例图、序列图、活动图是需求建模的常用工具。用例分析从用户的角度看待系统及其特性,用用例图和用例规约表示。序列图显示了对象间交易发生的顺序及对象间传递的消息。活动图表示面向对象程序中的逻辑流,对定义业务的处理过程和用例执行的动作流程特别有用。

2.2.1 组织结构与功能分析

组织结构与功能分析是整个系统分析中最先进行的一个环节,是发现系统用户、参与者及参与者之间关系的主要手段,是建立用例模型的前导工作。它主要包括三部分内容:组织结构分析、业务过程与组织结构之间的联系分析、业务功能一览表。

组织结构分析通常是通过组织结构图来实现的。组织结构图是一张反映组织内部之间隶属关系的树状结构图(见图 2.2.1)。在绘制组织结构图时一定要全面、准确地反映组织的部门构成,特别是与待开发信息系统相关的部门要详尽。

业务过程通常是与组织结构密切相关的,业务过程与组织结构联系分析通常是通过组织/业务关系图来实现的。组织/业务关系图可反映组织各部门在承担业务时的关系。一般组织/业务关系图中的横坐标表示各组织名称,纵坐标表示业务过程名,中间栏填写组织在执行业务过程中的作用。图 2.2.2 是一个组织/业务关系图的示例。

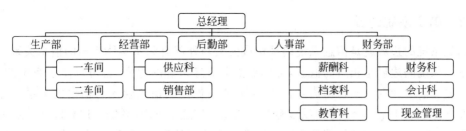

图 2.2.1 企业的组织结构图

业务	组织												
	计划科	质量科	设计科	工艺科	机动科	总工室	研究所	生产科	人事科	供应科	教育科	销售科	仓库
计划	*					√		×		×		√	
销售		√										*	×
供应	√							×		*			√
人事									*		√		
生产	√	×	×	×		*		*		×		√	√
设备更新				*	√	√	√	×					

注：＊表示该项业务是对应组织的主要业务(即主持工作的单位)；×表示该单位是参加协调该项业务的辅助单位；√表示该单位是该项业务的相关单位；空白表示该单位与对应业务无关。

图 2.2.2 组织/业务关系图

业务功能一览表是一个完全以业务功能为主体的树形表，它把组织内部各项管理业务功能用一张表的方式罗列出来，它是今后进行功能/数据分析、确定新系统拟实现的管理功能和分析建立管理数据指标体系的基础。图 2.2.3 是业务功能一览表的示例。

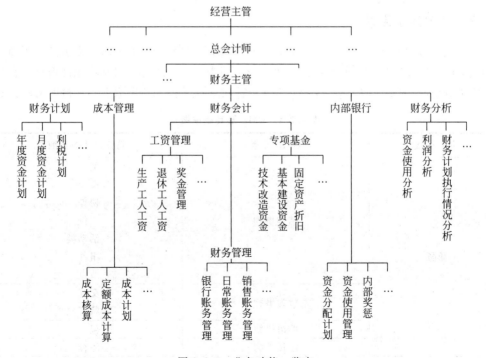

图 2.2.3 业务功能一览表

2.2.2 确定系统边界

信息系统的边界就是信息系统内部构成元素与外部有联系实体之间的信息关系的描述与分割。系统的边界是相对的概念,可以是整个信息系统的边界,也可以是子系统的边界,并不需要它们之间划一条物理边界,只需要弄清它们之间信息输入与输出的关系。边界的描述在软件工程中常用环境图表示,例如图 2.2.4 描述了 POS 系统的边界以外涉及银行卡支付机、条码阅读器、收银员等信息输入以及打印的商品明细、更新记录的商品库存等输出。

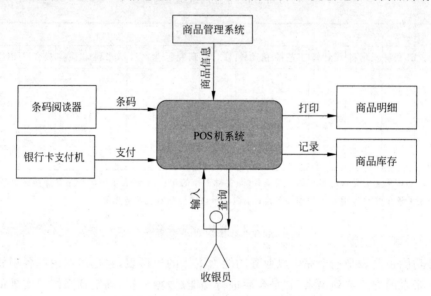

图 2.2.4　POS 系统的系统环境图

2.2.3 确定系统需求

在这个阶段是根据前期调查成果,与用户一起确定、分析和协商需求。需求描述了新系统必须完成的功能及特性。一般系统需求可以分为两类:功能性需求和非功能性需求。在进行系统需求分析时,通常使用 UML 来描述业务流程和总体需求。UML 及其组成概述见表 2.2.1。

表 2.2.1　UML 及其组成概述

UML 分类	UML 元素	特殊的 UML 细节
事物	结构事物	类
		接口
		协作
		用例
		活动类
		组件
		节点
	行为事物	交互
		状态机
	群组事物	包
	注释事物	注释

续表

UML 分类	UML 元素	特殊的 UML 细节
关系	结构关系	依赖关系 聚集关系 关联关系
	行为关系	泛化关系 通信 包含 扩展 泛化
图	结构图	类图 组件图 部署图
	行为图	用例图 序列图 通信图 状态图 活动图

在进行需求分析建模时常用的 UML 图有:

(1) 用例图,描述如何使用系统。

(2) 用例规约(从技术上讲它不是图),对主要用例及参与者主要行为的描述。

(3) 活动图,说明总的活动流。每个用例可以创建一个活动图。

(4) 序列图,表示活动的顺序和类关系。每个用例可以创建一个或多个序列图。

(5) 类图,表示类和关系。

(6) 状态图,表示状态转移。每个类可以创建一个状态图,适合一个确定类的方法。

2.2.3.1 系统需求的分类

1. 功能性需求

功能性需求描述系统预期应提供的功能或服务,如系统需要哪些输入、对输入做出的反应以及系统具体行为的描述。功能需求包括系统的范围、必要的业务和所需的数据结构。

2. 非功能性需求

非功能性需求包括除功能以外的系统性能和系统特性的需求,包括可用性、可靠性、响应时间、吞吐率、可移植性和其他约束等。

2.2.3.2 确定系统需求的过程

系统分析员通过咨询客户发现系统的功能性需求和非功能性需求,并通过模型表示出来。分析过程如下。

1. 列出候选需求

在系统生命周期中,项目利益相关者会从各自的观点出发提出系统将要实现的功能(这些可以作为候选需求),并列出候选需求清单。候选需求一旦进行定义成为正式需求,就从候选需求清单中移除。

2. 理解系统的语境

了解用户业务模型,依据模型分析出系统需要支持的业务过程,完成该过程需要的人员(即系统的参与者),他们的职责及执行的操作。

3. 捕获功能性需求

使用用例来确定功能性需求。在理解系统的语境之后,收集所有人员和系统可能的交互,在此基础上提出系统功能性需求。

1) 定义用例模型

第一步,研究经调查得到的需求后,找出问题领域中的参与者。一般系统参与者分为主要参与者与次要参与者。主要参与者提供数据或接收系统的信息;次要参与者的需求驱动了用例所表示的行为或功能,在用例中起支持作用,帮助主要参与者完成他们的工作。例如,一个销售系统中,在顾客购买商品后使用信用卡交费的过程中,顾客是主要参与者,店员是次要参与者。

第二步,识别参与者启动的主要事件,并开发出一套用例,从每个参与者的角度描述事件。

第三步,建立用例图,以提供参与者如何与定义系统的用例关联的理解。

图 2.2.5 给出一个销售系统的简单用例图,图中的参与者是顾客,用例是系统执行信用卡验证。

第四步,细化主要用例,以开发出每个主要用例的系统功能的详细描述。通过开发用例场景,记录可选的主要用例流,提供附加的细节。可以用表格和普通的业务语言来描述业务处理的过程。

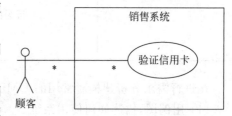

图 2.2.5 销售系统用例图

第五步,仔细研究用例场景,并验证和交互过程。根据实际情况进行修改,直到用户认为用例场景是完备的和正确的为止,在此基础上写出用例规约。

用例规约以文档的形式详细描述用例,展示用例"做什么"的细节。表 2.2.2 给出了验证信用卡的用例规约。

表 2.2.2 验证信用卡用例规约

用例名:	验证信用卡
参与者:	顾客
描述:	描述信用卡验证过程
成功完成:	1. 顾客单击输入选择器,输入信用卡号和到期日期 2. 系统验证卡 3. 系统发出授权信息
可选项:	1. 顾客单击输入选择器,输入信用卡号和到期日期 2. 系统拒绝卡 3. 系统发出拒绝信息
前提条件:	顾客至少已经选择一项,已经进入到合适区
后置条件:	信用卡信息已经被确认 顾客按要求继续
设想:	无

2）继续开发 UML 图,以建立系统分析阶段的系统模型

（1）通过用例图导出活动图。

（2）根据用例场景开发序列图和协作图。

（3）与用户一起仔细研究序列图和协作图,以此验证过程和交互。根据需要进行修改,直到用户认为序列图是完备的和正确的。

图 2.2.6 给出了信用卡验证成功的序列图,显示信用卡验证自顶向下,沿着垂直的时间顺序进行的过程。

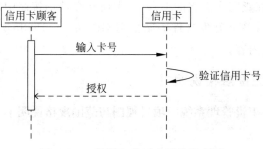

图 2.2.6　信用卡验证成功的序列图

4. 捕获非功能性需求

定义系统开发和实现过程的约束。大多数非功能性需求是和具体功能相关的,如在工资系统中,一般的员工只能查询自己的工资不能查看其他人的工资,这些需求可以通过用例注释进行说明。对于不与特定用例关联的非功能性需求,如安全性需求,可以单独作为补充需求来说明。

5. 确定需求的数据

一个典型的系统包括很多的需求陈述,为了便于管理需求,可对需求进行编号,一般按层次编号。在此基础上根据用户的要求,确认需求的优先顺序。优先级的分类数目可以小些,3～5 个不同的优先级基本足够。

6. 需求确认

在形成需求文档前需要与用户进行协商,确认系统的需求,是否有遗漏或多余的需求,对已经编写的文档进行审查、确认,保证文档的质量。

2.2.4　建立新系统逻辑模型

新系统逻辑模型是经过分析和优化后,新系统拟采用的管理模型和信息处理方法。面向对象分析中的两个重要的规格技术说明是类图和用例,它们是对数据和功能进行规格说明的技术,还描述了其他需求,如性能、“外观与感觉”、可用性、可维护性、安全性和政策及法律需求。

2.3　分析文档——工资管理系统的分析报告

本节给出本书示例系统——工资管理系统——在分析阶段的三个主要文档:项目视图与范围规格说明书、软件需求说明书、数据要求说明书。这些文档是系统设计与系统实现的基础。项目视图与范围规格说明书描述了用户对系统的目标需求,确定了系统的边界范围。

软件需求说明书主要表述了用户的功能需求与性能需求。数据要求说明书提供了关于整个开发时期被处理数据的描述和数据采集要求的技术信息。本书的示例系统是一个真实的业务项目,但为了减少项目复杂度,便于学生个人也能完成系统的分析、设计、实现与测试等工作,去除了很多数据、非关键功能及相关模块的功能。同时,也特意在系统中留有部分未完善的分析与设计,待学生去补充完成,以提高学生的分析与设计能力。

为了节省篇幅,所有文档都省略了封面,封面应包括项目名称、项目提出者、项目承担者、日期等开发相关信息。鉴于《计算机软件产品开发文件编制指南 GB 8567—2006》过于复杂,为便于学生能在课堂完成文档的书写,本书所有文档仍按照中华人民共和国国家标准 UDC 681.3《计算机软件产品开发文件编制指南 GB 8567—1988》规格说明模板撰写,但删减了部分非关键节点的内容。

2.3.1 项目视图与范围规格说明书

工资管理系统 项目视图与范围规格说明书

1 业务需求

1.1 背景

某企业是一个小型制造企业,其财务部希望开发一套简单的工资管理系统,以便减少工作人员的管理工作量。这套系统要求初期提供单机桌面信息系统应用版本,后期要求提供 B/S 结构网络版本,并能与企业的人事部、后勤部联网,实现数据共享。根据当前资金能力,目前仅将部分非财务部门的管理项目(如员工信息管理、部门设置、职务设置等功能)合并到工资管理系统中,以方便数据的处理,也为后期的系统开发提供前期准备。

1.2 业务机遇

企业信息化是提高企业管理效率,降低员工劳动强度,降低成本的有效手段。某企业是一个小型企业,资金和人才有限,对如何开展信息化工作不甚了解,因此,希望通过首先在财务部门实现简单的信息技术应用,为后期全面信息化提供依据。

1.3 运行环境

(1)该系统应用于 Windows 7 及其以上版本的操作系统。

(2)数据库管理系统采用 Microsoft SQL Server 2008。

1.4 客户需求

工资管理系统需要管理员工的工资信息、员工的基本信息、部门的设置信息、职务的设置信息,并能提供工资数据的批量修改、个别修改、工资数据汇总、工资数据的查询与打印(包括打印工资条、工资表等),对不同的用户只能操作不同的功能,但用户的权限可根据需要进行调整,按月保存工资数据,并能使用同一应用程序访问历史工资数据。

1.5 应用示例

(1)桌面单机版工资管理系统应用接口图如图 2.3.1 所示。

(2)B/S 结构网络版工资管理系统应用接口图如图 2.3.2 所示。

2 项目视图的解决方案

2.1 项目视图陈述

工资管理系统用于管理企业员工的工资,完成每月工资项目数据的变更、计算、发放,打印工资条,打印工资表等工作。

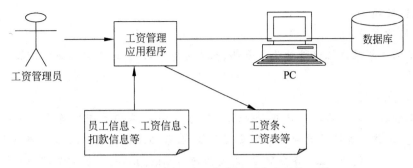

图 2.3.1 桌面单机版工资管理系统应用接口图

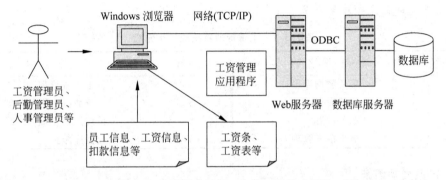

图 2.3.2 B/S结构网络版工资管理系统应用接口图

2.2 主要特性

(1) 管理员工基本信息,包括员工信息的增加、修改、删除、查询、打印。

(2) 部门与职务的设置,包括部门和职务的增加、删除、查询。

(3) 管理员工工资数据,提供工资数据的批量修改、个别修改功能,能自动完成应发工资、实发工资的计算,提供工资数据的查询、打印(包括打印工资条、工资表、工资汇总表等)。

(4) 为不同人员设置不同的操作权限。

(5) 数据的维护,包括系统启动时的初始化,数据备份、恢复、删除、生成月份历史数据等。

2.3 假设和依赖环境

工资管理系统采用的工资管理方式为固定工资管理模式,工资项目固定不变,不适用于采用计件工资、计时工资等方式进行工资管理,且假定这种管理模式5年内不发生变化。

工资管理系统的使用依赖于人事部门及后勤部门提供的数据,需要人事部及后勤部的配合。

3 范围和局限性

3.1 范围

首先开发桌面单机版工资管理系统,该版本系统仅在财务部使用。待时机成熟后在此基础上开发B/S结构的工资管理系统。系统的核心是实现工资数据的计算机管理。

3.2 局限性

仅关注工资管理业务,其他相关信息都是简要的,系统仅局限于具体业务,不利于提高企业的整体效率。该系统的开发不是全面信息化的信息系统产品的开发。

4 业务环境

4.1 目标部门

目前桌面单机版系统仅限企业财务部、人事部使用,B/S结构网络版将扩展到后勤部等多部门。

4.2 用户类型

管理工资数据的工作人员只有少数几人,甚至是一人专门管理。随着B/S结构网络版系统的开发,工作人员涉及财务部工资管理人员、人事部工作人员以及后勤部工作人员。为了保证多工作人员使用,区分各自职责,需要为使用系统的不同人员分配不同的操作权限。

4.3 项目优先级表

系统开发的优先顺序见表2.3.1。

表 2.3.1 工资管理系统项目优先级

优先级	工 作 名 称	优先级	工 作 名 称
1	工资数据库设计	4	员工工资管理
2	部门设置	5	工资数据查询与打印
2	职务设置	5	系统用户管理
3	员工信息管理	5	数据库维护

5 产品成功因素

该系统是专门为某公司开发的工资管理系统,系统开发成功的关键在于准确定义企业工资管理的需求,并且企业相关部门能为系统的开发提供相应的配合,提供系统开发与运行必要的环境与条件。

2.3.2 软件需求说明书

工资管理系统 软件需求说明书

1 引言

1.1 编写目的

本软件需求说明书是某企业工资管理系统的需求说明书,它定义了系统的功能、性能及系统业务处理的基本模型,其主要目的是:

(1)使用户在分析阶段初步判定目标软件能否满足其原来期望;

(2)作为设计人员进行设计的基本出发点以及最后系统验收的标准。

1.2 背景

本需求说明书所开发的系统名称为某企业工资管理系统。

某企业是一个小型制造企业,主要从事小五金件的制造与销售,现有员工56人,其中管理人员15人。随着企业的发展,企业需要加快其现代化进程,希望在销售、财务、生产等领域引入信息技术。现企业财务部打算开发一套工资管理系统,以减少财务人员的管理工作量,提高工资管理的效率。但由于资金、人员等因素,这套系统初期提供桌面单机信息系统应用版本,后期要求提供B/S结构网络版本,并能与企业的人事部、后勤部联网,实现数据共享。根据当前系统管理的需要,目前将部分非财务部门的管理项目(如员工信息管理、部门设置、职务设置等功能)合并到工资管理系统中,以方便数据的处理,也为后期的系统开发提供前期准备。本项目是某企业委托某软件公司开发的工资管理系统。

1.3 定义

(1) 用例图(Use Diagram),由参与者、用例组成。它定义了系统的功能需求,从外部执行者的角度来描述系统提供的功能。

(2) 序列图或称顺序图(Sequence Diagram),用来展示每个用例参与者与系统直接交互的过程。它包括参与者、系统、参与者产生的系统事件和系统的响应,表示一组对象之间的动态协作关系,反映对象之间发送消息的时间顺序,从下到上代表时间的顺序。

(3) 活动图(Activity Diagram),反映系统中从一个活动到另一个活动的流程,强调对象间的控制流程。

(4) E-R图,也称实体联系图,是反映企业业务处理过程中所涉及的实体及实体之间联系的图,在本说明书中主要用于描述数据库的概念模型。

(5) 工资管理,包括与工资发放相关的各种数据处理,以及对这些处理的有机组织、规划。

(6) 工资项目,影响工资计算的各种因素,如基本工资、津贴、缺勤扣除等。

(7) 人事管理,主要指对各种人事信息的管理,包括员工的基本情况管理、升迁离职管理等。

(8) 系统接口,这里主要指与其他系统的数据库接口。

1.4 参考资料

(1) 中华人民共和国国家标准 UDC 681.3《计算机软件产品开发文件编制指南 GB8567—1988》。

(2) 某企业人事管理制度。

(3) 某企业工资管理制度。

(4) 某企业后勤管理制度。

(5) 王晓敏,邝孔武. 信息系统分析与设计[M]. 4版. 北京:清华大学出版社,2013.

2 任务概述

2.1 目标

建立符合企业人事管理准则和会计法规的工资管理系统,完成公司内部工作人员工资统计、变动、发放等处理,为企业提供系统的工资管理。

2.2 用户特点

(1) 用户对计算机的理解不多,只能进行简单的计算机操作,因此要求系统的操作尽可能简单;

(2) 用户每月使用系统一次;

(3) 用户对原有的工资管理方法非常熟悉,要求新系统尽可能提供财务人员熟悉的表格。

2.3 假定和约束

(1) 企业提供符合本系统开发所需要的开发环境;

(2) 系统开发者必须按开发合同按时完成系统开发,并提供对用户的培训;

(3) 企业人员为系统开发提供必要的支持;

(4) 本系统规格说明书所定义的模型符合企业的需求;

(5) 本系统规格说明书已包括系统的所有功能、性能说明,不存在遗漏;

（6）自正式签订开发合同开始，本系统三个月内开发完成；

（7）企业保证提供足够的开发费用，但应在合同限额之内。

3 需求规定

3.1 对功能的规定

根据系统用户的功能权限划分，本系统将用户分为三类：人事部业务员、财务部业务员、系统管理员。人事部业务员所需要的功能大类包括初始数据输入、日常处理、帮助；财务部业务员可操作的功能大类包括日常处理、查询与打印、帮助；系统管理员除可操作人事部、财务部的所有功能外，还包括系统设置功能。

3.1.1 初始数据输入功能

初始数据输入功能的定义见表2.3.2。

表 2.3.2 初始数据输入功能的定义

序号	功 能	功 能 说 明	备 注
1	初始数据输入	提供系统基础数据(包括工资数据、员工信息、部门信息、职务信息)的设置	系统菜单栏
1.1	初始工资输入	用于初次使用系统(或新增员工)时将员工工资数据录入数据库中。录入的工资数据包括员工号、姓名、基本工资、补贴、奖金、附加工资、应发工资、公积金、水电费、房租、实发工资。其中，应发工资＝基本工资＋补贴＋奖金＋附加工资，实发工资＝应发工资－公积金－房租－水电费，应发工资和实发工资由系统自动计算	必须输入完员工信息后才能输入工资数据
1.2	员工信息管理	提供自由式界面，对企业员工信息进行输入、修改、删除	
1.2.1	员工信息输入	提供自由式输入界面，输入员工信息(包括员工号、姓名、性别、出生日期、部门、职务、工作时间)，在保存员工信息时应进行数据的完备性和正确性检查。输入正确的数据保存到数据库中。允许进行员工信息的连续输入	必须先设置完部门、职务后才能输入员工信息
1.2.2	员工信息修改	对指定的员工信息进行修改，可修改的内容包括员工姓名、性别、出生日期、工作时间、部门、职务，不允许修改员工号。修改后的数据保存到数据库中	
1.2.3	员工信息删除	对指定员工信息进行删除。在删除时要提供警示，防止误操作。删除员工信息时同时将员工的工资数据删除	删除前应进行数据备份
1.3	部门信息设置	提供自由式界面，用于部门的输入、修改、删除，设置结果保存到数据库	
1.3.1	部门输入	用于设置部门名称、部门编号，输入结果保存到数据库	
1.3.2	部门删除	将部门撤销，撤销的部门名称要从数据库中删除。在删除部门时该部门下必须无员工，否则不允许删除	
1.3.3	部门修改	更改部门名称。修改时要注意保持与员工信息的同步更改	
1.4	职务信息设置	用于管理职务名称、职务编号，设置结果保存到数据库	
1.4.1	职务输入	用于输入职务名称、职务编号，设置结果保存到数据库	
1.4.2	职务删除	将职务撤销，撤销的职务要从数据库中删除。在删除职务时应将具有该职务的员工职务同时撤销	
1.4.3	职务修改	将职务名称更改。修改时要注意保持与员工信息的同步更改	

3.1.2　日常处理功能

日常处理功能的定义见表2.3.3。

表 2.3.3　日常处理功能的定义

序号	功　能	功 能 说 明	备　注
2	日常处理	对职工工资中变化的部分做修改。可对变化的工资项目进行批量修改和个别修改,然后再对当月工资进行汇总	系统菜单栏
2.1	工资数据个别修改	用于修改某一指定员工的各个工资项目数据。在修改时应同时计算应发工资、实发工资。修改结果保存到数据库中	
2.2	工资数据批量修改	用于对某一个工资数据项目按指定的修改方式进行修改。修改方式包括增加固定值、减少固定值、改为同一值、按比例增加、按比例减少,在修改时可指定修改员工范围。修改后的数据存回数据库。在修改时应同时计算应发工资、实发工资	
2.3	工资数据汇总	可按部门或按职务汇总各工资项目数据,汇总结果保存到一个临时表中,供查询与打印输出	必须对变动的工资数据进行个别或批量修改后才能进行工资汇总

3.1.3　查询与打印功能

查询与打印功能的定义见表2.3.4。

表 2.3.4　查询与打印功能的定义

序号	功　能	功 能 说 明	备　注
3	查询与打印	提供工资数据、员工信息的查询与打印输出以及部门、职务信息的查询	系统菜单栏
3.1	工资数据查询与打印	可分别按输入的员工号、姓名、职务、部门等查询员工工资数据,查到的信息按表格方式显示,并可将查询结果显示在计算机屏幕上,同时提供工资条、工资表的打印可以导出到Excel表	
3.1.1	打印工资条	将工资表中的数据按单条记录方式输出,每条记录都同时输出对应的项目名称,打印时按 A4 纸横向打印	打印的数据导出到 Excel,用 Excel 的打印功能输出
3.1.2	打印工资表	将所有员工工资数据按表格方式打印,每页打印 20 名员工的数据,打印时按 A4 纸横向打印。每页都有表头、表尾部分	打印的数据导出到 Excel,用 Excel 的打印功能输出
3.2	员工信息查询与打印	可按员工号、姓名、部门、职务等查询员工信息,并可打印输出	
3.3	部门查询	提供按部门编号、部门名称查询部门信息	
3.4	职务查询	提供职务的顺序查询	

3.1.4 系统设置功能

系统设置功能定义见表2.3.5。

表 2.3.5 系统设置功能定义

序号	功 能	功 能 说 明	备 注
4	系统设置	完成对系统的管理,进行系统初始化工作,并对系统数据完成数据备份与恢复工作	系统菜单栏
4.1	修改密码	供当前登录用户修改自己的密码。在修改密码时需要输入旧密码进行核对,对新密码提供二次输入校对	该功能所有登录用户都可使用
4.2	用户管理	提供用户的添加、删除、权限修改功能。添加新用户的内容包括用户名、密码、权限,在设置密码时提供二次输入校对。添加的用户信息保存到数据库中。删除用户是指将选定的用户从数据库中删除。权限修改是指对指定用户的操作权限类型进行修改	该功能只有系统管理员才能使用。系统管理员不能被删除及修改其操作权限
4.3	系统初始化	用于清除系统中所有数据,为正式使用系统提供环境	该功能只有系统管理员才能使用,且只能使用一次
4.4	数据备份与恢复	用于将系统中的数据库进行备份,并提供将备份的数据恢复到系统中	该功能只有系统管理员才能使用

3.2 对性能的规定

3.2.1 精度要求

工资数据、汇总的工资数据以元为单位,精确到小数点后两位,员工个人工资数据的最大值限制为 10 万元。

3.2.2 时间特性要求

工资数据每月完成工资的发放后要进行月份工资数据备份,在所有工资数据处理完后才能打印工资条。打印时能提供高速打印,每分钟可打印 4 页。B/S 网络版系统的系统响应时间应低于 0.1s。

3.2.3 灵活性

(1) 同时提供鼠标与键盘操作;

(2) 当开发 B/S 版系统时,其操作方法及界面基本不变;

(3) 模块化设计,预留有接口,以方便系统的扩展。

3.3 输入输出要求

3.3.1 输入方式要求

输入方式为键盘输入。在输入时要求尽可能少输入数据,提供常用数据的选择输入,并提供数据的核对功能。

3.3.2 输出方式要求

输出方式提供屏幕输出和打印输出两种方式,屏幕输出与打印输出的内容要保持一致,打印输出采用 A4 纸打印。

3.4 数据管理能力的要求

3.4.1 数据备份

数据的备份采用复制数据库文件来实现。

3.4.2 数据保存时间

工资数据要求保存 10 年以上，每月应将已发放的工资数据备份存档，且不允许修改。

3.4.3 员工基本信息处理

若员工调离，可将该员工删除，同时从员工离开的下月起从工资表中将该员工数据删除，但删除之前应进行数据备份。

3.5 故障处理的要求

3.5.1 故障对系统的影响

(1) 任何故障必须不影响数据库数据的安全，即数据库采取相应的备份策略等，保证数据库本身无物理安全问题。

(2) 应用程序发生故障后应该可以重新启动而继续应用，不影响系统的正常工作。

3.5.2 数据库数据的一致性

涉及数据库访问的应用程序必须保证数据库数据的一致性。

3.6 其他专门要求

(1) 要保证工资数据不能被非指定操作人员修改，输出。

(2) 系统只能由被授权的人员操作，以保证数据的安全。

(3) 已发放的工资数据不可修改，若有错误也只能在下月的工资数据中更正(补发或扣除)。

4 运行环境规定

4.1 设备

(1) 桌面单机版系统采用低端计算机设备，其基本配置采用目前常见的微机配置，其中 CPU 采用 Intel P4 处理器，内存 1GB，硬盘 80GB。

(2) B/S 结构网络版系统要求采用专用服务器作为 Web 服务器及数据库服务器。

(3) 针式打印机(可打印 A3 纸)。

4.2 支持软件

低端计算机设备采用 Windows 7、Windows SQL Server 2008；服务器采用 Windows Server 2003、Microsoft SQL Server 2008(标准版)，以及其他开发支持工具(如 Microsoft Visio 2010、ERwin 等)和其他开发用中间组件。

4.3 接口

桌面单机版系统软件直接使用 SQL Server 2008 数据库，开发工具采用 Visual Studio 2010，需要设计专门的数据接口。B/S 结构网络版系统采用 TCP/IP 进行数据传递，访问 SQL 数据库时采用 ADO 方式。

4.4 控制

桌面单机版系统软件在启动操作系统后双击桌面图标进入系统；B/S 结构网络版系统启动浏览器,输入 Web 服务器地址后进入系统。

5 分析模型

5.1 工资管理系统用例图

(1)工资管理系统用例图如图 2.3.3 所示。

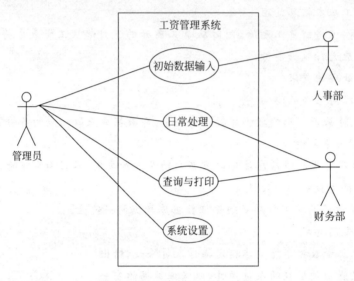

图 2.3.3 工资管理系统用例图

(2)工资数据处理用例如图 2.3.4 所示。

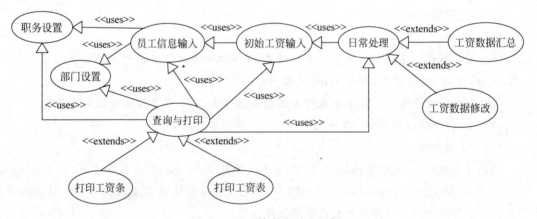

图 2.3.4 工资数据处理用例

5.2 系统序列图

(1)部门输入序列图如图 2.3.5 所示。

(2)员工信息输入序列图如图 2.3.6 所示。

5.3 系统活动图

(1)员工信息输入活动图如图 2.3.7 所示。

(2)部门输入活动图如图 2.3.8 所示。

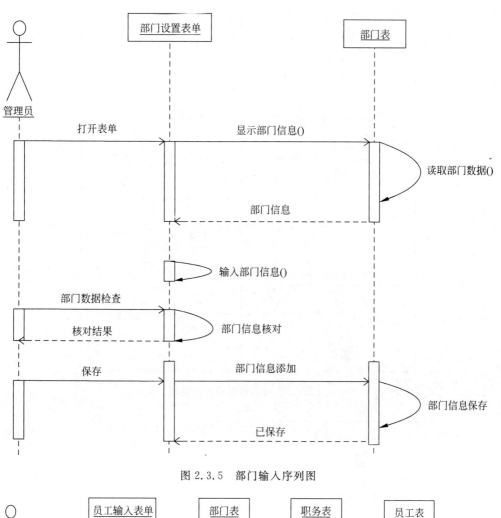

图 2.3.5　部门输入序列图

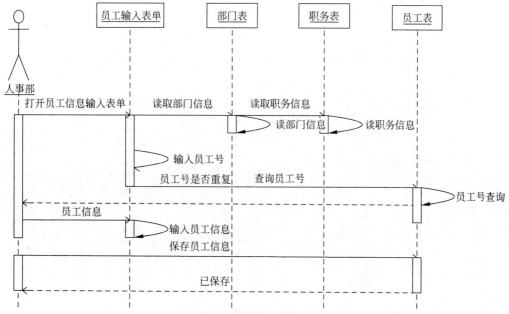

图 2.3.6　员工信息输入序列图

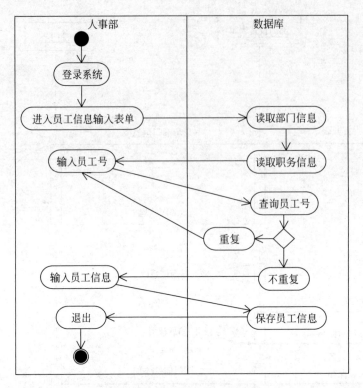

图 2.3.7 员工信息输入活动图

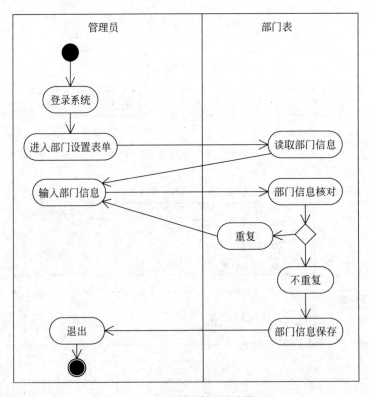

图 2.3.8 部门输入活动图

5.4　数据分析模型

(1) 工资管理系统 E-R 图如图 2.3.9 所示。

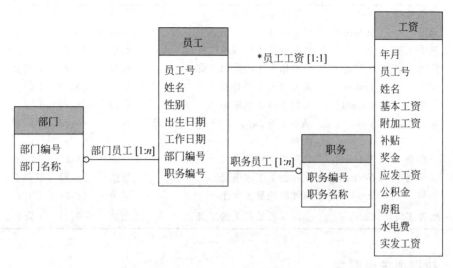

图 2.3.9　工资管理系统 E-R 图

(2) 数据元素的说明见表 2.3.6。

表 2.3.6　工资管理系统数据元素表

编号	名　　　称	别名	说　　明	类型	长度	相关数据结构
1-101	用户编号	UserId	系统用户编号，每个用户有唯一的编号	字符	10	用户信息表，工资表
1-102	用户名称	UserName	系统用户姓名，初始密码由管理员设置	字符	10	用户信息表
1-103	口令	Password	系统用户的使用密码	字符	10	用户信息表
1-104	权限	Limits	用于分配权限，分管理员、人事部、财务部	字符	10	用户信息表
1-105	部门编号	DepId	部门编号，每个部门有唯一的编号	字符	3	部门信息表，用户信息表
1-106	部门名称	DepName	部门名称	字符	20	部门信息表
1-107	职务编号	PosId	职务编号，每个职务有唯一的编号	字符	3	职务信息表，用户信息表
1-108	职务名称	PosName	职务名称	字符	20	职务信息表
1-109	员工号	EmpId	每个员工的员工号是唯一的，采用数字编码，由部门号(3位)＋序号(2位)组成	字符	5	员工信息表，工资表
1-110	姓名	EmpName	员工姓名	字符	10	员工信息表
1-111	性别	Sex	员工性别	字符	2	员工信息表
1-112	出生日期	Birthday	员工生日，格式 YYYY-MM-DD	日期	8	员工信息表
1-113	工作时间	Workdate	参加工作日期，格式 YYYY-MM-DD	日期	8	员工信息表

续表

编号	名　称	别名	说　　明	类型	长度	相关数据结构
1-114	电话号码	Tel	员工的电话号码	字符	11	员工信息表
1-115	地址	Address	员工住址	字符	20	员工信息表
1-116	基本工资	BaseSal	发放给员工的基本工资	数值	(8,2)	工资表
1-117	附加工资	SalSup	发放给员工的附加工资	数值	(8,2)	工资表
1-118	补贴	Bonus	发放给员工的补贴	数值	(8,2)	工资表
1-119	奖金	Subsidy	发放给员工的奖金	数值	(8,2)	工资表
1-120	应发工资	Pay	基本工资、附加工资、补贴、奖金之和	数值	(9,2)	工资表
1-121	公积金	Prfund	代员工交纳的住房公积金	数值	(8,2)	工资表
1-122	水电费	WeRent	代扣的员工水电费	数值	(8,2)	工资表
1-123	房租	Rent	应扣除的员工房租	数值	(8,2)	工资表
1-124	实发工资	SalPaid	实际发放给员工的工资	数值	(9,2)	工资表

2.3.3 数据要求说明书

工资管理系统　数据要求说明书

1 引言

1.1 编写目的

为准确说明系统的数据存储与处理方式,特编写本数据要求说明。该数据要求说明书主要提供给系统设计人员及系统实现人员使用,并用于与用户沟通,确认系统满足用户的功能需求。

1.2 背景

工资管理系统要处理的数据主要是两大部分:一部分是员工信息数据;另一部分是与工资项目相关的数据。根据用户的需求,系统的开发分两个阶段进行:首先是快速实现桌面单机版系统的应用,然后建立 B/S 结构的网络版系统。因此,在建立的过程中,采用了与数据库实现平台无关的设计模型进行数据的要求说明。

1.3 定义

(1) PK,主码,是唯一确定一条记录的关键数据项。

(2) E-R 图,实体联系图,是反映与数据相关的实体及实体之间关系的图。

1.4 参考资料

(略)

2 数据的逻辑描述

2.1 静态数据

(1) 员工基本信息,包括员工号、姓名、性别、出生日期、工作日期、部门、职务。

(2) 部门信息,包括部门编号、部门名称。

(3) 职务信息,包括职务编号、职务名称。

(4) 员工工资数据,包括基本工资、附加工资、补贴、房租、公积金。

2.2 动态输入数据

(1) 员工工资数据中的水电费、奖金,以及其他某种原因发生变动的工资项目数据(如基本工资的变动、附加工资的变动等)。

(2) 员工基本信息中的部门、职务的变动。

2.3 动态输出数据

(1) 各种查询结果的输出,如查询的员工信息、查询的工资信息等。

(2) 工资汇总数据,由每次汇总完成后的结果产生输出数据。

2.4 内部生成数据

(1) 员工工资数据中应发工资、实发工资由计算机系统自动计算生成。

(2) 汇总工资数据由计算机根据汇总要求自动计算生成到临时数据表中。

3 数据的采集

3.1 要求和范围

工资管理系统的数据采集主要来自两个部门,其数据范围包括企业的所有员工(在职、退休)的相关数据。

(1) 人事部提供的员工信息、员工的基本工资项目数据(包括基本工资、附加工资、补贴、奖金、公积金)、部门信息、职务信息。

(2) 后勤部提供的水电费、房租。

3.2 输入的承担者

桌面单机版系统所有数据输入的承担者为负责工资管理的财务部员工;B/S结构网络版系统的数据输入者分别是人事部负责工资管理的员工和后勤部负责房租、水电费管理的员工,财务部员工负责数据导入。

3.3 处理

在桌面单机版系统环境下,由人事部门进行工资数据的预处理,按员工号顺序制作表后送财务部门,水电费、房租由后勤部计算后按员工号顺序制作表后送财务部门,财务部门将接收到的数据输入工资管理系统进行处理,计算应发工资、实发工资,进行工资汇总等处理。

3.4 影响

本系统的桌面单机版系统对原有企业结构没有影响,但后期开发的B/S结构网络版则要求企业设立专门的信息中心,负责共享数据库服务器的管理。

第3章 信息系统设计

信息系统分析阶段解决了"做什么"的问题,信息系统设计阶段则主要解决新的信息系统要"如何做"的问题。信息系统设计阶段的主要任务是根据系统分析阶段建立的系统逻辑方案设计信息系统的物理实施方案,是对信息系统分析模型进行精化,明确信息系统的体系结构,细化系统实现的细节(包括类、模块、流程、数据、界面等)。一般来说,信息系统设计主要包括两个任务:系统总体设计和系统详细设计。

3.1 信息系统总体设计

信息系统总体设计是从信息系统的整体出发解决与各项应用都相关的设计问题,主要包括系统结构设计、数据库设计、系统代码设计和计算网络结构设计等几项任务。

1. 系统结构设计

系统结构也称软件架构,它描述了系统的整体构成框架。对于一个复杂的信息系统来说,一般都是由多个子系统构成。子系统的划分一方面要考虑组织结构,另一方面要从子系统间信息的流动、处理、应用以及信息系统结构优化的角度考虑。在进行系统结构优化时,要考虑以下几个原则:

(1) 子系统具有相对的独立性,子系统内部的功能相对集中,产生数据和使用数据的主要模块集中在一个子系统中;

(2) 子系统之间的接口简单,尽可能减少子系统之间的信息交换,即子系统之间的耦合程度应尽量小;

(3) 使用和维护方便;

(4) 要考虑到各类资源的充分利用;

(5) 应考虑今后管理发展的需要;

(6) 应便于系统分阶段实现。

系统总体结构设计可以用结构图来表示。结构图描述系统的模块结构及模块之间的联系。在绘制结构图时一般采用逐级展开分层绘制的方法。图3.1.1是某公司管理信息系统的功能结构图示例。

2. 数据库设计

数据库设计的任务是以数据要求说明书中所列出的基本数据项为原始数据,考虑用户的软件需求,设计出结构优化的数据库逻辑模型和物理模型,并构造能为用户提供高效率运行环境、满足信息系统需求的数据库。数据库设计的步骤一般分为四个阶段。

1) 数据的需求分析

数据的需求分析实际是在信息系统的需求分析阶段进行,利用数据流图(Data Flow

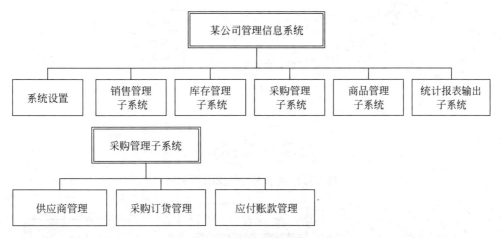

图 3.1.1 系统功能结构图示例

Diagram,DFD)、用例图、类图等工具完成,并在数据字典中进行数据描述。在分析数据需求时,应着重从满足业务功能需求、业务规则这两方面确定数据模型的实体、属性和关系。

首先,数据库设计者需要彻底地了解组织中数据分布与使用的情况、使用数据的时间范围等,了解有哪些单据、表格、管理对象需要定义为数据库的表,了解数据与数据之间具有哪些约束(完整性约束、一致性约束等),了解数据的访问权限、加密等安全性要求。

其次,数据库设计者要根据调查内容编写业务规则,对具体组织环境内的政策、过程或规则进行简短、准确且无歧义的描述,描述业务过程中需要关注记录的对象、联系和操作,将企业操作和日常业务处理与业务规则建立对应关系,为概念设计提供依据。

2) 数据库概念设计

数据库概念设计是根据数据需求分析建立数据库的概念模型。概念模型是通过实体及其关系来描述不同类型的数据以及数据之间的关系和约束,建立概念模型常用的工具是E-R图。E-R图中包含的基本元素是实体、属性和联系。

实体代表现实世界的对象,具有独立存在性和可区别性。"实体"和"对象"经常交替使用。实体可分为物理实体和概念实体,前者是物理上存在的物理事物,如汽车、教室等,后者是指概念上存在的事物,如开给客户的发票、银行的账户。概念实体一般是由于某种业务而产生的,依赖于其他实体存在,不能独立存在,因此有时也被称为弱实体。

属性是实体特征的描述。对于一个属性而言,每个实体都拥有自己的属性值。一个属性所允许的取值范围或集合称为该属性的域。实体的属性中,用于唯一确定单一实体值的属性称为主键(Primary Key,PK)。

联系用于描述实体之间的关联。实体之间的联系通常分为 $1:1$、$1:n$ 和 $m:n$ 类型。联系的类型及联系的属性由业务规则确定。

常用的 E-R 图表示法有两种:陈氏标记法(Chen Notation)、鸦足标记法(Crow's Foot Notation)。图 3.1.2 是陈氏标记法 E-R 图示例,图 3.1.3 是鸦足标记法 E-R 图示例。

3) 逻辑设计

数据库逻辑设计的任务是把数据库概念模型变换为数据库管理系统(DBMS)所支持的逻辑模型,数据库的逻辑模型满足系统对数据的一致性、完整性和安全性等要求,在逻辑上

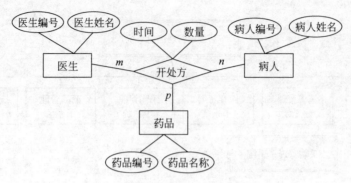

图 3.1.2　陈氏标记法 E-R 图示例

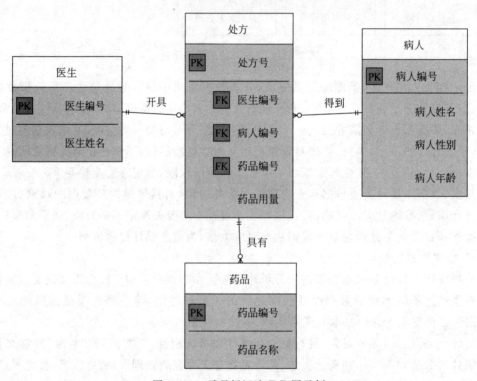

图 3.1.3　鸦足标记法 E-R 图示例

能高效地支持各种数据库应用。逻辑设计的主要步骤包括:

(1) 生成初始的关系数据库模式。一般,E-R 图中的一个实体可以转换成一个关系,一个 1∶1 型联系或 1∶m 型联系也转换为一个关系,m∶n 型联系可以通过插入弱实体将联系类型转换成两个 1∶m 型联系再转换成关系。

(2) 数据库关系模式规范化,建立满足第三范式的关系模型,确保每张表都符合有良好结构的关系定义,避免插入、更新和删除等异常。

(3) 完整性和安全性的分析及性能评价。

数据库设计的性能评价主要关注以下三个方面:

第一,设计标准。数据库设计必须与设计标准相符合。符合所有逻辑要求和设计规范的设计是一个重要目标。但如果完美的设计不符合用户事务处理速度或信息需求等要求,从终端用户的角度出发,该设计是不合格的。因此在实际数据库设计中,常常对多个目标进行折中处理。

第二,处理速度。在很多组织,特别是那些生成大量事务的组织中,高处理速度经常是数据库设计的第一要求。高处理速度意味着最短的访问时间,可以通过最小化逻辑上所需关系的数量和复杂性来实现高处理速度。

第三,信息需求。满足用户信息需求是数据库设计的重点。复杂的信息需求会引起数据转换,并且会扩展实体和属性的数量。因此,当设计者在考虑实体、属性、联系及约束时,就应开始考虑终端用户需求,如性能、安全、共享访问和数据完整性等。另外,设计者还要考虑处理需求,以及验证所有更新、检索和删除等操作都是可用的,能够实现用户所有查询及报表需求。

4)物理设计

数据库物理设计的任务是在数据库逻辑模型的基础上建立数据库的物理模型,为每个关系模式选择合适的存储结构和存取方法,满足系统的需求。数据库物理设计的主要内容包括:

(1)根据系统安全性、使用的便捷性等要求划分数据库。

(2)选择具体的数据库管理系统。

(3)设计数据库中的表,定义主键、外键、候选键。

(4)设计索引。

(5)设计视图。

(6)定义数据用户及其操作权限。

(7)定义数据接口。

(8)定义数据表之间的关系及约束。

3. 系统代码设计

代码设计的任务是为信息系统中的所有实体、事务、单据等设计统一规范且唯一的标识。代码设计可在数据库设计中完成。代码设计的一般原则有:具有唯一性;直观,逻辑性强,便于记忆;具有可扩充性;符合现有标准。代码设计的方法主要有顺序编码、成组编码、专用编码、组合编码等。

4. 计算机网络结构设计

计算机网络是实现信息系统信息共享与交流的重要支撑环境。计算机网络结构设计的任务是从信息系统的角度,正确提出对网络结构和设备性能的需求,设计出满足信息系统功能需求的计算机网络系统结构图。

(1)在设计网络结构方案时,需要遵循以下设计原则:

① 实用性和先进性原则。

② 安全性和可靠性原则。

③ 灵活性和可扩展性原则。

④ 开放性与互联性原则。

⑤ 经济性和投资保护原则。

⑥ 可管理性原则。

(2)信息系统计算机网络结构设计主要包括以下内容:

① 网络拓扑结构设计。

② 网络结构模式选择(两层结构、三层结构、多层结构)。

③ 网络协议选择。

④ 网络连接方式选择(有线或无线)。

⑤ 网络设备选型。

⑥ 如何接入 Internet。

⑦ 网络操作系统的选择。

⑧ 网络安全设计。

3.2 信息系统详细设计

信息系统详细设计主要是对总体设计的设计模型的进一步描述与细化,具体解决系统架构中的模块、对象或子系统"如何实现"的问题。它的主要任务是完成用户界面设计,处理过程设计、关联设计、类中的服务设计等物理设计。

3.2.1 用户界面设计

用户界面是信息系统和用户的接口,是信息系统完成输入和输出的端口,直接影响用户对系统的感觉、效率和功能。用户界面组件管理着与用户之间的交互。它们为用户显示数据、从用户那里获取数据、解释由用户行为引发的事件、更改用户界面状态并且帮助用户查看其任务中的进程。

1. 用户界面组件的定义

用户界面组件为用户显示数据、从用户输入中获取并校验数据、解释并表示用户试图对数据执行的操作。另外,用户界面还应对可用行为进行筛选,仅在某一时间点执行恰当的操作的功能。

2. 用户界面组件的功能

用户界面组件可提供如下功能:

(1) 通过为任务提供可视化提示、校验以及合适的控制从用户那里获取数据,并参与其输入。

(2) 在当前用户进程中启动一个行为,或者更改当前用户进程的数据,从而从用户处捕获事件,并调用控制器功能以提醒用户界面组件更改显示数据的方式。

(3) 限制用户可以输入的输入类型。

(4) 对用户控件所提供的信息进行简单的映射和转换,使其成为底层组件工作所必需的数据。例如,一个用户界面组件可能会显示产品名称,但它会向底层组件传递产品的 ID。

(5) 执行值的格式化。在已呈现的数据上执行任何本地化工作。例如,使用资源字符串,以合适的语言在用户本机上按网格显示列标题。

(6) 为用户提供状态信息。例如,指出应用程序何时在脱机或联机的模式下工作。

(7) 根据用户的偏好或使用的客户端设备类型自定义应用程序的外观。

3. 用户界面设计的原则

界面的设计必须在某种程度上直观地为用户实现任务。一个应用程序成功与否在很大程度上依赖于用户界面。如果用户在使用界面时比较困难,那么他们会将这种困难看作应用程序的失败。设计真正符合用户需求的界面包括询问用户所关注的问题,并在设计中给出其解答。

设计人员需要考虑的部分设计问题如下:

（1）用户采用何种方式与系统交互？

（2）界面是否表示了用户的概念和术语？

（3）在用户界面的设计中是否采用了恰当的术语？

（4）用户是否能够很轻易地找到完成常见任务所需的功能？

（5）工作流程是否正确且完整？

（6）界面是否优化了用户的工作流程？

（7）用户是否能很容易地为特定问题寻找帮助？

（8）用户是否能够自定义用户界面以满足其特殊需要？

（9）在发生问题时，例如，鼠标与计算机断开连接时，是否有其他可选方式来执行特定任务？

4. 设计优秀的界面所包含的特性

（1）直观设计。设计界面时，应使用户能够直观地理解如何使用这一界面。一个直观的设计使用户能够更快地熟悉界面。应该引导用户与系统进行交互，恰当地标明控件，并提供上下文相关帮助。

（2）最优化屏幕空间的利用。通过规划所显示的信息数量以及需要用户输入的数量，就能够确定界面的内容。在可能的情况下，应将所有的相关信息和输入控件放置在同一屏幕上。有时，对于一个界面而言，信息可能太多了。此时，应提供选项卡窗格或者子窗口，还应提供一个向导，以在数据输入过程中引导用户。

（3）外观。设计者可以利用用户与界面交互的一些因素，如频率和时长等，来确定界面的外观。例如，当为输入数据而设计基于 Windows 的应用程序时，尽量不要使用亮色。但是，可以为基于 Web 的界面使用亮色，从而使其更具吸引力。通常，用户在数据输入屏幕上所花费的精力要比在确认和状态屏幕上所花费的精力多得多。遵循一些公认的规则和标准，可以成功设计出可用的用户界面。

（4）易于导航。由于不同的用户往往希望能够以不同的方式来访问界面上的组件，因此，在设计组件时，应让用户除使用鼠标外，还可使用 Tab 键、方向键以及其他键盘快捷方式很容易地进行访问。在为用户接口设计键盘快捷方式时，应将快捷键与所执行的操作关联起来。

（5）受到控制的导航。维持组件被访问的顺序是很重要的。例如，一个用于输入和修改数据的界面，应该要求访问者以特定的顺序输入值。然而，应尽量避免使用户感觉到对输入过程的控制。

（6）填充默认值。如果界面中包含总是取默认值的字段，那么最好自动提供默认值，从而使用户在可能的情况下避免输入所有的内容。

（7）输入校验。在应用程序处理输入内容之前，对输入内容进行校验是非常重要的。要确定何时应发生校验。例如，确定是否每一次当用户将焦点从一个输入字段移动到另一个时都进行校验，还是在用户提交输入时进行校验。

（8）菜单、工具栏和帮助。设计界面时，应通过菜单和工具栏的方式提供完整的应用程序功能。另外，应该通过帮助来为用户提供如何进行操作的完整信息。

（9）有效的事件处理。为界面的组件所编写的事件处理代码控制着用户与界面的交互操作，对于这类代码，不应使用户为等待应用程序响应而花费较长时间。

5. 常用的界面方式

（1）菜单方式：提供信息系统的功能菜单供操作员选择，以控制系统的运行。

（2）会话方式：用于向系统用户发出提示信息或提请用户做进一步的操作。

（3）操作提示方式：为了操作方便，将系统的操作方法显示在屏幕上或提供在线帮助。

3.2.2 处理过程设计

信息系统中处理过程是通过计算机程序实现的。为了提高开发效率，便于实施和测试，提高系统可维护性，信息系统处理程序一般都采用模块化结构。在进行处理过程设计时不但要设计出一个个模块和它们之间的连接方式，而且还要具体地设计出每个模块内部的功能和处理过程。在结构化方法中，这个工作通常借助于 HIPO 图来实现。HIPO 图一般由一张总的层次化模块结构图（见图 3.2.1）和若干张具体模块内部展开的 IPO 图（见图 3.2.2）组成。

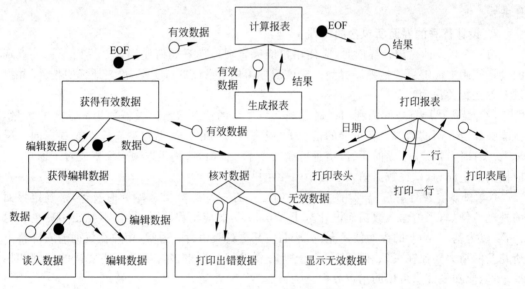

图 3.2.1 层次化模块结构图示例

IPO 图编号：C.5.5.8			HIPO 图编号：C.5.0.0
数据库设计文件编号：C.3.2.2,C.3.2.3		编码文件号：C.2.3	编程文件要求号：C.1.1
模块名称：验证事务单位	设计者：××	使用单位：××	编程要求：VB
输入部分(I)	处理描述(P)		输出部分(O)
● 上组模块送入单据数据 ● 读单据存根文件 ● 读价格文件 ● 读用户记录文件	A. 核对单据与单据存根记录 B. 计算并核实价格 C. 检查用户记录和信贷情况 处理过程： 出错——出错信息 A ┐ 　　├ 价格不对处理 OK—B ┐ 　　　├ 用户信贷 　　　　不好处理 OK—C ┐ 　　　　├ 记录合格 OK		● 将合理标志送回上一级调用模块 ● 将检查的记录记入单据核对文件 ● 修改用户记录文件

图 3.2.2 IPO 图示例

在描述 IPO 图中的处理过程时,目前常用的方法有结构化英语、决策树、决策表、算法描述语言、程序流程图、盒图(N-S 图)、问题分析图(PAD)等。

在面向对象方法中,模块就是对象,可以用包图(见图 3.2.3)、类图或组件图描述系统结构,用序列图、协作图、活动图、状态图等模型表达处理过程,也可以使用 IPO 图中表达处理过程的模型具体描述类中封装的方法(或服务)。

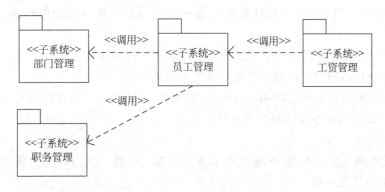

图 3.2.3　子系统包图示例

3.2.3　输入输出设计

信息系统输入输出设计是系统设计中的一个重要环节,它对于用户使用系统的方便性和安全性都是十分重要的。在进行输入设计时要考虑对输入数据的校验,以保证输入系统中的数据是正确的。输入输出设计的内容可以包含在界面设计(或人机交互设计)中。

1) 输入方式设计

输入方式的设计主要是根据总体设计和数据库设计的要求来确定数据输入的具体形式。常用的输入方式有键盘输入、数模/模数输入、网络数据传送、磁盘/光盘读入等几种形式。通常在设计新系统的输入方式时,应尽量利用已有的设备和资源,避免大批量的数据重复多次地通过键盘输入。

2) 输入格式设计

一般根据需要处理的业务来确定具体的输入格式。一般情况下,尽可能在设计数据输入时与数据库文件结构一致,但也允许输入数据结构与数据库文件结构不一致的情况,只是这种方式在程序处理时较为复杂,而且不利于以后系统数据的维护。

3) 输出方式设计

输出方式的设计要充分利用现有的设备输出对管理和系统运行两方面都有效的信息。从系统的角度来说,输入和输出是相对的,下级子系统的输出就是上级主系统的输入。输出可以从系统设计的角度分为中间输出和最终输出。中间输出是指子系统对主系统或另一个子系统之间的数据传送,而最终输出则是指通过终端设备(如显示器、打印机等)向系统用户输出的一类信息。最终输出方式常用的有两种:一种是报表输出;另一种是图形输出。究竟采用哪种输出方式应根据系统分析和业务需求而定。

3.2.4 类设计

类设计是面向对象设计的核心内容,是对用例、序列图、活动图的精化。

1. 开发类图

(1)寻找用例中的名词作为潜在对象。对潜在对象进行分析,确认是属性还是对象,能否合并,在此基础上确定类,寻找对象在状态或行为等方面存在的相似性和差别,据此创建类。

(2)定义类与类之间的主要关系。寻找类之间的 has a 和 is a 关系。

(3)仔细分析用例和序列图并在此基础上确定类。

(4)从对系统设计最重要的用例开始,创建类图,表明用例中存在的类和关系。类图可以表示几个相关的用例中描述的类和关系。

2. 画出状态图

(1)为某些类开发状态图,并据此对系统进行深入分析。使用状态图辅助理解序列图不能完全导出的复杂过程。

(2)通过仔细分析状态图,确定类的方法。从用户和类的方法导出状态(数据)类的属性,指明类的方法和属性是公有的(外部可访问的)还是私有的(类的内部可访问)。

图 3.2.4 给出了银行账户的状态转移图。

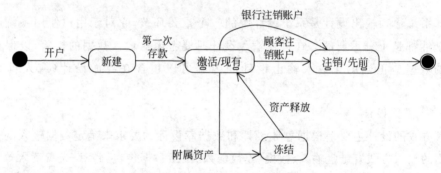

图 3.2.4 银行账户的状态转移图

3. 通过精炼 UML 图,导出类及其属性和方法

(1)仔细研究系统现有的所有 UML 图。编制每个类的规范,包括类的属性和方法及其他描述。仔细研究序列图,识别出类的其他方法。

(2)编制方法的规范,详细描述方法的输入和输出要求,以及方法的内部处理机制的详细描述。

(3)创建另一组序列图(如果有必要),以反映出真实的类的方法及其相互交互和系统接口。

(4)使用边界(或接口)类、实体类和控制类的专用符号,创建类图。

(5)分析类图以导出系统组件,即在功能上和逻辑上相关的类,并放在一起编译成一个 .DML、一个 .com 对象、一个 Java Bean、一个软件包等。

(6)开发部署图,以表明如何在生产环境中部署系统组件。

3.3 设计文档——工资管理系统的设计报告

3.3.1 数据库设计说明书

工资管理系统 数据库设计说明书

1 引言

1.1 编写目的

为准确说明系统的数据存储与处理方式,特编写本数据库设计说明。该数据库设计说明书主要提供给系统实现人员使用,用于编程人员对数据库的访问与数据处理,确认系统满足用户的数据需求。

1.2 背景

本数据库设计是为工资管理系统设计的数据库。该系统要处理的数据主要是两大部分:一部分是员工信息数据;另一部分是工资数据。下面是关于数据库设计的关键说明。

(1)系统名称:某企业工资管理系统。

(2)数据库名称:SalaryDB。

(3)数据库管理系统:Microsoft SQL Server 2008。

1.3 定义

(1)PK,主码,是唯一确定一条记录的关键数据项。

(2)E-R图,实体联系图,是反映与数据相关的实体及实体之间关系的图。

(3)Microsoft SQL Server 2008,微软公司开发的关系数据库管理软件,是本系统的开发工具之一。

1.4 参考资料

(略)

2 外部设计

2.1 标识符和状态

(1)PK:主码。

(2)CK:候选码(唯一约束)。

(3)UIX:唯一索引。

(4)FK:外码。

(5)DC:参照关系级联删除。

(6)UC:参照关系级联更新。

(7)DN:参照关系删除主码则将外码置空为NULL。

(8)DF:参照关系,有外码参照不允许删除主码。

(9)Check:Check约束,字段级约束。

(10)Assert:表级约束(业务规则)。

(11)Tranc:事务保证的业务规则。

2.2 使用数据库的程序

系统中使用数据库的程序见表3.3.1。

表 3.3.1　使用数据库的程序

序号	数据结构(表)	程　　序	说　　明
1	用户(UserInfo)	登录、用户管理、修改密码、系统初始化	
2	部门(Department)	员工信息输入、部门设置、部门查询、系统初始化	
3	职务(Position)	员工信息输入、职务设置、职务查询、系统初始化	
4	员工(Employee)	员工信息输入、员工信息查询与打印	
5	工资(Salary)	系统初始化,初始工资数据输入,数据备份与恢复,工资数据个别修改、工资数据批量修改、工资数据汇总、工资查询与打印	
6	部门汇总(Total_Department)	工资数据汇总	按部门汇总使用
7	职务汇总(Total_Position)	工资数据汇总	按职务汇总使用

2.3　约定

(1) 数据记录少于 1000 条。

(2) 在用户(或程序)使用数据库表时不会出现冲突。

(3) 数据项命名采用软件需求说明中的数据元素的别名。

2.4　专门指导

(略)

2.5　支持软件

需要数据库管理系统 Microsoft SQL Server 2008。

3　结构设计

3.1　数据库概念结构设计

工资管理系统的实体联系图(E-R 图)见图 3.3.1。

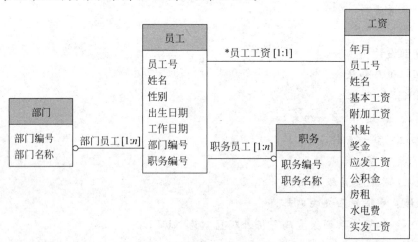

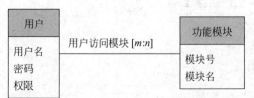

图 3.3.1　工资管理系统 E-R 图

3.2　工资管理系统的关系模式

根据工资管理系统 E-R 图,将 E-R 图转换成对应的关系模式如下:

(1) 用户(用户编号,用户名,密码,权限)

PK＝(用户名)

(2) 部门(部门编号,部门名称)

PK＝(部门编号),CK＝部门名称

(3) 职务(职务编号,职务名称)

PK＝(职务编号),CK＝(职务名称)

(4) 员工(员工号,姓名,性别,出生日期,工作日期,部门编号,职务编号,电话,地址)

PK＝(员工号),FK＝(部门编号),FK＝(职务编号)

(5) 工资(员工号,基本工资,附加工资,补贴,奖金,应发工资,公积金,房租,水电费,实发工资)

PK＝(员工号)

3.3　数据库逻辑结构设计

1) 用户表

用户(用户编号,用户名,密码,权限)

命名规范:UserInfo(UserId,UserName,Password,Limits)

关系描述:见表 3.3.2。

表 3.3.2　用户表(UserInfo)

属性	字段	数据类型及宽度	码	可否为空	约　　束
用户编号	UserId	char(10)	PK	N	不能删除用户名为 admin 的记录
用户名	UserName	varchar(10)		N	
密码	Password	varchar(10)		N	
权限	Limits	varchar(10)		N	取值管理员、人事部、财务部

2) 部门表

部门(部门编号,部门名称)

命名规范:Department(DepId,DepName)

关系描述:见表 3.3.3。

表 3.3.3　部门表(Department)

属性	字段	数据类型及宽度	码	可否为空	约　　束
部门编号	DepId	char(3)	PK	N	
部门名称	DepName	varchar(20)		N	

3) 职务表

职务(职务编号,职务名称)

命名规范:Position(PosId,PosName)

关系描述:见表 3.3.4。

表 3.3.4 职务表(Posistion)

属性	字段	数据类型及宽度	码	可否为空	约束
职务代号	PosId	char(3)	PK	N	
职务名称	PosName	varchar(20)		N	

4) 员工表

员工(员工号,姓名,性别,出生日期,工作日期,部门编号,职务编号,电话,地址)

命名规范:(EmpId,EmpName,Sex,Birthday,Workdate,DepId,PosId,Tel,Address)

关系描述:见表 3.3.5。

表 3.3.5 员工表(Employee)

属性	字段	数据类型及宽度	码	可否为空	约束
员工号	EmpId	char(5)	PK	N	
姓名	EmpName	varchar(10)		N	
性别	Sex	char(2)		N	
出生日期	Birthday	datetime(8)		N	
工作日期	Workdate	datetime(8)		N	
部门编号	DepId	char(3)	FK	N	参照部门表中的部门编号
职务编号	PosId	char(3)	FK	N	参照职务表中的职务编号
电话号码	Tel	varchar(11)		Y	员工的电话
住址	Address	varchar(20)		Y	员工的住址

5) 工资表

工资(员工号,基本工资,附加工资,补贴,奖金,应发工资,公积金,房租,水电费,实发工资)

命名规范:Salary(EmpId,BaseSal,SalSup,Bonus,Subsidy,Pay,Prfund,Rent,WeRent,SalePaid)

关系描述:见表 3.3.6。

表 3.3.6 工资表(Salary)

属性	字段	数据类型及宽度	码	可否为空	约束
员工编号	EmpId	char(5)	PK	N	参照员工表的员工号
基本工资	BaseSal	decimal(8,2)		Y	默认值为 0
附加工资	SalSup	decimal(8,2)		Y	默认值为 0
补贴	Bonus	decimal(8,2)		Y	默认值为 0
奖金	Subsidy	decimal(8,2)		Y	默认值为 0
应发工资	Pay	decimal(9,2)		Y	=BaseSal+SalSup+Bonus+Subsidy
公积金	Prfund	decimal(8,2)		Y	默认值为 0
房租	Rent	decimal(8,2)		Y	默认值为 0
水电费	WeRent	decimal(8,2)		Y	默认值为 0
实发工资	SalPaid	decimal(9,2)		Y	=Pay−Prfund−Rent−WeRent

4　数据库物理结构设计

4.1　数据库名称及文件

（1）数据库名称：SalaryDB，使用该逻辑名称存取数据库。

（2）文件及其存储方式：在 Microsoft SQL Server 2008 中使用一个数据文件存储数据，一个日志文件存储操作日志。

4.2　索引设计

对每个关系建立表，每张表以主码和候选码为关键字分别建立索引。建立索引可以提高数据库的访问效率。

5　运用设计

5.1　数据字典设计

5.2　安全保密设计

3.3.2　系统概要设计说明书

工资管理系统　概要设计说明书

1　引言

1.1　编写目的

（略）

1.2　背景

（略）

1.3　定义

（略）

1.4　参考资料

（略）

2　总体设计

2.1　需求规定

（略，参见《需求说明书》）

2.2　运行环境

（略，参见《需求说明书》）

2.3　基本设计概念和处理流程

本系统采用面向对象设计方法，系统的构成由数据库类、员工管理界面、部门管理界面、职务管理界面、工资输入界面、工资修改界面、查询与打印界面等部分构成，系统所有界面处理的数据都存储在数据库中。其处理流程（协作图）见图3.3.2。

2.4　结构

工资管理系统中包含的类见图3.3.3。

2.5　功能需求与程序模块的关系

功能需求与程序模块的关系说明见表3.3.7。

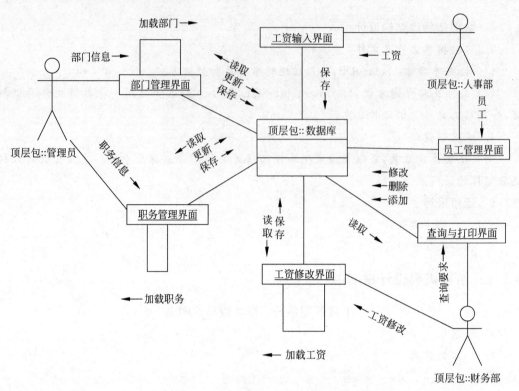

图 3.3.2 工资管理系统处理流程图

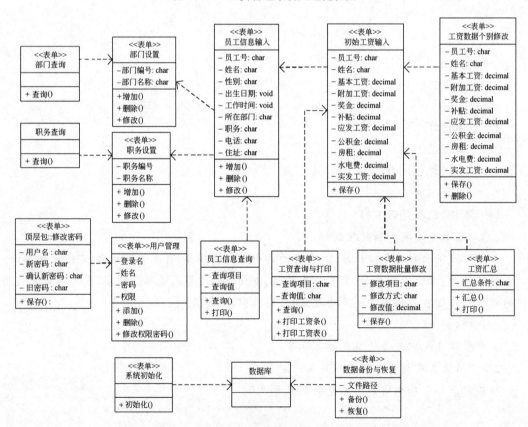

图 3.3.3 工资管理系统类图

表 3.3.7　功能需求与程序模块的关系

编号	功能需求	程序模块(程序名)	说　明
1	登录	LoginForm. cs	
2	主界面	Main. cs	登录模块验证成功后才能调用,根据用户权限显示相应的可操作菜单
3	初始数据输入		系统菜单栏
3.1	初始工资输入	SalaryInput. cs	员工信息输入后才能执行
3.2	员工信息输入(输入、修改、删除)	EmployeeInput. cs	部门信息、职务信息输入后才能执行
3.3	部门设置(增加、删除、修改)	DepartmentInput. cs	
3.4	职务设置(增加、删除、修改)	PositionInput. cs	
4	日常处理		系统菜单栏
4.1	工资数据个别修改	SalaryModifyP. cs	工资数据输入后才能执行
4.2	工资数据批量修改	SalaryModifyB. cs	工资数据输入后才能执行
4.3	工资数据汇总	SalaryTotal. cs	工资数据个别修改、批量修改后才能执行
5	查询与打印		系统菜单栏
5.1	工资数据查询与打印(含打印工资条、打印工资表)	SalaryQuery. cs	先查询工资到数据才能打印,打印的数据导出到 Excel,用 Excel 的打印功能输出
5.2	员工信息查询与打印	EmployeeInfoQuery. cs	先查询到员工数据后打印
5.3	部门查询	DepartmentInquireCon. cs	
5.4	职务查询	PostionInquireSeq. cs	
6	系统设置		系统菜单栏,只有管理员才能使用
6.1	修改密码	ModifyPwd. cs	
6.2	用户管理	UserManage. cs	提供用户添加、删除、修改权限密码
6.3	系统初始化	SysInit. cs	系统首次启用时只能使用一次
6.4	数据备份与恢复	DataBackRestore. cs	
7	关于系统	AboutBox1. cs	系统菜单栏

2.6　人工处理过程

无

2.7　尚未解决的问题

无

3　接口设计

3.1　用户接口

提供图形操作界面,用户的所有操作均在 Windows 图形界面中完成。

3.2　外部接口

数据库连接采用 ADO 连接。与打印机的连接由操作系统提供。

3.3　内部接口

系统各模块保持足够的独立性,模块之间一般只存在调用关系,按需要可通过消息进行数据传递。

4 运行设计

4.1 运行模块组合

(1) 在工资查询时,可调用打印模块将查询到的信息打印。

(2) 工资数据汇总时,可调用打印工资表模块将汇总结果打印。

(3) 在启动系统进入登录模块时,自动调用数据库连接模块。

4.2 运行控制

(1) 系统启动首先进入登录模块,经用户名及密码验证正确后才能进入系统主控界面。

(2) 用户可操作的功能菜单项由用户权限决定,不具有操作权限的功能为不可操作状态。

(3) 系统退出可使用系统退出功能,也可直接关闭系统主控窗口。退出时关闭所有数据库。

4.3 运行时间

模块调用时间少于 0.1s。

5 系统数据结构设计

(略,参见数据库设计说明书)

6 系统出错处理设计

6.1 出错信息

系统中所有出错信息均用消息框给予提示。程序设计时要严格控制数据处理过程,不允许导致系统错误及数据错误。

6.2 补救措施

如果出现数据错误,只要从最近一次备份恢复数据库即可。如果出现应用程序错误,可关闭系统或应用程序并重新启动即可。

6.3 系统维护设计

本系统为简单系统,要求在程序开头加注释,以方便后期维护。

3.3.3 系统详细设计说明书

详细设计说明书又称程序设计说明书,编写目的是说明软件系统各个层次中的每一个程序(模块、类)的设计考虑。如果软件系统比较简单,层次少,本文件可以不单独编写(本书示例系统工资管理系统仅列出部分模块设计说明及一般格式,省略了部分内容的具体描述),有关内容可并入概要设计说明书。

工资管理系统　详细设计说明书

1 引言

1.1 编写目的

1.2 背景

1.3 定义

1.4 参考资料

2 程序系统的组织结构

2.1 系统结构图

(略,见 3.3.2 节系统概要设计说明书 2.4 结构中的类图)

2.2 模块描述

工资管理系统模块描述见表 3.3.8。

表 3.3.8 工资管理系统模块描述

编号	模块名称	程序标识	说明
1	登录	LoginForm.cs	
2	主界面	Main.cs	登录模块验证成功后才能调用,根据用户权限显示相应的可操作菜单
3	初始数据输入		系统菜单栏
3.1	初始工资输入	SalaryInput.cs	员工信息输入后才能执行
3.2	员工信息输入(输入、修改、删除)	EmployeeInput.cs	部门信息、职务信息输入后才能执行
3.3	部门设置(增加、删除、修改)	DepartmentInput.cs	
3.4	职务设置(增加、删除、修改)	PositionInput.cs	
4	日常处理		系统菜单栏
4.1	工资数据个别修改	SalaryModifyP.cs	工资数据输入后才能执行
4.2	工资数据批量修改	SalaryModifyB.cs	工资数据输入后才能执行
4.3	工资数据汇总	SalaryTotal.cs	工资数据个别修改、批量修改后才能执行
5	查询与打印		系统菜单栏
5.1	工资数据查询与打印(含打印工资条、打印工资表)	SalaryQuery.cs	先查询到工资数据才能打印,打印的数据导出到 Excel,用 Excel 的打印功能输出
5.2	员工信息查询与打印	EmployeeInfoQuery.cs	先查询到员工数据后打印
5.3	部门查询	DepartmentInquireCon.cs	
5.4	职务查询	PostionInquireSeq.cs	
6	系统设置		系统菜单栏,只有管理员才能使用
6.1	修改密码	ModifyPwd.cs	
6.2	用户管理	UserManage.cs	提供用户添加、删除、修改权限密码
6.3	系统初始化	SysInit.cs	系统首次启用时只能使用一次
6.4	数据备份与恢复	DataBackRestore.cs	
7	关于系统	AboutBox1.cs	系统菜单栏

3 修改密码模块(ModifyPwd.cs)设计说明

3.1 程序描述

该模块用一个表单完成,界面名"修改密码",其基类为 Form 类,类名 ModifyPwd。该程序供当前登录用户修改自己的密码使用。本模块仅在用户调用时完成密码修改功能,关闭表单时程序退出内存,不常驻内存,不允许并发处理。其基本界面见图 3.3.4。

3.2 功能

该模块在输入旧密码正确及两次输入新密码一致的情况下可完成当前登录用户的密码修改。修改后的密码存回原用户记录密码字段。

图 3.3.4 修改密码模块界面设计

3.3 性能

在修改密码时区分字母大小写,密码长度为 4~10 位,不允许使用空密码,存入数据库的密码值需要进行加密后再保存,以增加密码的安全性。旧密码输入三次不正确则退出系统。密码输入时显示 * 号,不显示实际输入值。

3.4 输入项

密码修改输入数据见表 3.3.9。

表 3.3.9 密码修改输入数据

输入项名称	标识	数据类型	宽度	取值
用户名	textBox_Uid	字符	10	自动获取当前登录的用户名
旧密码	textBox_Opwd	字符	10	4~10 位字母和数字
新密码	textBox_Npwd	字符	10	4~10 位字母和数字
确认新密码	textBox_Pwd	字符	10	4~10 位字母和数字

3.5 输出项

若输入项经校验正确,则将经加密变换后的新密码存回数据库,否则旧密码不变。

3.6 算法

(1) 旧密码核对算法:从用户表(UserInfo)中将当前用户密码提取出来,并进行字符反向变换(解密),还原为真实的用户密码,并将其与用户输入的密码进行精确核对。

(2) 密码加密算法:采用 MD5 加密算法。

3.7 流程逻辑

在用户输入完相关信息后,单击"确认"按钮时按图 3.3.5 所示的处理逻辑进行密码修改处理。

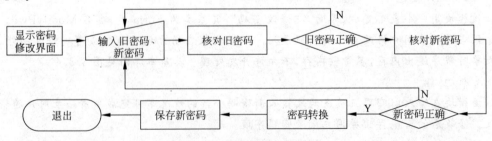

图 3.3.5 修改密码处理逻辑

3.8　接口

(1) 本模块直接从主菜单调用;

(2) 本模块操作的数据表为用户表(UserInfo),其数据结构见表 3.3.10。

表 3.3.10　修改密码模块操作的用户表

属性	字　　段	数据类型	码	可否为空	约　　束
用户编号	UserId	char(10)	PK	N	不能删除用户名为 admin 的记录
用户名	UserName	varchar(10)			
密码	Password	varchar(10)		N	
权限	Limits	char(10)		N	取值管理员、人事部、财务部

3.9　存储分配

无存储空间限制。

3.10　注释设计

注释加在程序头,说明程序功能及所用变量的作用。

3.11　限制条件

运行本模块时应将本系统其他子窗口关闭。

3.12　测试计划

(1) 测试目的:测试模块能否按预定功能完成密码修改。

(2) 测试方法:由程序员做白盒测试,由系统分析员做黑盒测试。

(3) 测试时间:白盒测试在程序员编程过程中进行,黑盒测试在系统测试阶段进行。

(4) 测试用例及预期结果见表 3.3.11。

表 3.3.11　修改密码模块测试用例

输　入　数　据	预　期　结　果
正确旧密码,新密码,相同新密码	密码修改成功
不正确旧密码,新密码,相同新密码	显示旧密码错误,未能修改密码
正确旧密码,新密码,不一致新密码	显示新密码不一致,未能修改密码
正确旧密码,不符合长度要求的新密码,一致的新密码	显示新密码设置不正确,未能修改密码

3.13　尚未解决的问题

无

4　系统初始化模块设计说明

……

第4章 信息系统分析与设计实验——Microsoft Visio 2010

4.1 实验目的

掌握利用软件工具进行信息系统分析与设计的方法,完成信息系统分析报告和信息系统设计报告的撰写。

4.2 实验内容和要求

根据信息系统调查结果和初步分析资料,利用 Microsoft Visio 2010 完成信息系统分析与设计,可以采用传统的结构化分析方法,进行组织结构图、业务流程图、数据流程图、E-R图、数据字典、系统结构图、功能模块结构图、信息处理流程图、系统物理结构图、界面设计图等的绘制。若采用面向对象方法分析与设计,利用 UML 模型完成用例图、序列图、协作图、类图、组件图、活动图、状态图、部署图、结构图的绘制。利用 Office 的 Word 软件,完成信息系统分析报告、信息系统设计报告的撰写。

4.3 实验预备知识

4.3.1 Microsoft Visio 2010 简介

Microsoft Visio 2010(以下简称 Visio 2010)是当今众多绘图软件中将功能的强大性和操作的易用性结合得最好的一款软件,不仅可以绘制各种各样的专业图形,而且可以绘制丰富的日常应用图形,能绘制图形的类型包括常规图、地图和平面布置图、工程图、流程图、日程安排、软件和数据库、商务、网络图等。其中,商务类型模板支持组织结构图、因果图等商务图的绘制;流程图类型模板中支持基本流程图、SDL 图、IDEF0 图表等不同形式的流程图模板;软件和数据库类型模板支持 UML 模型图、数据流模型图、数据库模型图等常见软件和数据库的各类图形的画法。Visio 2010 全面引入了 Office Fluent 用户界面和重新设计的Shapes Windows,包含功能区。操作时功能区会显示最常使用的命令,且容易找到不曾知晓的命令。命令位于选项卡上,并按使用方式分组。"开始"选项卡上有很多最常使用的命令,其他选项卡上的命令则用于特定目的。Quick Shapes、Auto Align & Space 等新功能可以帮助用户更轻松地创建维护图表。除了可适用于所有图表类型的新功能外,Visio 2010标准版中的交叉功能流程图绘制模板也更加简单、可靠,拥有更好的可扩展性;同时提供了更为灵活的使用方式,允许用户空白绘图,使用 Office.com 中的模板、示例图表,或根据现有内容新建。

Visio 2010 模具提供图形素材格式,是与模板相关联的图件的集合,是特定的 Visio 绘图类型,其中包含了可以用来反复创建绘图的形状,利用形状可以迅速生成相应的图形。Visio 2010 中提供的模板是一组模具和绘图页的设置信息,是针对某种特定的绘图任务或样板组织起来的一系列主控图形的集合,利用模板可以方便地生成用户所要的信息。此外,用户还可以在绘图文档中添加其他分类的模具,使绘图更加方便灵活。

用商务中的"灵感触发"模板来捕捉、安排和推广某小组或个人产生的想法。灵感触发图显示了层次结构中各标题间的相互关系。可以将灵感触发图导出到 Microsoft Office Word 大纲中(以获得线形视图),或将其导出到 XML 文件中以便在其他地方再用。

利用 Visio 2010 的组织结构图功能,可向图中添加图片、显示用虚线表示的报告关系、在不手动移动形状的情况下尝试各种不同的布局,以及用新增的和重新设计过的形状使图表显得栩栩如生。

利用改进过的"基本网络图"模板,可创建具有演示效果的图表,从逻辑上显示不同设备的安装方式。新形状在外观上有很大的改进,可从二十多个预先指定的定义中加以选择,以生成形状报告。"详细网络图"模板中的形状可用来绘制网络的物理拓扑结构和逻辑拓扑结构。

Visio 2010 中,图表除了可保存为标准的 Visio 文件,并与安装有 Visio 的其他人员共享外,还能"另存为"许多不同格式的文件,如标准图像文件(JGP、PNG 和 BMP)、网页、PDF 等形式的文件。

4.3.2 Microsoft Visio 2010 的基本操作方法

1. 使用模板创建绘图文件

1) Visio 2010 的启动及文件的打开

(1) 启动 Visio 2010。开机后选择"开始"→"程序"→Microsoft Office→Microsoft Visio 2010 即可启动 Visio 2010 程序,如图 4.3.1 所示。

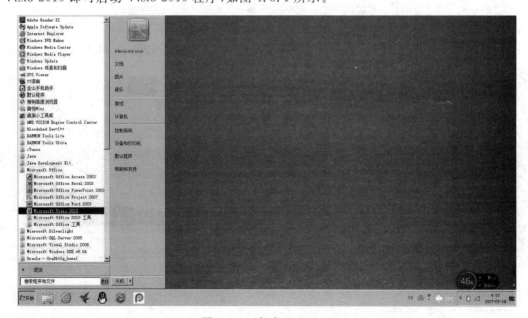

图 4.3.1　启动 Visio 2010

(2) 新建绘图文件。启动 Visio 2010 后,显示的界面如图 4.3.2 所示。在选择模板界面有两种新建绘图方式:一种方式是直接选择"最近使用的模板"中的模板,如图 4.3.2 所示是利用"最近使用的模板"中的"基本流程图"再单击"创建"图标建立基本流程图;另一种方式是在如图 4.3.2 所示的界面上选择"模板类别"中的图标,如单击"流程图"图标后,屏幕显示如图 4.3.3 所示的界面,再选择流程图中的某种类型(图 4.3.3 中选择"基本流程图"),单击"创建"图标即可进入如图 4.3.4 所示的绘图操作界面。

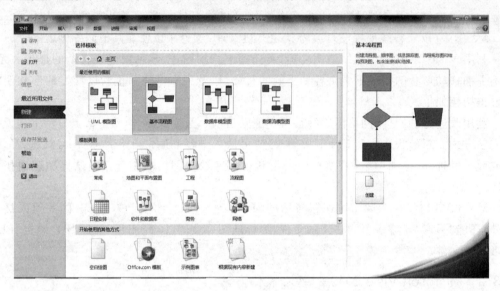

图 4.3.2　启动 Visio 2010 后显示的界面

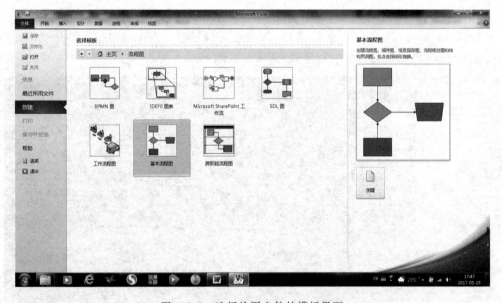

图 4.3.3　选择绘图文件的模板界面

2) Visio 操作界面

Visio 操作界面见图 4.3.4,主要分为三个区:功能区、形状区和绘图区。功能区显示最常使用的命令,"开始"选项卡上有许多经常使用的命令,其他选项卡中的命令则用于特定的目的。形状区显示文档中当前打开的所有模具,所有已打开的模具的标题栏均位于该窗口的顶部,单击标题栏可查看相应模具中的形状;还可以通过形状区中的"更多形状"菜单选项加入更多的形状。绘图区是用户绘图的区域。其一般操作方法是将所需的形状从形状区拖放到绘图区,即可将某种形状加入到要绘制的图中。

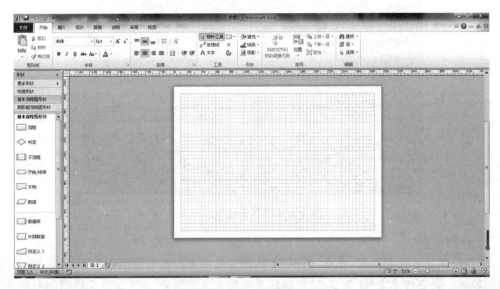

图 4.3.4　Visio 绘图操作界面

2. 图形操作

1) 设置绘图页面

在绘图区中可同时存在多个绘图页面,并可根据需要添加或删除。方法是：右击绘图下方的页面标签,在弹出的快捷菜单中选择"插入""删除"或"重命名"即可增加、删除一个页面或给一个页面命名(见图 4.3.5)。

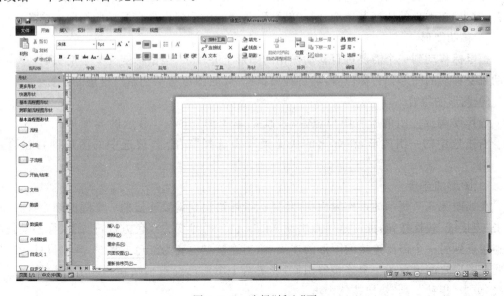

图 4.3.5　选择"插入"页

在弹出的"页面设置"对话框中的"页属性"选项卡中设置新绘图页的各项属性,如图 4.3.6 所示;也可使用系统默认的各选项,然后单击"确定"按钮,生成名为"页-2"的新绘图页。

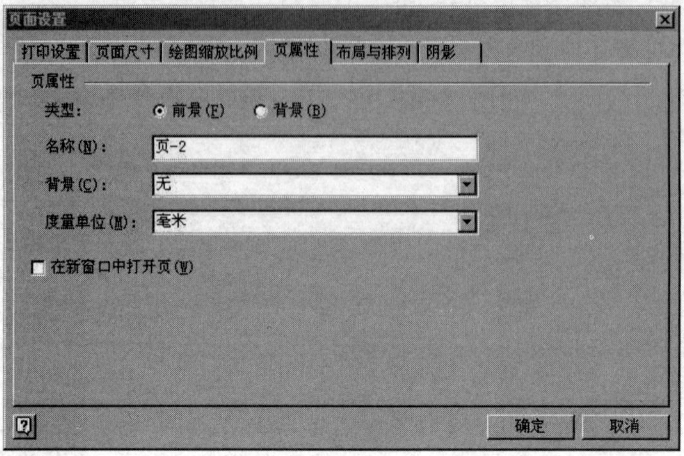

图 4.3.6 "页属性"选项卡

2) 绘制图形

使用绘图工具绘制图形,要将"绘图"工具栏显示出来。在显示的图形中,单击"绘图"按钮(如绘制一条直线单击"线条工具"按钮),在绘图页上用鼠标指针指向希望图形开始的位置,然后按住鼠标左键不放,将其拖动到适当的位置时释放鼠标即可绘出指定的图形。

3) 调整与修改图形

用鼠标单击需要调整的图形,移动鼠标,当鼠标指针变为双箭头时,按下鼠标左键拖动即可按需要改变图形的大小。

4) 复制与粘贴图形

选中需进行复制的图形,右击,在弹出的快捷菜单中选择"复制",把光标移动到合适的位置,右击,在弹出的快捷菜单中选择"粘贴",复制的图形将出现在鼠标所指向的位置。

5) 移动图形

把鼠标移动到一个需要进行移动操作的图形上并单击,当鼠标变为十字箭头时,单击并拖动需要移动的图形到目标位置,然后释放鼠标,此时图形移动到用户指定的位置。

6) 图形的组合

选择要编成一组的所有图形,选择系统菜单中的"开始",显示的界面如图 4.3.7 所示。右击选中的一组图形,在弹出的快捷菜单中选择"组合",被选中的图形即可组合成为一组。

7) 图形的连接

在如图 4.3.7 所示的操作界面中,将鼠标指针移动到需要连接的一个图的某个连接点,单击"连接线"快捷按钮,此时连接点由原来的蓝色"×"号变为红色方框,使用鼠标左键拖动该连接点到另一个需要连接的图形的连接点,当连接点也变为红色方框时,释放鼠标,此时,在两个图形之间出现了一个连接器图形,表明两个图形已经被粘贴在一起了。如果要退出连接,单击"指针工具"快捷按钮即可。

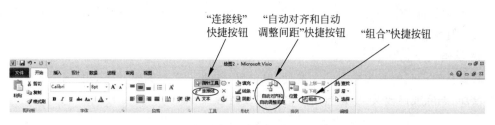

图 4.3.7　组合图形的操作界面

8）布置图形

（1）对齐形状。在 Visio 2010 中布置图形的操作更为简单，与早前版本相比，提供了
"自动对齐和自动调整间距"的新功能，使操作更为简单。在如
图 4.3.7 所示的操作界面中，选择需要对齐的图形，然后单击操作
界面中的"自动对齐和自动调整间距"快捷按钮，就可以完成自动对
齐的功能。或者单击如图 4.3.7 所示的界面中的"位置"快捷按钮，
显示如图 4.3.8 所示的"位置"菜单，选择"对齐形状"中的任一选
项，就可以按操作的要求完成所要求的对齐。

（2）空间形状。当需要对三个或更多图形进行布置时，可采用
分布图形的方式来调整图形之间的关系，使图形沿水平或垂直方面
做等距分布。选择需要进行分布的三个或更多图形，此时将以最靠
边的两个图形作为分布的基准。操作方法是：在图 4.3.7 所示的
操作界面下，单击"位置"快捷按钮后，显示如图 4.3.8 所示的"位
置"菜单，选择"空间形状"→"空间形状"后，显示如图 4.3.9 所示的
子菜单，选择菜单中的一个合适的分布方式即可。

图 4.3.8　"位置"菜单

（3）方向形状。方向形状的功能分为"旋转形状"和"旋转图表"两个功能，如要完成"旋
转形状"功能，在图 4.3.7 所示的操作界面下，单击"位置"快捷按钮后，在如图 4.3.8 所示的
"位置"菜单中单击"旋转形状"功能，显示如图 4.3.10 所示的子菜单，选择一种合适的旋转
方式就可完成对操作图形的旋转。

图 4.3.9　"空间形状"子菜单

图 4.3.10　"旋转形状"子菜单

3. 文本操作基础

1）添加文字

方法一：用鼠标拖动方式在绘图页上创建的图形大多带有一个隐含的文本框，当双击
图形时，将自动进入图形的文字编辑状态，在提供的矩形文本框中输入文字即可。

方法二：启动 Visio 后在"开始"选项的"常用"工具栏中有"A 文本"按钮（见图 4.3.4），
单击该按钮后，此时鼠标指针变为带有"＋"的矩形小方块标记，在绘图页上单击，即可产生

一个默认大小的文本框,该文本框以单击的点为中心,左右对称。光标在文本框中闪烁,表明可以在其中输入文字。

2) 编辑文字

将鼠标移动到要修改内容的文本处,单击鼠标,进入文本编辑状态,用户即可按自己的需要增加、删除或修改文字,进行文本的格式设置等操作。

4.3.3 将 Microsoft Visio 2010 的图形插入到 Word 文档中

(1) 嵌入图形。先打开嵌入图形所在的 Visio 2010 绘图文件,选择所需图形,单击"编辑"菜单中的"复制"选项,然后打开要嵌入图形的 Word 文档,单击"编辑"菜单中的"粘贴"选项即可。

(2) 嵌入绘图页。先打开要嵌入的绘图页所在的绘图文件,切换到所需的绘图页,单击"编辑"菜单中的"复制绘图"选项,再打开要插入绘图页的 Word 文档,单击"编辑"菜单中的"粘贴"选项即可。

(3) 嵌入绘图文件。打开要插入 Visio 2010 文件的 Word 文档,单击"插入"菜单中的"对象"选项,在弹出的"对象"对话框中选择"由文件创建"选项卡,选择相应的 Visio 文件,单击"确定"按钮即可。

4.3.4 模具管理

1. 快速形状

"形状"窗口顶部附近是标记为"快速形状"的标题栏,该模具仅包含图表中模具的"快速形状",该模具是当前打开的所有模具中"快速形状"的动态生成集合。如果图表中有多个模具,则"快速形状"按其所属的模具名称相互分隔。如果仅使用某图表中每个模具的少量形状,则可以将这些形状放在"快速形状"区域中,可以不必在模具之间切换,以提高绘图的速度。图 4.3.11 是基本流程图中看到的"快速形状"的界面。

2. 自定义模具

对某些在绘图中需要但模具中没有的图形,可以利用 Visio 2010 中的"新建模具"功能自定义需要的模具。下面以定义基本流程图中的处理框为例进行说明。

第一步,单击"形状"窗口中的"更多形状",显示如图 4.3.12 所示的菜单,选择"新建模具",出现"模具 2"菜单项,如图 4.3.13 所示。

第二步,把鼠标移至绘图区,可以单击"指针工具"旁的"图形"快捷按钮 ,显示基本图形的菜单,如图 4.3.14 所示。可以用这些基本的图形绘制所需的图形,也可以调用已有的模具图形进行组合或编辑。

第三步,将基本图形中的"矩形"拖放到绘图区中。

第四步,单击基本图形中的"折线图",将矩形框分为上下两部分。

第五步,单击文本工具 A 按钮,在合适的地方插入文本框,输入文字 P,并设置文本的属性。

第六步,单击"组合"按钮,出现如图 4.3.15 所示的"组合"菜单,选择"组合"菜单条目,得到如图 4.3.16 所示的结果。

图 4.3.11 基本流程图中的"快速形状"

图 4.3.12 "更多形状"菜单

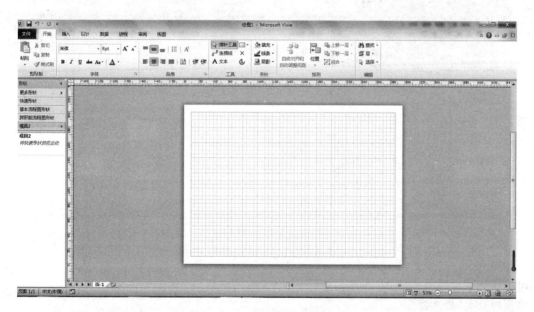

图 4.3.13 新增模具操作界面

图 4.3.14 基本图形菜单

图 4.3.15 "组合"菜单

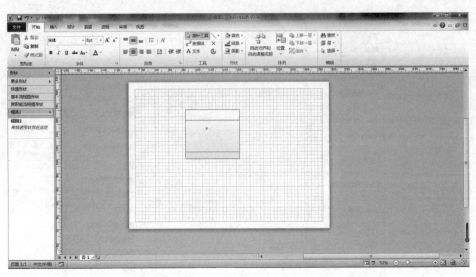

图 4.3.16 已经做好的自定义模具

第七步,将做好的模具拖放到"模具 2"中,显示的界面如图 4.3.17 所示。

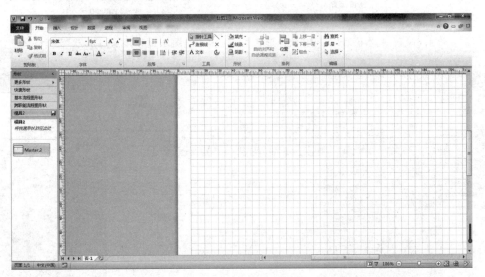

图 4.3.17 将已经定义好的模具拉入"模具 2"

第八步,在"模具 2"中单击已经做好的形状并右击,弹出的快捷菜单如图 4.3.18 所示,选择"重命名主控形状",输入模具名"处理框"。

第九步,单击"模具 2"菜单条上的"保存"按钮,显示如图 4.3.19 所示的操作界面,在"文件名"处输入"保存为"的模具文件(如命名为模具 2)并单击"保存"按钮即可。

可以在一个模具文件中定义多个模具(可以自己绘制,也可以利用已有的模具进行修改)。当需要用到自定义的模具时,可以选择"文件"→"形状"→"打开模具",打开自定义模具;也可以根据需要将其添加到相应的模具中。

图 4.3.18 已做好模具快捷菜单

图 4.3.19　"另存为"对话框

4.4　实验环境与要求

（1）准备好分析与设计的相关资料。

（2）安装有 Visio 2010 和 Word 的联网计算机。

4.5　实验步骤

4.5.1　组织结构图的绘制

（1）在 Visio 2010 启动的主界面中选择"文件"→"新建"，在"模板类别"中单击"商务"图标，再选择"组织结构图"模板，单击"新建"按钮后显示界面如图 4.5.1 所示。

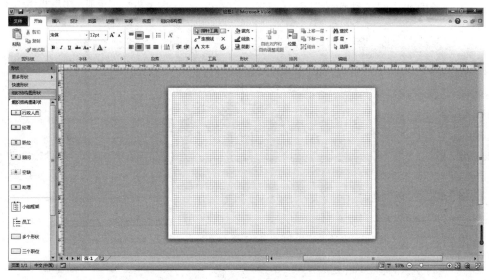

图 4.5.1　组织结构图编辑界面

(2)选择"形状"窗口中的"经理"图件并放置到绘图页上,弹出"连接形状"对话框,提示用户通过将图形拖到其上级图形顶部可以自动生成图形的连接,单击"确定"按钮创建主图形(见图 4.5.2)。

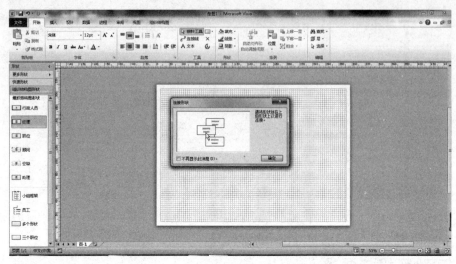

图 4.5.2　演示连接图形的操作方法

(3)用鼠标拖动模具中的"多个形状"图件并放置到绘图页上,弹出"添加多个形状"对话框,在该对话框的"形状的数目"数值框中输入需要添加到图形中的数目(即"经理"直接下属的职位个数,本例中是 4),如图 4.5.3 所示。在"形状"列表框中选择"职位"图件,单击"确定"按钮,同时添加 4 个并排职位的图,这种方式可以快速创建多个同级且相似的图形。

图 4.5.3　"添加多个形状"对话框

按组织结构图的样式依次添加各层机构,得到如图 4.5.4 所示的初步组织结构图。

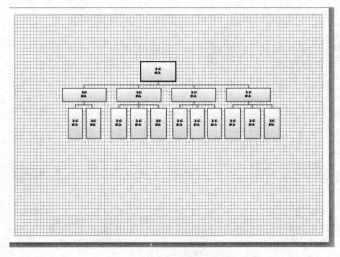

图 4.5.4　初步组织结构图

(4) 在输入完各层次结构后,可利用组织结构图的工具栏对组织结构图的布局进行调整。如选择"职位"的上一级图形,单击"组织结构图"工具栏中的"水平布局"按钮,从下拉菜单中选择"居中"选项,可将"职位"图形重新排列。

(5) 双击图形,进入图形文本编辑状态,依次为各图添加文字、设置文字的字体和字号,得到如图 4.5.5 所示的结果。

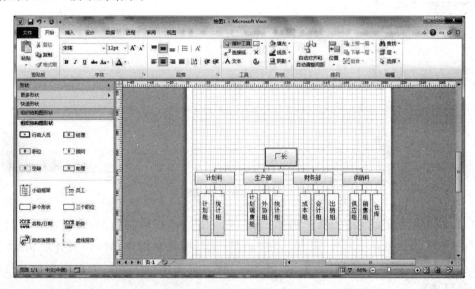

图 4.5.5 输入组织机构名称后得到的组织结构图

(6) 选择文本工具,把鼠标拖动到合适的位置,输入组织机构图的名称。

(7) 组织机构往往可分为几个大的级别,可考虑将各级别赋予不同的颜色以显著区分。

(8) 保存设计结果,完成组织结构图的设计,得到的设计图如图 4.5.6 所示。

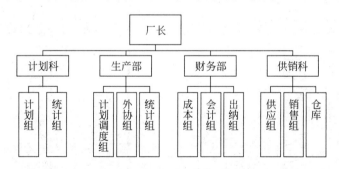

图 4.5.6 设计好的某厂组织结构图

4.5.2 业务流程图的绘制

(1) 在 Visio 2010 启动界面的"模板类别"列表中选择"流程图"类型,在对应的模板选项区(见图 4.5.7)中单击"基本流程图"图标,进入基本流程图编辑界面。

(2) 进入基本流程图编辑界面后,用鼠标拖动模具中的图件到绘图页上,建立图形实例,依次创建流程图上的各个图形,在拖动过程中可以参照"对齐动态网格"将主干路上的图形大致按一条直线由上而下排列,如图 4.5.8 所示。

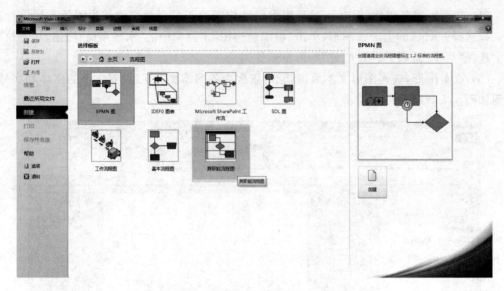

图 4.5.7　选择流程图类型

（3）如果需要改变在绘图页上的布局，可选择需重新布局的图形，将鼠标移动至工具栏，右击，在弹出的菜单中选择"动作"，将"动作"工具栏显示出来，单击"对齐形状"下拉按钮，在弹出的下拉列表中选择"居中"对齐方式，将选择的图形对齐居中放在一条垂直线上（这一步可选）。

（4）将已经创建好的各图形连接起来。单击"动作"工具栏上的"连接形状"按钮，用鼠标选中需要连接的图形即可将图形相互连接起来，得到的效果如图 4.5.9 所示。

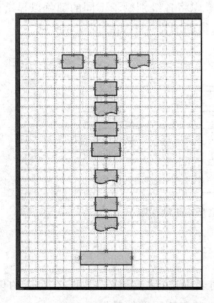

图 4.5.8　用基本流程图模具的图件创建的图形

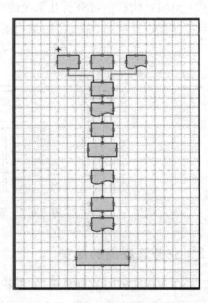

图 4.5.9　连接图形

（5）在各图形中添加文字。双击图形，进入图形文本编辑状态，依次为各图添加文字、设置文字的字体和字号，得到如图 4.5.10 所示的结果。

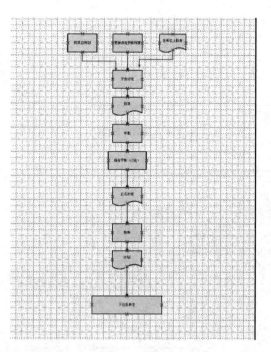

图 4.5.10　输入文字的业务流程图

（6）将图中的其他信息补充完整。

（7）如果需要，可对流程图配色。

（8）保存文件，完成绘制业务流程图的工作。最后得到的业务流程图如图 4.5.11 所示。

4.5.3　数据流程图的绘制

数据流程图的绘制方法基本与业务流程图相同，只是图中的基本符号有差异。在 Visio 2010 启动界面的"模板类别"列表中选择"软件和数据库"，进入"选择模板"操作界面后选择"数据流模型图"，再选择其提供的模具绘制数据流程图。"接口"模具用于表示外部实体，"进程"模具表示处理框。如要对处理框编号，可在"进程"模具中分两行输入：第一行写编号；第二行写处理名称。也可通过自定义图形模具，将需要的基本数据流图例保存为模具，供以后绘制数据流程图时使用。具体操作方法不再赘述。

4.5.4　E-R 图的绘制

（1）在 Visio 2010 启动界面的"模板类别"列表中选择"软件和数据库"，进入"选择模板"操作界面后选择"数据库模型图"，显示如图 4.5.12 所示的数据库模型设计界面。

（2）将"实体"模具拖入绘图板，选中窗口下部的"数据库属性"，如图 4.5.13 所示，选择"定义"实体的"物理名称"。

（3）在"数据库属性"中，选中"列"，定义实体的属性（见图 4.5.14）。

（4）按以上方法添加其他的实体。

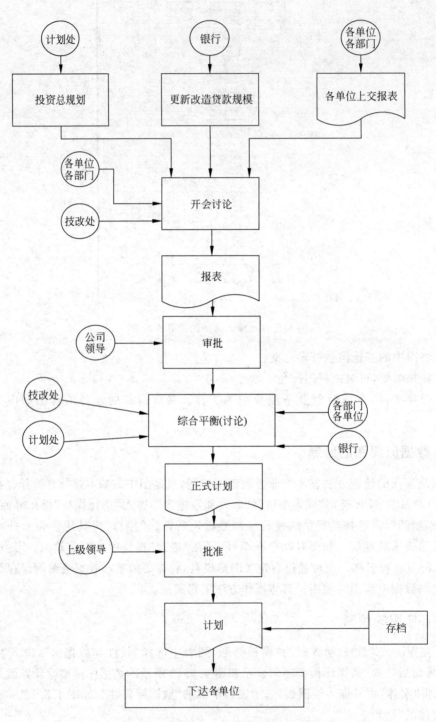

图 4.5.11　用 Visio 画出的业务流程图

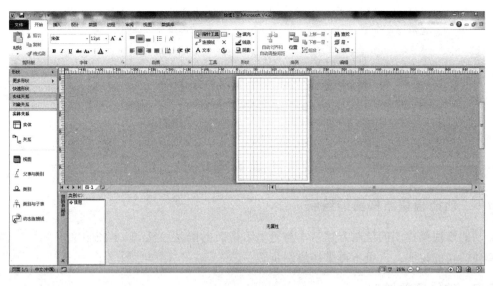

图 4.5.12　选择"数据库模型图"后的界面

图 4.5.13　定义实体名称

图 4.5.14　定义实体的属性

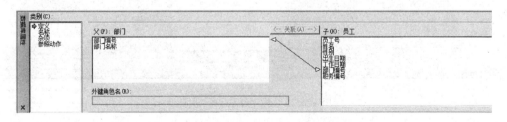

图 4.5.15　建立实体间的联系

（5）将"关系"拖到绘图中，箭头指向父表，建立实体间的联系，如图 4.5.15 所示，得到如图 4.5.16 所示的 E-R 图。

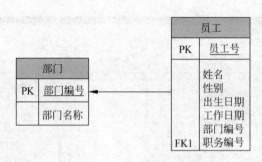

图 4.5.16 建立好的 E-R 图

4.5.5 功能模块结构图的绘制

功能模块结构图的绘制方法基本与组织结构图的画法一致,只是图中文字标识的内容是模块的功能说明。这里不再赘述绘制步骤。

4.5.6 结构图的绘制

在 Visio 2010 启动界面的"模板类别"列表中选择"软件和数据库",进入"选择模板"操作界面后选择"程序结构",显示如图 4.5.17 所示的程序结构设计界面。模块用"函数/子例程"形状,模块间的调用使用"调用"模具,模块间传递的信息使用"数据流"模具或"标志流"模具,可直接在相应的模具中输入文本说明传递的信息名称。

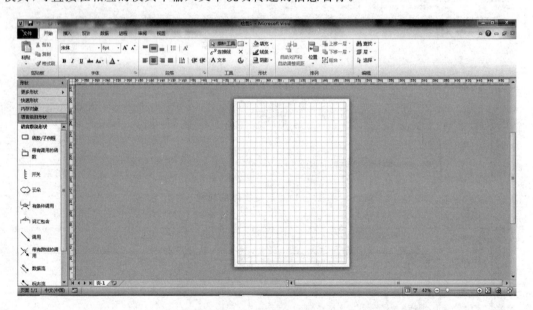

图 4.5.17 程序结构设计界面

4.5.7 界面设计

在启动 Visio 2010 后,选择绘图模板为"软件和数据库"→"线框图表",然后根据系统设计的需要,选择"对话框"中的模具建立窗口或对话框(见图 4.5.18),再利用"控件"形状向窗口或对话框中加入相应的控件及文本,利用"工具栏"形状添加菜单或快捷按钮,调整窗口及控件的大小与布局,即可完成用户界面的设计。

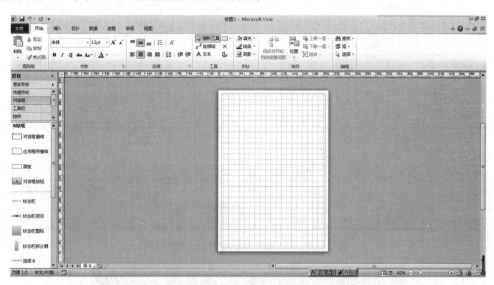

图 4.5.18　界面设计之对话框设计

注意:在进行界面设计时,若已确定系统实现所使用的开发工具,如 Visual FoxPro、Delphi、PowerBuilder、Visual Basic、Dreamweaver、Visual Studio 等,最好用选定的开发工具进行界面设计,以便直接利用设计成果进行系统实现。

4.5.8　UML 模型图的绘制

UML 是面向对象方法的主要建模语言,它提供了一套绘制软件蓝图的标准语言,以视图的方式描绘软件系统的结构。Visio 可绘制的 UML 模型图包括用例图、活动图、序列图、静态结构图、部署图、组件图、状态图、协作图等。在定义信息系统的需求时,首先需要明确系统用户想做什么,也就是说用户要执行哪些操作。因此,在 UML 建模时,一般先建立用例。下面给出绘制用例图的过程。

(1) 在 Visio 2010 启动界面的"模板类别"列表中选择"软件和数据库",进入"选择模板"操作界面后选择"UML 模型图",显示操作界面如图 4.5.19 所示。在"模型资源管理器"窗口中,右击顶层节点"UML 系统 1",在弹出的快捷菜单中选择"重命名",将"UML 系统 1"改为 SalaryMis。

(2) 在"模型资源管理器"窗口中,右击顶层节点 SalaryMis,在弹出的菜单中选择"模型",弹出如图 4.5.20 所示的"UML 模型"对话框,单击"新建"按钮,选中新建的"模型 1",单击"属性"按钮,在弹出的"UML 模型属性"对话框(见图 4.5.21)中将模型的名称改为"用例模型"。

(3) 在"模型资源管理器"窗口中,右击"用例模型"下的"顶层包",选择"新建"→"主角",在弹出的"UML 主角属性"对话框中将"名称"设为"管理员",并在"文档"文本框中输入管理员主角的相关说明,如图 4.5.22 所示。

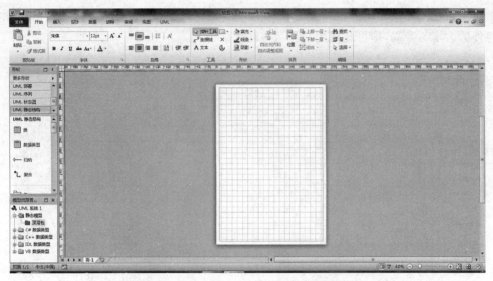

图 4.5.19 新建 UML 模型图操作界面

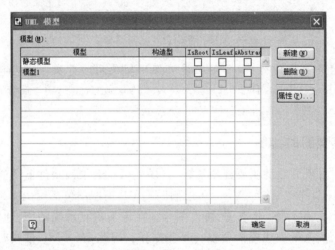

图 4.5.20 "UML 模型"对话框

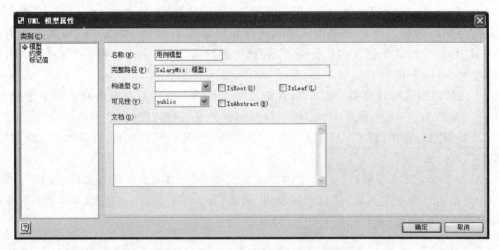

图 4.5.21 "UML 模型属性"对话框

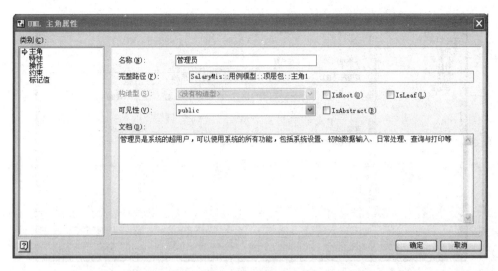

图 4.5.22 "UML 主角属性"对话框

（4）重复新建主角的操作，再分别建立"人事部""财务部"两个主角。

（5）在"模型资源管理器"窗口中，右击"用例模型""顶层包"，在弹出的快捷菜单中选择"新建"→"静态结构图"，将主角"管理员""人事部""财务部"拖到静态结构图中，建立"管理员"与"人事部"及"管理员"与"财务部"之间的泛化关系（见图 4.5.23），表示管理员可继承人事部、财务部的权限。

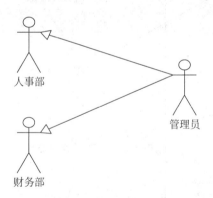

图 4.5.23 主角间的泛化关系

（6）在"模型资源管理器"窗口中，右击"用例模型"下的"顶层包"，在弹出的快捷菜单中选择"新建"→"用例"，在弹出的"UML 用例属性"对话框中将"名称"设为"系统设置"，并在"文档"文本框中输入该用例的相关说明，如图 4.5.24 所示。

（7）重复新建用例操作，分别新建用例"初始数据输入""日常处理""系统设置""查询与打印"。若用例间存在"扩展"或"使用"关系，可在静态结构图中绘制用例间的关系图。

（8）"模型资源管理器"窗口中，右击"用例模型"下的"顶层包"，在弹出的快捷菜单中选择"新建"→"用例图"，新建一个名为"用例-1"空白用例图。在用例模具中，将系统边界形状拖放到"用例-1"中，再分别把主角"管理员""人事部""财务部"拖放到系统边界之外，将用例"系统设置""初始数据输入""日常处理""查询与打印"拖放到系统边界之内。按系统分析的

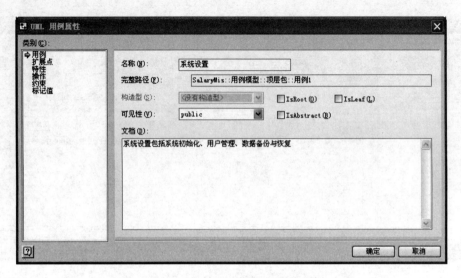

图 4.5.24　UML 用例属性设置

用户需求,用"通信"形状建立主角和用例之间的关系,如图 4.5.25 所示。

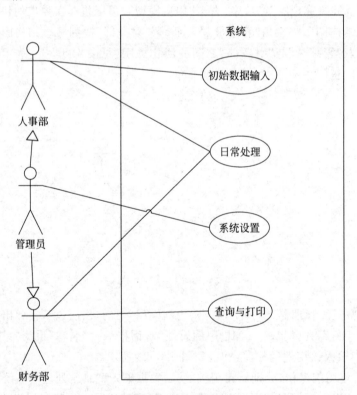

图 4.5.25　用例图

(9) 右击通信连线,在弹出的快捷菜单中选择"形状显示",设置通信连线的视觉效果(显示或隐藏相关信息)。

(10) 细化用例,包括为用例添加属性说明,或用活动图、状态图、序列图进一步描述用例。

4.6　实验结果与报告

1. 实验结果

本实验的主要目的是完成信息系统的分析与设计,因此正确的实验结果是建立正确的分析模型与设计模型。实验的结果是提交信息系统分析报告(包括项目视图与范围规格说明书、系统需求说明书、数据要求说明书)、信息系统设计报告(包括数据库设计说明书、概要设计说明、详细设计说明)。

2. 实验报告

实验报告首先要描述信息系统分析的过程与设计的过程,说明在实验过程中遇到的问题及解决的方法。实验过程的描述可以参照上述"实验步骤"进行书写。

第5章 信息系统实现

系统实现是信息系统开发工作的最后一个阶段,它主要是将系统分析与设计的成果在计算机上实现,变成可执行的应用软件系统。系统实现的主要任务有:

(1) 按总体设计方案购置和安装计算机网络系统;

(2) 建立数据库系统;

(3) 编制应用程序并调试;

(4) 整理基础数据,培训操作人员;

(5) 软件系统的安装与测试;

(6) 投入运行。

在实验室条件下,系统实现主要是指按系统设计说明建立系统运行的硬件环境,完成信息系统程序的编制与调试,安装信息系统并测试评价。这个过程根据一般信息系统的实现内容,将其分成 6 个实验项目来完成。实验 1 是数据库设计实验,主要完成数据库系统的建立与设置;实验 2 是输入设计实验,主要完成信息系统数据的输入功能;实验 3 是输出设计实验,主要完成信息系统数据的查询与打印等功能,实现信息的输出;实验 4 是信息系统处理设计实验,主要完成信息系统数据的删除、修改、计算、统计等处理功能;实验 5 是辅助功能设计实验,主要完成信息系统中一般都具备的用户管理、系统初始化、系统菜单设计、数据备份与恢复、用户登录、密码修改等模块功能的设计;实验 6 是系统安装与测试实验,主要完成信息系统安装文件的制作与发布,并对安装好的系统进行测试与评价。

- 本章的目标

通过信息系统实现,掌握信息系统的具体实现方法及常用的信息系统编程知识与技巧,掌握系统测试的方法。

- 实验顺序

本章的 6 个实验,其实验过程原则上应依次进行。首先要完成实验 1 数据库设计实验,它是后续实验的基础,是信息系统的核心。然后进行实验 2 输入设计实验,它既可用于检查实验 1 的结果,也可为后续的实验 3、实验 4 提供数据。实验 3 输出设计实验是信息系统的信息出口,它既可用于检查输入的数据是否正确保存,也可用于实验 4 处理结果的输出与检查,因此一般先进行实验 3,然后再进行实验 4。实验 5 属于系统的辅助功能,具有一定的独立性,菜单用于组装系统模块,所以该实验放在前述 4 个实质性功能实验完成之后进行(若采用自顶向下的实验过程,可以先建立系统菜单)。实验 6 是本部分的最后的实验,是整个实验成果的最终产品及对其的测试,应在最后进行。

5.1　实验1：数据库设计实验

5.1.1　实验目的

通过对某一具体应用问题的分析,进行数据库的设计与实现,掌握数据库设计的工具与技术,掌握数据库的物理模型的描述方法,掌握利用关系数据库管理系统创建数据库的方法。

5.1.2　实验要求

根据系统分析建立的数据模型,利用数据库设计的工具和技术,描述一个关系数据库的物理模型(包括实体、属性和关系),定义数据库的字段、记录、文件,并用关系数据库管理系统将设计的数据库创建为实际的数据库。

5.1.3　实验预备知识

1. 数据库设计与实现步骤

(1) 对现实世界进行数据需求分析(参见需求分析)。

(2) 建立数据库的逻辑模型,如 E-R 图,并将 E-R 图转换为关系模式。

(3) 将关系模式转换成物理模型。

① 数据库物理模型包含的内容。

数据库物理模型可用来精确地描述数据库的物理构成,包括下列内容:

- 字段及字段的数据类型。根据不同的关系数据库产品,常用的字段类型包括数值型、字符型、日期型、逻辑型等。
- 数据库约束。一般说明数据库的初始大小、容量限制、增长方式等。
- 索引。确定经常需要查询的字段或用作主键的字段作为索引的字段。
- 物理存储分配。包括数据库存储时所在的路径、采用的存储介质等。
- 特定数据库的其他物理特征。

② 构建物理模型常用的方法。

- 基于一个完整的全属性逻辑模型;
- 完全独立地、不与任何逻辑模型相关地构建物理模型;
- 通过反向工程从物理数据库中导出物理模型;
- 与逻辑模型同时构建。

(4) 根据用户需求,将物理模型设计成用户外模式,并利用相应的数据库管理系统在计算机上实现。物理模型主要是从系统的时间效率、空间效率、易于维护等角度出发,与用户使用系统的习惯、要求、方式等并不完全一致,因此需要按用户的要求进行设计。如在学生成绩管理系统中,课程实体与学生实体之间通过学习建立联系,将产生成绩属性,因此成绩表的关系模式可表示为:学生成绩(学号,课程号,成绩),但在实际进行学生的成绩管理时,以这种方式存放学生成绩与日常的学生成绩管理不一致且不方便操作,因此实际存储时会将其改为:学生成绩(学号,课程1,课程2,……,课程 n)。也可根据用户的需求,利用视图设计用户外模式。

2. SQL Server 2008 的安全管理

若要确保存储在 SQL Server 2008 中的数据及对象仅由经授权的用户访问,必须正确地设置安全性。必须设置的安全因素包括身份验证模式、登录、用户、角色、授权、废除和拒绝 T-SQL 语句和对象上的权限以及数据加密。

(1) 用户要对某一存储在 SQL Server 2008 中的数据库进行操作,必须满足的条件如下:

① 登录 SQL 服务器时必须通过身份验证;

② 必须是该数据库的用户或者某一数据库角色;

③ 必须有执行该操作的权限。

(2) SQL Server 2008 的身份认证模式。在 SQL Server 2008 的环境下,系统确认用户的方式有两种,即 Windows 身份验证模式和混合验证模式。

① Windows 身份验证模式(Windows 身份验证)是指用户能够通过 Windows 用户账户进行数据库连接。当用户通过 Windows 账户进行连接时,SQL Server 通过回叫 Windows 获得信息,重新验证账户名和密码,并在 sys. syslogins 系统视图中查找该账户,以确定该账户是否有权限登录。通过 Windows 用户账户建立的连接称为受信连接。

② 混合验证模式(Windows 和 SQL Server 身份验证)是指用户能够通过 Windows 身份验证或 SQL Server 身份验证与 SQL Server 实例连接。SQL Server 在 sys. syslogins 系统视图中检测输入的登录名和密码。如果在 sys. syslogins 系统视图中存在该登录名,并且密码也是匹配的,那么该登录名可以登录到 SQL Server;否则,登录失败。在这种方式下,用户必须提供登录名和密码,让 SQL Server 验证。

(3) 在 SQL Server 2008 中,为了使用户便于管理,将相同类的用户赋予相同的角色,赋予相同的操作权限。SQL Server 2008 给用户提供了预定的服务器角色、数据库角色、应用程序角色,并可根据需要,创建自己的数据库角色,以便对具有同样操作的用户进行统一管理。

(4) 权限验证。用户通过了 SQL Server 的身份验证后,该登录必须映射到用于控制在数据库中所执行的活动(权限验证)的 SQL Server 用户账户。应在每个数据库中设置单独的用户账户,获得对数据库的访问权限后才能在数据库中执行相应的操作。如果数据库中没有用户账户,即使用户能够连接到 SQL Server 实例,也无法访问该数据库。因而,应在 SQL Server 中对登录的账户进行管理。

5.1.4   实验环境与准备

在使用 Windows 7 为操作系统的计算机上应安装有 Visio 2010、数据库管理系统(如 SQL Server 2008 等),并在上机之前准备好数据说明及画出 E-R 图的草图(可以直接使用前面分析与设计的成果)。

5.1.5   实验步骤

1. 数据库及表的建立

数据库的建立方法有许多种:一种是利用专门的数据库设计工具如 Visio 2010 等进行一体化设计,即利用专门的软件工具设计数据库的逻辑模型、物理模型,再将物理模型直接转换成具体数据库管理系统中的数据库；另一种是根据设计好的数据库物理模型，利用数据库管理系统提供的工具或命令进行数据库的建立；还有一种是利用高级语言调用数据库管理系统(DBMS)的命令建立数据库。下面以工资管理系统数据库的建立为例说明利用 SQL Server 2008 创建数据库的过程。

1) 使用 SQL Server 2008 的 SQL Server Management Studio 创建数据库

(1) 启动 SQL Server Management Studio。开机后，单击 Windows 操作系统下的"开始"按钮，选择"程序"→Microsoft SQL Server 2008→SQL Server Management Studio，显示如图 5.1.1 所示的"连接到服务器"对话框，在"身份验证"下拉列表框中选择"SQL Server 身份验证"，输入登录名及密码后单击"连接"按钮，屏幕显示 Microsoft SQL Server Management Studio 主界面，如图 5.1.2 所示。

图 5.1.1 "连接到服务器"对话框

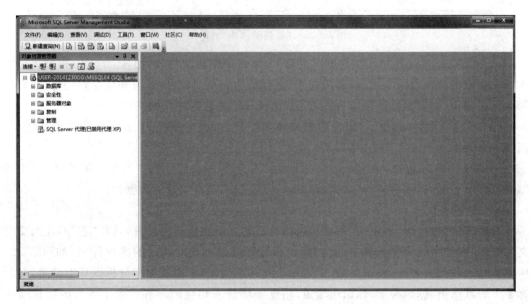

图 5.1.2 Microsoft SQL Server Management Studio 主界面

（2）建立数据库。

① 在"对象资源管理器"下，展开"数据库"节点，在"数据库"节点下右击，在弹出的快捷菜单中选择"新建数据库"，弹出"新建数据库"对话框，如图5.1.3所示。该对话框中有三个选择页：常规、选项和文件组。

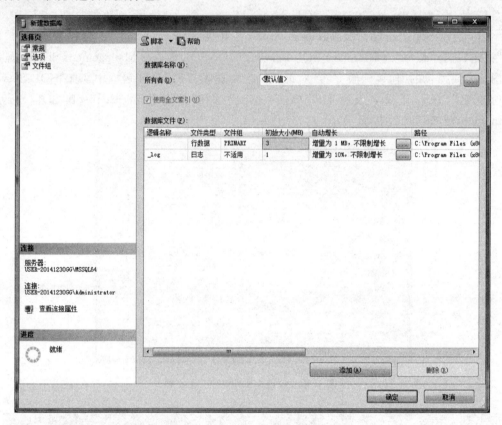

图5.1.3 "新建数据库"对话框

② 在"常规"选择页中，在"数据库名称"文本框中输入文件名，如SalaryDB，根据提示输入该数据库的其他对应的内容，如所有者、文件初始大小、自动增长值和保存路径等，如果要修改保存路径，则单击路径对应的 ... 按钮，选择合适的数据库存储路径。

③ 在"选项"选择页中，可以设置数据库排序规则、恢复模式、兼容级别和其他选项，如图5.1.4所示。

④ 单击"确定"按钮，系统开始创建数据库。创建成功后，刷新"对象资源管理器"中的"数据库"节点的内容，再展开"数据库"节点，就会显示出新创建的数据库。

（3）创建表。

在展开的"数据库"节点中，用鼠标选中自己建立的数据库并展开，选择"表"所在的文件夹并右击，在弹出的快捷菜单中选择"新建表"，屏幕显示建立新表的操作界面，如图5.1.5所示。输入各列的名称、数据类型，确定是否允许空值，并根据数据库分析设计的结果，对列标签中的默认值、标识种子、标识递增量、精度等项输入相应的内容。表中各列的属性输入完毕后，单击工具栏中的"保存"按钮，系统弹出如图5.1.6所示的对话框，在其中输入表名称，如Employee，单击"确定"按钮即可。

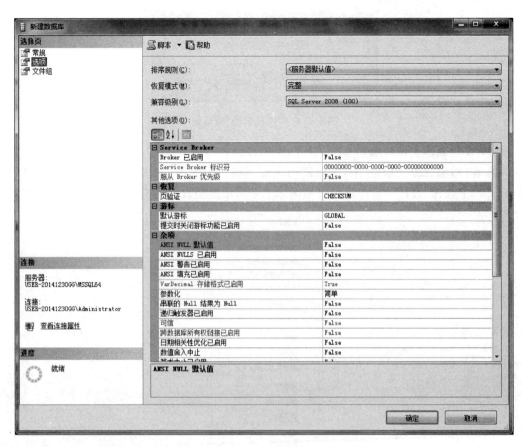

图 5.1.4　"选项"选择页

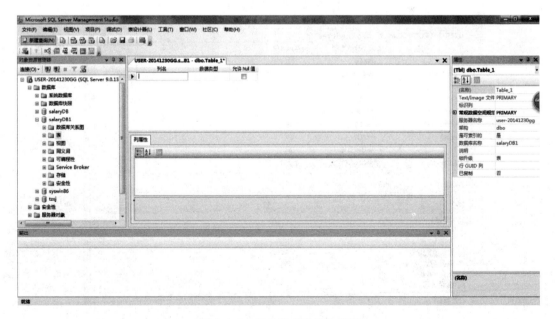

图 5.1.5　建立新表的操作界面

图 5.1.6　"选择名称"对话框

（4）设置表的主键约束和 CHECK 约束的方法。

① 在"对象资源管理器"中，选中需要添加主键约束的表，右击，在弹出的快捷菜单（见图 5.1.7）中选择"设计"，系统将弹出如图 5.1.8 所示的表设计器窗口。

图 5.1.7　表操作快捷菜单

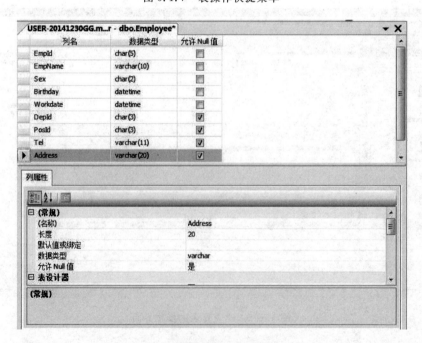

图 5.1.8　表设计器窗口

② 右击要设置为主键的字段(如需设置多个字段为主键,则需先选中这些要设为主键的字段),弹出如图 5.1.9 所示的快捷菜单,选择"设置主键",这时主键列的左边会显示钥匙图标,如图 5.1.10 所示。单击工具栏中的"保存"按钮,完成主键的设置。

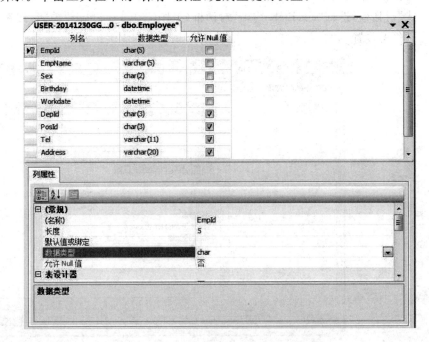

图 5.1.9 表设计快捷菜单

图 5.1.10 设置主键属性后的表设计器窗口

③ 在表设计器窗口中右击要设置为 CHECK 约束的字段,弹出如图 5.1.9 所示的快捷菜单,选择"CHECK 约束",系统弹出如图 5.1.11 所示的"CHECK 约束"对话框。

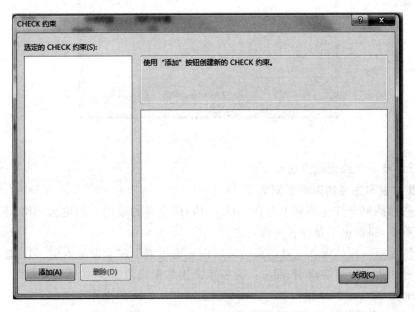

图 5.1.11 "CHECK 约束"对话框

④ 单击"添加"按钮,系统显示"CHECK 约束"对话框并给出默认的约束名(见图 5.1.12),在"(常规)"的"表达式"后面单击 ⋯ 按钮,弹出如图 5.1.13 所示的"CHECK 约束表达式"对话框,输入约束的条件,单击"确定"按钮完成约束条件的设置,关闭"CHECK 约束表达式"对话框,返回"CHECK 约束"对话框(见图 5.1.14),单击"关闭"按钮完成 CHECK 约束条件的设置。

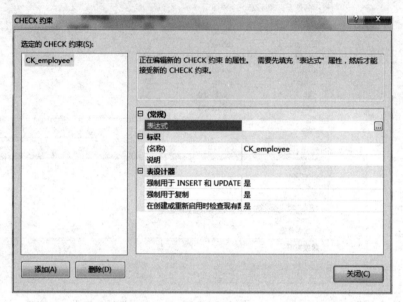

图 5.1.12　给出默认 CHECK 约束名后的"CHECK 约束"对话框

图 5.1.13　"CHECK 约束表达式"对话框

(5) 设置唯一性约束的方法。

唯一性约束和主键约束的区别如下:

* 唯一性约束允许在该列上存在 NULL 值,而主键约束的限制更为严格,不但不允许有重复,而且也不允许有空值。
* 在创建唯一性约束和主键约束时可以创建聚集索引和非聚集索引,但在默认情况下主键约束产生聚集索引,而唯一性约束产生非聚集索引。

使用 SQL Server Management Studio 创建唯一性约束的操作步骤如下:

① 在"对象资源管理器"中,选择需要添加唯一性约束的表,右击,在弹出的快捷菜单中

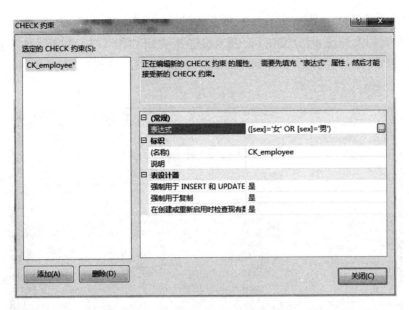

图 5.1.14　设置完 CHECK 属性后的"CHECK 约束"对话框

选择"设计",系统将弹出如图 5.1.8 所示的表设计器窗口。

② 右击要设置为唯一性约束的字段,如 EmpName,在弹出的快捷菜单中选择"索引/键",将弹出"索引/键"对话框,如图 5.1.15 所示。此对话框由两个窗格组成,左边窗格给出选定的主/唯一键或索引的名称,右边窗格设置主/唯一键或索引的属性。右边窗格由两列组成,左边列说明设置参数操作的类型,右边列供用户设置相应的参数。

图 5.1.15　"索引/键"对话框

③ 单击"添加"按钮添加新的主/唯一键或索引,系统自动生成索引的名称 IX_employee,如图 5.1.16 所示。在"索引/键"对话框的右边设置主/唯一键或索引的属性,用户可根据需要设置相应的参数值。如用户选择"(常规)"选项的"类型"设置参数后,右边列

末端出现列表框按钮 ▼ (见图 5.1.17),单击该按钮后选择"唯一键"选项。又如选择"列"属性后,在右列的末端出现 ⋯ 按钮,单击该按钮后弹出如图 5.1.18 所示的界面,可以在该界面中选择作为索引的列及排列的顺序,单击"关闭"按钮即可完成唯一性约束的创建。

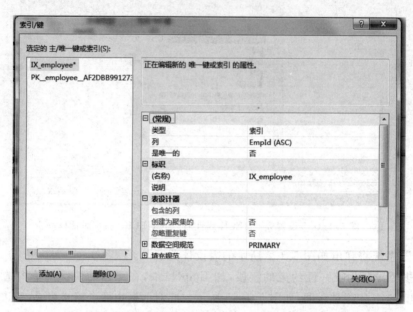

图 5.1.16 新增索引字段后的"索引/键"操作界面

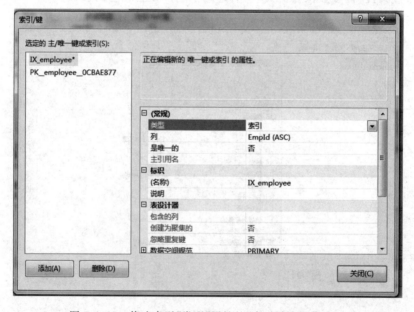

图 5.1.17 修改索引"类型"属性的"索引/键"操作界面

(6) 设置外键约束的方法。

① 在"对象资源管理器"中,选择需要添加外键约束的表,右击,在弹出的快捷菜单中选择"设计",系统将弹出如图 5.1.8 所示的表设计器窗口。

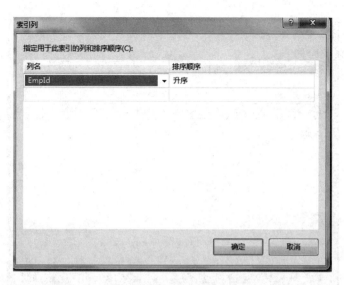

图 5.1.18 确定索引的列和排列顺序的操作界面

② 在该窗口中,选择作为外键的属性并右击,在弹出的快捷菜单中选择"关系",系统将弹出"外键关系"对话框(见图 5.1.19)。该对话框由两部分组成,左边窗格显示已有的外键名,右边窗格显示当前外键的属性。右边窗格由两列组成,左边列说明设置参数操作的类型,右边列供用户设置相应的参数。

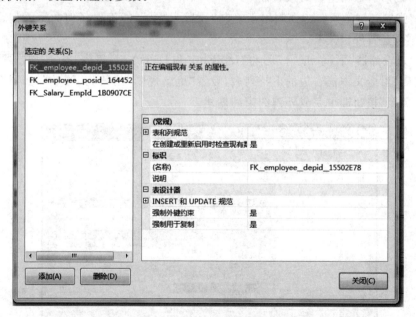

图 5.1.19 "外键关系"对话框

③ 单击"添加"按钮,在"外键关系"对话框的左边窗格自动生成外键关系名,单击"(常规)"下的"表和列规范"设置其属性,在右边窗格的右列末端显示 ... 按钮,单击 ... 按钮,弹出如图 5.1.20 所示的"表和列"对话框。在该对话框中,选择与外键约束相关的表和列。单击"确定"按钮,返回"外键关系"对话框。

图 5.1.20 "表和列"对话框

④ 设置"在创建或重新启用时检查现有数据"为"是",对在创建或重新启用约束之前就存在于表中的所有数据进行约束验证。

⑤ 将"强制外键约束"或"强制用于复制"设置为"是",能确保任何数据添加、修改或删除操作都不会违背外键关系。

⑥ 在"表设计器"下,单击"＋"号将"INSERT 和 UPDATE 规范"展开,单击"更新规则"和"删除规则"对应文本框右边的下拉列表,设置"更新规则"的值为"层叠",如图 5.1.21 所示。单击"关闭"按钮即可完成外键约束的创建。

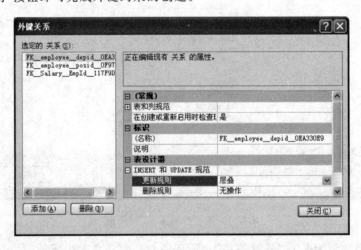

图 5.1.21 "外键关系"对话框设置

(7) 实现数据完整性。

数据库的完整性是指数据的正确性和相容性。数据库完整性是为了防止数据库中存在不符合语义的数据,也就是防止数据库中存在不正确的数据。它是衡量数据库中数据质量好坏的重要标准。当用户用 INSERT、DELETE、UPDATE 语句修改数据库内容时,数据的完整性约束可能会遭到破坏。在 SQL Server 数据库中,数据完整性可划分为:

① 实体完整性。指设置关系中的某属性为关系的主属性。SQL Server 中可通过设置主键实现。

② 参照完整性。指的是当一个表引用了另一个表中的某些数据时,其值或者取空值,或者等于另外一表中主码值。在 SQL Server 中可通过设置外键实现。

③ 用户定义完整性。指针对某一具体关系定义属性上的约束条件,即属性值限制,包括列值非空、列值唯一、检查列值是否满足一个布尔表达式。在 SQL Server 中可通过在定义属性时定义"允许空"、设置唯一性属性和 CHECK 约束实现。

(8) 建立数据库关系图。

① 在"对象资源管理器"中,选择已经定义好的数据库中的"数据库关系图",右击,弹出如图 5.1.22 所示的快捷菜单,选择"新建数据库关系图",屏幕显示如图 5.1.23 所示的"添加表"对话框。

图 5.1.22　数据库关系图快捷菜单

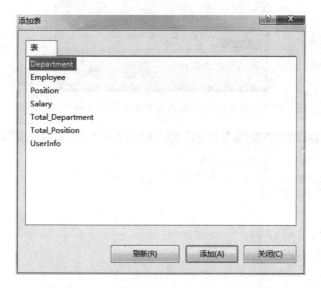

图 5.1.23　"添加表"对话框

② 在文件列表中选择一个表,单击"添加"按钮,屏幕显示该表的属性的图节点,一直选择相关的表,直到完成,单击"确定"按钮,关系图上显示主表与从表的关系(见图 5.1.24)。单击"保存"按钮,弹出如图 5.1.25 所示的对话框,根据提示输入关系图名称,单击"确定"按钮保存关系图的有关信息。

2) 使用 SQL Server 指令创建数据库及其表

在 SQL Server Management Studio 主菜单上,单击工具栏的"新建查询"按钮,出现如图 5.1.26 所示的 SQL 命令输入界面后,输入 SQL 命令并运行即可。创建表的 SQL 指令如下。

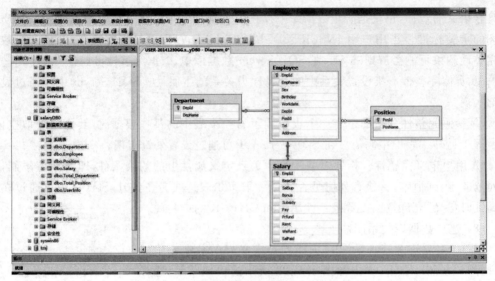

图 5.1.24　创建数据库关系图示例窗口

图 5.1.25　输入关系图名称对话框

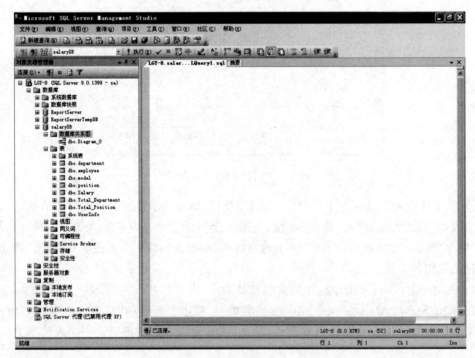

图 5.1.26　SQL 命令输入界面

```
/＊建立部门信息表＊/
CREATE TABLE Department
(
  DepId char(3) PRIMARY KEY,
  DepName varchar(20)
)
/＊建立职务信息表＊/
CREATE TABLE Position
(
  PosId char(3) PRIMARY KEY,
  PosName varchar(20)
)
/＊建立员工信息表＊/
CREATE TABLE Employee
  (EmpId char(5) PRIMARY KEY,
   EmpName varchar(5),
   Sex char(2) check(sex in('男','女')),
   Birthday datetime,
   Workdate datetime,
   DepId char(3),
   PosId char(3),
   Tel varchar(11),
   Address varchar(20)
   FOREIGN KEY (DepId) REFERENCES Department(DepId),
   FOREIGN KEY (PosId) REFERENCES Position(PosId)
)
/＊建立员工工资表＊/
 CREATE TABLE Salary
  (EmpId char(5) PRIMARY KEY,
   BaseSal decimal(8,2),
   SalSup decimal(8,2),
   Bonus decimal(8,2),
   Subsidy decimal(8,2),
   Pay decimal(9,2),
   Prfund decimal(8,2),
   Rent decimal(8,2),
   WeRent decimal(8,2),
   SalPaid decimal(9,2),
   FOREIGN KEY (EmpId) REFERENCES Employee(EmpId)
)
/＊建立按部门汇总数据表＊/
CREATE TABLE Total_Department(
    DepId char(3) NOT NULL,
    BaseSal decimal(12, 2),
    SalSup decimal(12, 2) ,
    Bonus decimal(12, 2) ,
    Subsidy decimal(12, 2),
    Pay decimal(12, 2) ,
    Prfund decimal(12, 2) ,
    Rent decimal(12, 2),
    WeRent decimal(12, 2) ,
    SalPaid decimal(12, 2)
)
/＊建立按职务汇总数据表＊/
```

```
CREATE TABLE Total_Position(
    PosId char(3) NOT NULL,
    BaseSal decimal(12, 2),
    SalSup decimal(12, 2),
    Bonus decimal(12, 2),
    Subsidy decimal(12, 2),
    Pay decimal(12, 2),
    Prfund decimal(12, 2),
    Rent decimal(12, 2),
    WeRent decimal(12, 2),
    SalPaid decimal(12, 2)
)
/*建立用户信息表*/
CREATE TABLE UserInfo
(
 UserId char(10) PRIMARY KEY,
 UserName varchar(10),
 Password varchar(10),
 Limits varchar(10)
)
```

2. SQL Server 数据库权限的设置

1) 创建 Windows 的用户账号

以计算机管理员身份登录到 Windows,单击"开始"按钮,选择"控制面板"→"调整计算机的设置"→"用户账户和家庭安全",屏幕显示计算机管理操作界面,如图 5.1.27 所示。选择"用户账户"功能下的"添加或删除用户账户"功能,屏幕显示如图 5.1.28 所示,选择"创建一个新账户"功能,界面显示如图 5.1.29 所示,在"新账户名"文本框中输入用户名,并单击"创建账户"按钮完成账户的创建,在管理账户窗口出现了新增账户的图标,如图 5.1.30 所示,单击新增账户 admin,显示如图 5.1.31 所示的更改账户操作窗口,单击"创建密码"功能,显示如图 5.1.32 所示的创建密码窗口,在"新密码"文本框和"确认新密码"文本框中输入同一密码后,单击"创建密码"按钮完成密码创建工作。

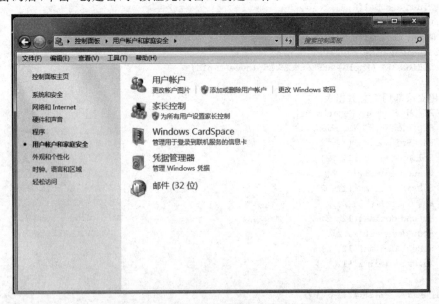

图 5.1.27　Windows 下计算机管理操作界面

图 5.1.28　管理账户操作窗口

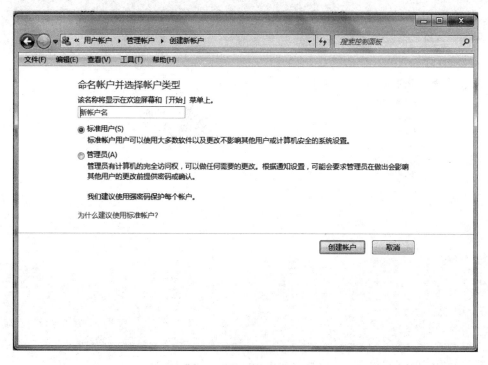

图 5.1.29　创建账户窗口

图 5.1.30　新增账户 admin 后的管理账户窗口

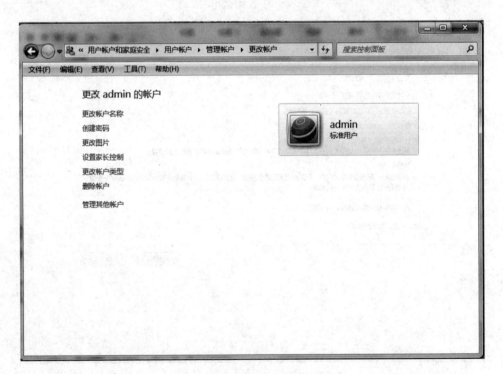

图 5.1.31　更改账户操作窗口

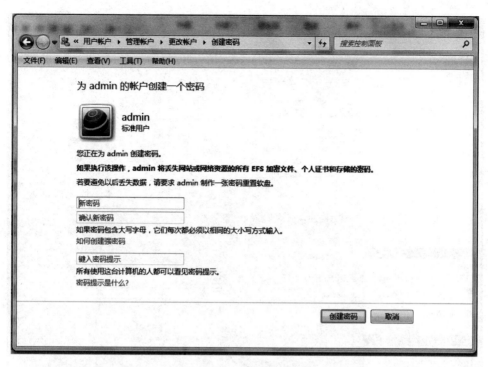

图 5.1.32 创建密码窗口

2）使用 SQL Server Management Studio 添加 Windows 登录账户

（1）以 sa 管理员身份登录到 SQL Server 2008 的 SQL Server Management Studio。

（2）打开 SQL Server Management Studio 中的"对象管理器"，展开"安全性"节点，右击"登录名"，在弹出的快捷菜单（见图 5.1.33）中选择"新建登录名"，弹出"登录名-新建"对话框，如图 5.1.34 所示。

图 5.1.33 "新建登录名"
快捷菜单

（3）在"常规"选择页中，选择"Windows 身份验证"，在"登录名"文本框中，输入要被授权访问的 SQL Server 的 Windows 账户，也可以单击"登录名"文本框右侧的"搜索"按钮，在弹出的对话框中选择用户。

（4）"在默认数据库"下拉列表框中，选择用户登录到 SQL Server 实例的数据库。在"默认语言"下拉列表框中，选择显示给用户的信息所用的默认语言。单击"确定"按钮，完成登录名的创建。

3）使用 SQL Server Management Studio 添加 SQL Server 登录账户

（1）以 sa 管理员身份登录到 SQL Server 2008 的 SQL Server Management Studio。

（2）在"对象管理器"中，展开"安全性"节点，右击"登录名"，在弹出的快捷菜单中选择"新建登录名"，弹出"登录名-新建"对话框，如图 5.1.34 所示。

（3）在"常规"选择页中，选择"SQL Server 身份验证"，在"登录名"文本框中，输入要被授权访问的 SQL Server 的账户，输入密码和确认密码。

（4）在"默认数据库"下拉列表框中，选择用户登录到 SQL Server 实例的数据库。在

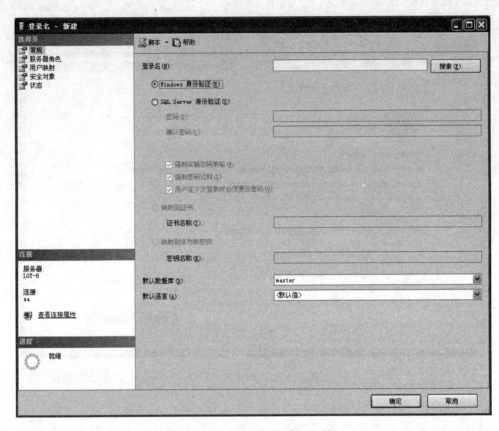

图 5.1.34 "登录名-新建"对话框

"默认语言"下拉列表框中,选择显示给用户的信息所用的默认语言。单击"确定"按钮,完成登录名的创建。

3. 创建数据视图

1) 建立包含部门信息的工资视图

为方便按部门汇总工资,建立包含部门信息的工资视图,在 SQL Server Management Studio 下新建查询,输入并执行如下代码:

```
/*建立包含部门信息的工资视图*/
CREATE VIEW D_E_S
AS SELECT
Employee. EmpId, Department. DepId, BaseSal, SalSup, Bonus, Subsidy, Pay, Prfund, Rent, WeRent, SalPaid
FROM Employee,Department,Salary
WHERE Employee. EmpId = Salary. EmpId AND Employee. DepId = Department. DepId
```

2) 建立包含职务信息的工资视图

为方便按职务汇总工资,建立包含职务信息的工资视图,输入并执行如下代码:

```
/*建立包含职务信息的工资视图*/
CREATE VIEW P_E_S
AS SELECT
Employee. EmpId,Position. PosId,BaseSal,SalSup,Bonus,Subsidy,Pay,Prfund,Rent,WeRent,SalPaid
```

```
FROM Employee, Position, Salary
WHERE Employee.EmpId = Salary.EmpId AND
Employee.PosId = Position.PosId
```

4. 创建存储过程

常用的数据访问操作放在存储过程来实现,这样能够有效地提升系统性能。在 SQL Server Management Studio 下新建查询,分别输入并执行如下代码:

1) 与部门表 Department 相关存储过程代码

```
/*插入部门信息的存储过程*/
IF exists(SELECT name FROM sysobjects WHERE name = 'Insert_Department' AND type = 'P')
DROP PROCEDURE Insert_Department
GO
CREATE PROCEDURE Insert_Department
@DepId char(3),
@DepName varchar(20)
AS
INSERT INTO Department(DepId, DepName)
VALUES(@DepId, @DepName)


/*更新部门信息的存储过程*/
IF exists(SELECT name FROM sysobjects WHERE name = 'Update_Department' AND type = 'P')
DROP PROCEDURE Update_Department
GO
CREATE PROCEDURE Update_Department
@DepId char(3),
@DepName varchar(20)
AS
UPDATE Department
SET DepName = @DepName WHERE DepId = @DepId


/*显示部门表中的记录*/
IF exists(SELECT name FROM sysobjects WHERE name = 'ShowDepartment' AND type = 'P')
DROP PROCEDURE ShowDepartment
GO
CREATE PROCEDURE ShowDepartment
AS
SELECT DepId AS "部门编号", DepName AS "部门名称" FROM Department


/*删除部门信息存储过程*/
IF exists(SELECT name FROM sysobjects WHERE name = 'Delete_Department' AND type = 'P')
DROP PROCEDURE Delete_Department
GO
CREATE PROCEDURE Delete_Department
@DepId char(3)
AS
DELETE FROM Department WHERE DepId = @DepId
```

2) 与职务表 Position 相关存储过程代码

```
/*插入职务信息存储过程*/
```

```
IF exists(SELECT name FROM sysobjects WHERE name = 'Insert_Position' AND type = 'P')
DROP PROCEDURE Insert_Position
GO
CREATE PROCEDURE Insert_Position
@PosId char(3),
@PosName varchar(20)
AS
INSERT INTO Position(PosId, PosName)
VALUES(@PosId, @PosName)
```

```
/* 更新职务信息存储过程 */
IF exists(SELECT name FROM sysobjects WHERE name = 'Update_Position' AND type = 'P')
DROP PROCEDURE Update_Position
GO
CREATE PROCEDURE Update_Position
@PosId char(3),
@PosName varchar(20)
AS
UPDATE Position
SET PosName = @Posname WHERE PosId = @PosId
```

```
/* 显示职务信息存储过程 */
IF exists(SELECT name FROM sysobjects WHERE name = 'ShowPosition' AND type = 'P')
DROP PROCEDURE ShowPosition
GO
CREATE PROCEDURE ShowPosition
AS
SELECT PosId AS "职务编号", PosName AS "职务名称" FROM position
```

```
/* 删除职务信息存储过程 */
IF exists(SELECT name FROM sysobjects WHERE name = 'Delete_Position' AND type = 'P')
DROP PROCEDURE Delete_Position
GO
CREATE PROCEDURE Delete_Position
@PosId char(3)
AS
DELETE FROM Position WHERE PosId = @PosId
```

3) 与员工表 Employee 相关存储过程代码

```
/* 员工信息插入存储过程 */
IF exists(SELECT name FROM sysobjects WHERE name = 'Insert_Employee' AND type = 'P')
DROP PROCEDURE Insert_Employee
GO
CREATE PROCEDURE Insert_Employee
@EmpId char(5),
@EmpName varchar(10),
@Sex char(2),
@Birthday datetime,
@Workdate datetime,
@DepId char(3),
```

```
@PosId char(3),
@Tel varchar(11),
@Address varchar(20)
AS
INSERT INTO Employee(EmpId, EmpName, Sex, Birthday, Workdate, DepId, PosId, Tel, Address)
VALUES(@EmpId, @EmpName, @Sex, @Birthday, @Workdate, @DepId, @PosId, @Tel, @Address)

/*显示 Employee 表员工信息*/
IF exists(SELECT name FROM sysobjects WHERE name = 'ShowEmployee' AND type = 'P')
DROP PROCEDURE ShowEmployee
GO
CREATE PROCEDURE ShowEmployee
AS
    SELECT EmpId AS 员工编号, EmpName AS 姓名, Sex AS 性别, Birthday AS 出生日期,
           Workdate AS 工作时间, DepId AS 部门编号, PosId AS 职务编号, Tel AS 电话,
           Address AS 地址 FROM Employee/* SET NOCOUNT ON */
    RETURN

/*员工信息删除*/
IF exists(SELECT name FROM sysobjects WHERE name = 'Delete_Employee' AND type = 'P')
DROP PROCEDURE Delete_Employee
GO
CREATE PROCEDURE Delete_Employee
@EmpId char(5)
AS
DELETE FROM Employee WHERE EmpId = @EmpId

/*员工信息更新*/
IF exists(SELECT name FROM sysobjects WHERE name = 'Update_Employee' AND type = 'P')
DROP PROCEDURE Update_Employee
GO
CREATE PROCEDURE Update_Employee
@EmpId char(5),
@EmpName varchar(10),
@Sex char(2),
@Birthday datetime,
@Workdate datetime,
@DepId char(3),
@PosId char(3),
@Tel varchar(11),
@Address varchar(20)
AS
UPDATE employee
SET EmpName = @EmpName, Sex = @Sex, Birthday = @Birthday, Workdate = @Workdate,
    DepId = @DepId, Tel = @Tel, Address = @Address WHERE EmpId = @EmpId

/*按员工编号、员工姓名、部门、职务查询员工信息*/
IF exists(SELECT name FROM sysobjects WHERE name = 'GetEmployeeInfo' AND type = 'P')
DROP PROCEDURE GetEmployeeInfo
GO
CREATE PROCEDURE GetEmployeeInfo
```

```
    @Range int,                              -- 查询范围
    @Value varchar(20),                      -- 查询值
    @Start int,                              -- 起始行数
    @Count int                               -- 返回行数
AS
BEGIN
IF (@Range = 0)                              -- 查所有
    BEGIN
    SELECT 员工号, 姓名, 性别, 生日, 工作时间, 部门, 职位, 电话, 地址 FROM
     ( SELECT Employee.EmpId AS "员工号", Employee.EmpName AS "姓名",
    Employee.Sex AS "性别", Employee.Birthday AS "生日", Employee.Workdate AS "工作时间",
Department.DepName AS "部门", Position.PosName AS "职位", Employee.Tel AS "电话",
        Employee.Address AS "地址", row_number() OVER (ORDER BY Employee.EmpId)
AS "RowNumber" FROM Employee INNER JOIN Department ON
Employee.DepId = Department.DepId INNER JOIN Position ON
Employee.Posid = Position.PosId) AS TEMP
        WHERE ((RowNumber > @Start) AND (RowNumber < @Start + @Count + 1))
    END
IF (@Range = 1)                              -- 按员工 Id 查询
    BEGIN
      SELECT 员工号, 姓名, 性别, 生日, 工作时间, 部门, 职位, 电话, 地址 FROM
       (SELECT Employee.EmpId AS "员工号", Employee.EmpName AS "姓名",
Employee.Sex AS "性别", Employee.Birthday AS "生日", Employee.Workdate AS "工作时间",
Department.DepName AS "部门", Position.PosName AS "职位", Employee.Tel AS "电话",
        Employee.Address AS "地址", row_number() OVER (ORDER BY Employee.EmpId)
AS "RowNumber"FROM Employee INNER JOIN Department ON
Employee.DepId = Department.DepId INNER JOIN Position ON
Employee.PosId = Position.PosId WHERE (Employee.EmpId= @Value)) AS TEMP
        WHERE ((RowNumber > @Start) AND (RowNumber < @Start + @Count + 1))
    END
IF (@Range = 2)                              -- 按员工姓名查询
    BEGIN
      SELECT 员工号, 姓名, 性别, 生日, 工作时间, 部门, 职位, 电话, 地址 FROM
       (SELECT Employee.EmpId AS "员工号", Employee.EmpName AS "姓名",
Employee.Sex AS "性别", Employee.Birthday AS "生日", Employee.Workdate AS "工作时间",
Department.DepName AS "部门", Position.PosName AS "职位", Employee.Tel AS "电话",
        Employee.Address AS "地址", row_number() OVER (ORDER BY Employee.EmpId)
AS "RowNumber" FROM Employee INNER JOIN Department ON
Employee.DepId = Department.DepId INNER JOIN Position ON
Employee.PosId = Position.PosId WHERE (Employee.EmpName = @Value)) AS TEMP
        WHERE ((RowNumber > @Start) AND (RowNumber < @Start + @Count + 1))
      END
IF (@Range = 3)                              -- 按部门查询
    BEGIN
    SELECT 员工号, 姓名, 性别, 生日, 工作时间, 部门, 职位, 电话, 地址 FROM
     (SELECT Employee.EmpId AS "员工号", Employee.EmpName AS "姓名",
Employee.Sex AS "性别", Employee.Birthday AS "生日", Employee.Workdate AS "工作时间",
Department.DepName AS "部门", Position.PosName AS "职位", Employee.Tel AS "电话",
    Employee.Address AS "地址", row_number() OVER (ORDER BY Employee.EmpId)
AS "RowNumber" FROM Employee INNER JOIN Department ON
Employee.DepId = Department.DepId INNER JOIN Position ON
```

```
Employee.PosId = Position.PosId WHERE Employee.DepId IN (SELECT Department.DepId
FROM Department WHERE Department.DepName = @Value)) AS TEMP
    WHERE ((RowNumber > @Start) AND (RowNumber < @Start + @Count + 1))
    END
IF (@Range = 4)                          -- 按职务查询
    BEGIN
    SELECT 员工号, 姓名, 性别, 生日, 工作时间, 部门, 职位, 电话, 地址 FROM
    (SELECT Employee.EmpId AS "员工号", Employee.EmpName AS "姓名",
Employee.Sex AS "性别", Employee.Birthday AS "生日", Employee.Workdate AS "工作时间",
Department.DepName AS "部门", Position.PosName AS "职位", Employee.Tel AS "电话",
    Employee.Address AS "地址", row_number() OVER (ORDER BY Employee.EmpId)
AS "RowNumber"FROM Employee INNER JOIN Department ON
Employee.DepId = Department.DepId INNER JOIN Position ON
Employee.PosId = Position.PosId WHERE Employee.PosId IN (SELECT Position.PosId
FROM Position WHERE Position.PosName = @Value) ) AS TEMP
    WHERE ((RowNumber > @Start) AND (RowNumber < @Start + @Count + 1))
    END
END


    /* 按条件查询并给出查询统计人数 */
    IF exists(SELECT name FROM sysobjects WHERE name = 'GetEmployeeInfoCount' AND type = 'P')
    DROP PROCEDURE GetEmployeeInfoCount
    GO
    CREATE PROCEDURE GetEmployeeInfoCount
    @Range int,                          -- 查询范围
        @Value varchar(20)               -- 查询值
    AS
     BEGIN
      IF (@Range = 0)                    -- 查所有
      SELECT count(*) FROM Employee INNER JOIN Department ON
      Employee.DepId = Department.DepId INNER JOIN Position ON Employee.PosId = Position.PosId
    IF (@Range = 1)                      -- 按员工 Id 查询
      BEGIN
      SELECT count(*) FROM Employee INNER JOIN Department ON
      Employee.DepId = Department.DepId INNER JOIN Position ON Employee.PosId = Position.PosId
        WHERE (Employee.EmpId = @Value)
      END
    IF (@Range = 2)                      -- 按员工姓名查询
      BEGIN
       SELECT count(*) FROM Employee INNER JOIN Department ON
       Employee.DepId = Department.DepId INNER JOIN Position ON Employee.PosId = Position.PosId
        WHERE (Employee.EmpName = @Value)
      END
    IF (@Range = 3)                      -- 按部门查询
      BEGIN
        SELECT count(*) FROM Employee INNER JOIN Department ON
        Employee.DepId = Department.DepId INNER JOIN Position ON Employee.PosId = Position.PosId
        WHERE Employee.DepId IN (SELECT Department.DepId FROM Department
        WHERE Department.DepName = @Value)
      END
    IF (@Range = 4)                      -- 按职务查询
```

```
    BEGIN
    SELECT count( * ) FROM Employee INNER JOIN Department ON
    Employee.DepId = Department.DepId INNER JOIN Position ON Employee.PosId = Position.PosId
        WHERE Employee.PosId IN (SELECT Position.PosId FROM Position
        WHERE Position.PosName = @Value)
    END
END
```

4）与工资表 Salary 相关存储过程代码

```
/ * 输入员工工资 * /
IF exists(SELECT name FROM sysobjects WHERE name = 'Insert_Salary' AND type = 'P')
DROP PROCEDURE Insert_Salary
GO
CREATE PROCEDURE Insert_Salary
@EmpId char(5),
@BaseSal decimal(8,2),
@SalSup decimal(8,2),
@Bonus decimal(8,2),
@Subsidy decimal(8,2),
@Pay decimal(9,2),
@Prfund decimal(8,2),
@Rent decimal(8,2),
@WeRent decimal(8,2),
@SalPaid decimal(9,2)
AS
INSERT INTO Salary(EmpId,BaseSal,SalSup,Bonus,Subsidy,Pay,Prfund,Rent,WeRent,SalPaid)
VALUES
  (@EmpId, @BaseSal, @SalSup, @Bonus, @Subsidy, @Pay, @Prfund, @Rent, @WeRent,
@SalPaid)


/ * 修改员工工资 * /
IF exists(SELECT name FROM sysobjects WHERE name = 'Update_Salary' AND type = 'P')
DROP PROCEDURE Update_Salary
GO
CREATE PROCEDURE Update_Salary
@EmpId char(5),
@BaseSal decimal(8,2),
@SalSup decimal(8,2),
@Bonus decimal(8,2),
@Subsidy decimal(8,2),
@Pay decimal(9,2),
@Prfund decimal(8,2),
@Rent decimal(8,2),
@WeRent decimal(8,2),
@SalPaid decimal(9,2)
AS UPDATE Salary
SET EmpId = @EmpId,
    BaseSal = @BaseSal,
    SalSup = @SalSup,
    Bonus = @Bonus,
```

```
        Subsidy = @Subsidy,
        Pay = @Pay,
        Prfund = @Prfund,
        Rent = @Rent,
        WeRent = @WeRent,
        SalPaid = @SalPaid
    WHERE EmpId = @EmpId


    /* 删除员工工资 */
    IF exists(SELECT name FROM sysobjects WHERE name = 'Delete_Salary' AND type = 'P')
    DROP PROCEDURE Delete_Salary
    GO
    CREATE PROCEDURE Delete_Salary
    @EmpId char(5)
    AS
    DELETE FROM Salary WHERE EmpId = @EmpId


    /* 按员工号、员工姓名、部门、职务查询工资及全部员工的工资 */
IF exists(SELECT name FROM sysobjects WHERE name = 'GetSalaryInfo' AND type = 'P')
DROP PROCEDURE GetSalaryInfo
GO
CREATE PROCEDURE GetSalaryInfo          -- Add the parameters for the stored PROCEDURE here
    @Range int,                         -- 查询范围
    @Value varchar(20),                 -- 查询值
    @Start int,                         -- 起始行数
    @Count int                          -- 返回行数
AS
BEGIN
IF (@Range = 0)                         -- 查所有
BEGIN
    SELECT 员工号, 姓名, 基本工资, 附加工资, 奖金, 补贴, 应发工资, 公积金, 房租,
水电费, 实发工资 FROM (SELECT Salary.EmpId AS "员工号",
Employee.EmpName AS "姓名", Salary.BaseSal AS "基本工资", Salary.SalSup AS "附加工资",
Salary.Bonus AS "奖金", Salary.Subsidy AS "补贴", Salary.Pay AS "应发工资",
    Salary.Prfund AS "公积金", Salary.Rent AS "房租", Salary.WeRent AS "水电费",
Salary.SalPaid AS "实发工资",
    row_number() OVER (ORDER BY Salary.EmpId) AS "RowNumber"
    FROM Salary INNER JOIN Employee ON Salary.EmpId = Employee.EmpId ) AS TEMP
    WHERE ((RowNumber > @Start) AND (RowNumber < @Start + @Count + 1))
END
IF (@Range = 1)                         -- 按员工 Id 查询
BEGIN
    SELECT 员工号, 姓名, 基本工资, 附加工资, 奖金, 补贴, 应发工资, 公积金, 房租,
水电费, 实发工资 FROM(SELECT Salary.EmpId AS "员工号",
Employee.EmpName AS "姓名", Salary.BaseSal AS "基本工资", Salary.SalSup AS "附加工资",
Salary.Bonus AS "奖金", Salary.Subsidy AS "补贴", Salary.Pay AS "应发工资",
    Salary.Prfund AS "公积金", Salary.Rent AS "房租", Salary.WeRent AS "水电费",
Salary.SalPaid AS "实发工资",
    row_number() OVER (ORDER BY Salary.EmpId) AS "RowNumber"
    FROM Salary INNER JOIN Employee ON Salary.EmpId = Employee.EmpId
```

```
            WHERE (Employee.EmpId = @Value) ) AS TEMP
            WHERE ((RowNumber > @Start) AND (RowNumber < @Start + @Count + 1))
    END
IF (@Range = 2)                           -- 按员工姓名查询
    BEGIN
        SELECT 员工号, 姓名, 基本工资, 附加工资, 奖金, 补贴, 应发工资, 公积金, 房租,
        水电费, 实发工资 FROM (SELECT Salary.EmpId AS "员工号",
        Employee.EmpName AS "姓名", Salary.BaseSal AS "基本工资", Salary.SalSup AS "附加工资",
        Salary.Bonus AS "奖金", Salary.Subsidy AS "补贴", Salary.Pay AS "应发工资",
        Salary.Prfund AS "公积金", Salary.Rent AS "房租", Salary.WeRent AS "水电费",
        Salary.SalPaid AS "实发工资",
         row_number() OVER (ORDER BY Salary.EmpId) AS "RowNumber"
         FROM Salary INNER JOIN Employee ON Salary.EmpId = Employee.EmpId
         WHERE (Employee.EmpName = @Value)) AS TEMP
         WHERE ((RowNumber > @Start) AND (RowNumber < @Start + @Count + 1))
        END
    IF (@Range = 3)                       -- 按部门查询
        BEGIN
            SELECT 员工号, 姓名, 基本工资, 附加工资, 奖金, 补贴, 应发工资, 公积金, 房租,
        水电费, 实发工资 FROM(SELECT Salary.EmpId AS "员工号",
        Employee.EmpName AS "姓名", Salary.BaseSal AS "基本工资", Salary.SalSup AS "附加工资",
        Salary.Bonus AS "奖金", Salary.Subsidy AS "补贴", Salary.Pay AS "应发工资",
        Salary.Prfund AS "公积金", Salary.Rent AS "房租", Salary.WeRent AS "水电费",
        Salary.SalPaid AS "实发工资", row_number()
        OVER (ORDER BY Salary.EmpId) AS "RowNumber" FROM Salary INNER JOIN
         Employee ON Salary.EmpId = Employee.EmpId
         WHERE Employee.DepId IN (SELECT Department.DepId FROM Department
         WHERE Department.DepName = @Value)) AS TEMP
         WHERE ((RowNumber > @Start) AND (RowNumber < @Start + @Count + 1))
        END
    IF (@Range = 4)                           -- 按职务查询
        BEGIN
            SELECT 员工号, 姓名, 基本工资, 附加工资, 奖金, 补贴, 应发工资, 公积金, 房租,
        水电费, 实发工资 FROM (SELECT Salary.EmpId AS "员工号", Employee.EmpName AS "姓名",
        Salary.BaseSal AS "基本工资", Salary.SalSup AS "附加工资", Salary.Bonus AS "奖金",
        Salary.Subsidy AS "补贴", Salary.Pay AS "应发工资", Salary.Prfund AS "公积金",
        Salary.Rent AS "房租", Salary.WeRent AS "水电费", Salary.SalPaid AS "实发工资",
        row_number() OVER (ORDER BY Salary.EmpId) AS "RowNumber" FROM Salary
        INNER JOIN Employee ON Salary.EmpId = Employee.EmpId
        WHERE Employee.PosId IN (SELECT Position.PosId FROM Position
        WHERE Position.PosName = @Value)) AS TEMP
        WHERE ((RowNumber > @Start) AND (RowNumber < @Start + @Count + 1))
        END
    END


    /* 统计按员工 Id、员工姓名、部门、职务查询员工工资及全部员工的工资 */
    IF exists(SELECT name FROM sysobjects WHERE name = 'GetSalaryInfoCount' AND type = 'P')
    DROP PROCEDURE GetSalaryInfoCount
    GO
    CREATE PROCEDURE GetSalaryInfoCount -- Add the parameters for the stored PROCEDURE here
        @Range int,                       -- 查询范围
```

```
    @Value varchar(20)                -- 查询值
AS
BEGIN
  IF (@Range = 0)                     -- 查所有
    SELECT count(Salary.EmpId) FROM Salary INNER JOIN Employee ON
    Salary.EmpId = Employee.EmpId
  IF (@Range = 1)                     -- 按员工 Id 查询
    SELECT count(Salary.EmpId) FROM Salary INNER JOIN Employee ON
    Salary.EmpId = Employee.EmpId WHERE (Employee.EmpId = @Value)
  IF (@Range = 2)                     -- 按员工姓名查询
    SELECT count(Salary.EmpId) FROM Salary INNER JOIN Employee ON
    Salary.EmpId = Employee.EmpId WHERE (Employee.EmpName = @Value)
  IF (@Range = 3)                     -- 按部门查询
    SELECT count(Salary.EmpId) FROM Salary INNER JOIN Employee ON
    Salary.EmpId = Employee.EmpId WHERE Employee.DepId IN (SELECT Department.DepId
    FROM Department WHERE Department.DepName = @Value)
  IF (@Range = 4)                     -- 按职务查询
    SELECT count(Salary.EmpId) FROM Salary INNER JOIN Employee ON
    Salary.EmpId = Employee.EmpId WHERE Employee.PosId IN (SELECT Position.PosId
    FROM Position WHERE Position.PosName = @Value)
END
```

5) 与用户表 UserInfo 相关存储过程代码

```
IF exists(SELECT name FROM sysobjects WHERE name = 'Insert_UserInfo' AND type = 'P')
DROP PROCEDURE Insert_UserInfo
GO
CREATE PROCEDURE Insert_UserInfo
@UserId char(10),
@UserName varchar(10),
@Password varchar(10),
@Limits varchar(10)
AS
INSERT INTO UserInfo(UserId, Username, Password, Limits)
    VALUES(@UserId, @UserName, @Password, @Limits)
    /* 建立更新用户信息的存储过程 */
    IF exists(SELECT name FROM sysobjects WHERE name = 'Update_UserInfo' AND type = 'P')
    DROP PROCEDURE Update_UserInfo
    GO
    CREATE PROCEDURE Update_UserInfo
    @UserId char(10),
    @UserName varchar(10),
    @Password varchar(10),
    @Limits varchar(10)
    AS
    UPDATE UserInfo
    SET UserId = @UserId, UserName = @UserName, Password = @Password, Limits = @Limits

    /* 建立删除用户信息的存储过程 */
    IF exists(SELECT name FROM sysobjects WHERE name = 'Delete_UserInfo' AND type = 'P')
    DROP PROCEDURE Delete_UserInfo
```

```
GO
CREATE PROCEDURE Delete_UserInfo
@UserId char(10)
AS
DELETE FROM UserInfo WHERE UserId = @UserId
```

6)汇总工资存储过程代码

```
/*按部门汇总员工工资*/
IF exists(SELECT name FROM sysobjects WHERE name = 'Total_Salary_Department' AND type = 'P')
DROP PROCEDURE Total_Salary_Department
GO
CREATE PROCEDURE Total_Salary_Department AS
BEGIN
IF exists(SELECT name FROM sysobjects WHERE name = 'Total_Department' AND type = 'U')
DROP TABLE Total_Department
SELECT DepId, sum(BaseSal) AS BaseSal, sum(SalSup) AS SalSup,
sum(Bonus) AS Bonus, sum(Subsidy) AS Subsidy,
sum(Pay) AS Pay, sum(Prfund) AS Prfund, sum(Rent) AS Rent, sum(WeRent)
AS WeRent, sum(SalPaid) AS SalPaid
INTO Total_Department
FROM D_E_S
GROUP BY DepId
END


/*按职务汇总员工工资*/
IF exists(SELECT name FROM sysobjects WHERE name = 'Total_Salary_Position' AND type = 'P')
DROP PROCEDURE ToTal_Salary_Position
GO
CREATE PROCEDURE Total_Salary_Position AS
BEGIN
IF exists(SELECT name FROM sysobjects WHERE name = 'Total_Position' AND type = 'U')
DROP TABLE Total_Position
SELECT PosId, sum(BaseSal) AS BaseSal, sum(SalSup) AS SalSup, sum(Bonus) AS Bonus,
sum(Subsidy) AS Subsidy, sum(Pay) AS Pay, sum(Prfund) AS Prfund, sum(Rent) AS Rent,
sum(WeRent) AS WeRent, sum(SalPaid) AS SalPaid
INTO Total_Position
FROM P_E_S
GROUP BY PosId
END


/*显示按职务汇总的工资*/
IF exists(SELECT name FROM sysobjects WHERE name = ' Show_Total_Position' AND type = 'P')
DROP PROCEDURE Show_Total_Position
GO
CREATE PROCEDURE Show_Total_Position AS
BEGIN
SELECT Position.PosName AS 职务, BaseSal AS 基本工资, SalSup AS 附加工资, Bonus AS 奖金,
```

Subsidy AS 补贴, Pay AS 应发工资, Prfund AS 公积金, Rent AS 房租, WeRent AS 水电费,
SalPaid AS 实发工资 FROM Position, Total_position WHERE position.PosId = Total_Position.PosId
END

/*显示按部门汇总的工资*/
IF exists(SELECT name FROM sysobjects WHERE name = 'Show_Total_Department' AND type = 'P')
DROP PROCEDURE Show_Total_Department
GO
CREATE PROCEDURE Show_Total_Department AS
BEGIN
SELECT Department.DepName AS 部门, BaseSal AS 基本工资, SalSup AS 附加工资,
Bonus AS 奖金, Subsidy AS 补贴, Pay AS 应发工资, Prfund AS 公积金, Rent AS 房租,
WeRent AS 水电费, SalPaid AS 实发工资
FROM Department, Total_Department WHERE Department.DepId = Total_Department.DepId
END

5.1.6 实验结果与报告

1. 实验结果

本实验的主要目的是完成数据库及表的建立,因此正确的实验结果是按系统需求建立数据库及表,并能利用数据库中的表存储数据。经检查,数据库能存储系统要求的数据,则该实验项目结束。

2. 实验报告

实验报告首先要说明需建立的数据库的要求,然后描述数据库的建立过程。实验过程的描述可以参照上述实验步骤进行书写。实验的结果应将建立的数据表的结构打印出来,写出相关内容,如索引、约束、表关系、字段含义等的中文说明,并给出各存储过程执行的结果。

5.2 实验2:输入设计实验

5.2.1 实验目的

信息系统输入模块是信息系统数据的入口,通过输入设计实验,掌握输入设计的原则、输入设计的内容、输入数据的检测方法、输入界面设计的方法,掌握运用相关计算机语言或软件开发工具将设计模块实现的方法与过程。

5.2.2 实验内容与要求

根据信息系统的需求及系统总体设计的要求,在完成实验1(数据库设计实验)的基础上,利用软件开发工具或计算机语言实现信息系统的输入模块,将有关数据存入数据库,写出输入设计的相关说明。

5.2.3 实验预备知识

1. 输入设计的原则

(1)最小量原则。最小量是指在保证满足处理要求的前提下使输入的数据量尽可能

少。减少输入的数据量,可以保证数据的一致性,提高数据输入的效率。例如,在输入一张销售单据时,销售日期可以通过函数取系统当前日期,销售单号由系统按一定的规则自动生成,商品名称采用下拉列表框选择或智能联想输入,金额由系统自动计算,只有销售单价及销售数量需要键盘输入。

(2) 简单性原则。输入准备、输入过程应尽量简单,以减少错误的发生。例如,在销售商品时,预先对所销售的商品贴上条形码,在销售商品时采用光电读入技术,利用条形码输入商品信息。

(3) 检验原则。对输入的数据尽早进行检验,使错误能得到及时改正,避免不必要的损失或做无用的工作。例如,填写销售单时,应利用系统自动进行销售的商品数量与库存商品数量的核对,避免开出无效的销售单。

(4) 少转换原则。输入的数据尽量用其处理所需形式记录到数据库中,以免数据转换时发生错误或降低系统的效率。例如,需要进行数值计算的数据应采用数值型,需要进行字符处理的数据采用字符型等。另外,少转换原则也指尽可能利用原始的数据(如单据、台账等)直接进行输入,减少进行中间处理的环节。

(5) 高效率原则。对输入的数据,特别是在数据量比较大且正确性要求高的情况下尽可能采用自动化手段提高输入的效率。

(6) 符合用户习惯原则。为了提高输入数据的正确性,减少用户学习系统使用时间及降低出错率,尽可能采用用户习惯的格式进行数据输入。

(7) 提供帮助原则。为所有输入动作提供在线帮助功能,有助于用户正确地输入数据及引导用户完成输入的功能。

2. 输入设计的内容

(1) 确定输入数据内容。输入数据的内容设计,包括确定输入数据项目名称、数据内容、精度、数据取值范围等。例如,要输入一张销售单,输入的数据项包括日期、销售单编号、商品名称、规格、单价、数量、金额、开单人等,其中数量的取值范围为大于 0 且小于等于库存量,单价、金额的精度为小数点后两位。

(2) 数据输入的方式。数据输入通常有两种方法:成批输入和联机输入(也称交互式输入)。如果数据的发生时间是随机的,又要求立即处理,则采用联机输入。例如,销售单的输入、入库单的输入等一般采用联机输入。对于数据发生后可以不立即处理的,可以采用成批输入。例如,工资数据的输入、学生考试成绩的输入等可以采用成批输入。

(3) 确定输入设备。常见的输入设备有:

① 键盘。由数据录入人员通过工作站或微型计算机输入数据,经正确性检查后存入磁盘。这种方法成本低,使用灵活,但速度较低,适用于变化较大且不能事先确定的数据输入。

② 鼠标。鼠标是常用的一种定位输入设备,适用于预先确定的数据的选择输入。

③ 光电阅读器。采用光笔读入光学标记条形码或扫描录入纸上的文字。光电阅读器适用于自选商场、借书、专户财务处理等快速数据录入的场合。

(4) 输入格式设计。在屏幕上通过键盘、鼠标、光电阅读器等实现数据的输入是目前广泛使用的输入方法,常用的数据输入格式有表格式、自由式等两种,一般应根据用户的要求来设计。在设计输入格式时应遵循便于填写、便于归档、保证精度等基本原则。

(5) 数据正确性检查的方法。在输入时对输入的数据进行检查是非常重要的,它是避免垃圾进垃圾出的重要保证。常用的输入检查方法有：

① 有效性控制。通常采用增加校验位的方法或检查输入数据的位数等来检查数据的正确性。如输入身份证号码时检查输入数据的位数必须是18位及是否符合编码规则等。

② 组合检查。组合检查是利用两个或更多个相关的属性来检查输入数据的一种方法。例如，电视生产厂家是"长虹"，则电视机名称必须是由"长虹"及其型号构成的有限集合。

③ 格式检查。即按照数据的已知格式需求比照输入的数据。例如有些数据必须以0开头，有些数据使用标准符号（如电子邮件地址必须有@在字符串中间）等。

④ 取值范围检查。即确定是否每个输入域的数据都落在为那个域定义的合法取值范围内。例如，学生某门课的成绩可能会设置一个下限（如0分），一个上限（如100分）。

⑤ 存在性检查。确定输入过程中所要求的数据是否已经被输入了，如果已经存在则不能再次输入。如新输入的学生学号，若该学号在系统中已经存在，由于不能重复，则不允许输入。

⑥ 完备性检查。即确保所有必需的数据是完备的。例如，在输入销售单时，必须输入商品名称、数量、单价等数据，否则不予保存输入的销售单。

3. 输入设计的GUI控件

在Windows界面或Web界面上，通过GUI（图形用户界面）控件可实现简化用户输入操作、减少输入错误，并且减少开发人员的工作量。GUI控件的使用方法通常是通过设置这些控件的属性及简单的过程程序来控制它。常用的GUI控件如下。

（1）文本框。文本框通常由一个带有标题的矩形框构成。这个GUI控件要求用户在框中输入数据，可以输入单行或者多行数据字符。当文本框中包含了多行数据时，通常还具有滚动特征。当输入数据的值在范围上没有限制，而且分析员不能给用户提供一个有意义的值列表供选择时，使用文本框最合适。例如，单行文本框适合用于收集新客户的名字，因为客户名字的可能值几乎不可能被预先确定。

使用文本框时，应遵循如下原则：文本框应该具有一个有意义的描述性标题；标题不要使用缩写；标题应该放置在实际文本框的左边，或者以左对齐的方式显示在文本框的上面；文本框的大小应该足够大，其宽度应使用户能够输入和查看固定长度输入数据的所有字符；当输入数据的长度可变并且数据长度可能很长时，应该使用文本框的滚动和自动换行特征。

（2）单选按钮。单选按钮为用户提供了一种方便的方法，可以快速地从一个值集合中标识和选择一个特定值。单选按钮由一个小圆圈和一个相关的文本描述构成，文本描述对应了相应的选择值，圆圈位于选择值的文本描述的左边。单选按钮通常成组出现——每个值一个单选按钮。当用户从值集合中选择了合适的选项时，对应那个选项的圆圈就被部分地填充以指示它被选中。当一个选项被选择时，就取消任何默认的或者以前选中的选项圆圈的选定。单选按钮还为用户提供了通过键盘或者鼠标选择的灵活性。当期望用户输入具有有限的、预定义的、互斥的值集合数据时，单选按钮最合适。例如，对于性别，系统将希望从值集合"女""男"中选择唯一的一个值。

当使用单选按钮作为数据输入方式时，需要考虑几个使用指南。首先，要有助于用户浏览，单选按钮应该垂直对齐（或水平对齐）并以左对齐的方式显示各个选项。选项组应该可视地组合在一起，以便于把它们同屏幕上显示的其他输入控件区分开。选项组还应该具有合适的、有意义的标题。例如，用于"男""女"的单选按钮可以垂直对齐并以左对齐的方式显示，然后在选项组上面以左对齐的方式显示题头/标题"性别"。其次，对选项的顺序也应该给予考虑。选项数量越多,越应该考虑浏览和辨识选项的方便性。

(3) 复选框。复选框由一个正方形框后跟一个输入域的描述文本构成,用户为这个域提供 YES/NO 值。用户既可以使用键盘也可以使用鼠标选择复选框。值为 YES 的输入数据域用一个填充了"√"的正方形表示,没有"√"意味着输入域的值为 NO。用户只需将输入值集合由简单的 YES 或 NO 值构成数据域。例如,一个医疗门诊的接待员可能要在一个填写好的病人信息表格中输入数据,其中过去病史中的各种疾病就可用复选框。

(4) 列表框。列表框是要求用户从一列可能的选项中选择一个数据项的控件。列表框是一个矩形框,其中包含了一行或多行可能的数据值。列表框中的数据值可以采用文本或图形表示。具有大量可能值的列表框可以包括滚动条。列表框行也可能包含多列,如显示学号时同时显示学生姓名。当希望用户选择固定的值且可供选择的值的个数较多(或可供选择值来源于数据库的表)时采用列表框。

在使用列表框时,应注意以下几个方面的问题:

① 注意列表框的大小,其宽度应该足够输入和查看最长的固定长度输入数据项;列表框的长度至少应该显示 3 个选项,但不超过 7 个选项;可以使用滚动条向用户表示还有其他选项。

② 建议列表框包含一个突出显示的默认值。

③ 列表框应具有一个描述性标题,标题尽量不用缩写。

④ 应考虑用户能否方便浏览和辨识列表框中的选项,选项的排列应按某规则排序。

(5) 下拉式列表。下拉式列表是另一种要求用户从一列可能选项中选择一个数据项的 GUI 控件。下拉式列表由一个带有连接到边上小按钮的矩形选择域构成,小按钮包含了向下箭头和条形图像,这个按钮用来向用户表示存在一个隐藏的数据项可能的值列表。当单击按钮时,隐藏的列表就显示出来,用户选择某个值时,被选择的值就显示在选择域中,同时选择列表隐藏起来。下拉式列表适用于数据项有大量预定义值,但可用屏幕空间不允许使用列表框的情况下。相对于列表框来说其缺点是要求用户用额外的步骤操作。

(6) 组合框。组合框组合了文本框和列表框的功能,用户可通过文本框输入数据项的值或者通过列表框从一个列表中选择值。组合框的形式与下拉式列表类似。组合框最适用于可用屏幕空间有限,而且期望用户从一个列表中选择一个值或者输入一个可能出现(也可能没有出现)在列表中的选项。

(7) 旋转框。旋转框是一个屏幕控件,它包括一个紧跟着两个小按钮的单行文本框。两个小按钮垂直对齐,上面的按钮有一个向上的箭头,下面是一个向下的箭头。文本框中的值通过单击箭头按钮处理。旋转框最适合于用户通过使用按钮浏览一小组选择值来做出输入选择,或者直接输入数据值到文本框中。

(8) 按钮。按钮不是输入控件,它不能进行实际数据的输入或选择,但它具有几个作用:用户可使用按钮提交所有的数据并进行处理,或者取消一个事务,或者获得帮助;也可用来在相同的表单实例之间导航。因此,输入不能没有按钮。

(9) 高级输入控件。高级输入控件可用于创建复杂的 Windows 界面,常见的有:

① 下拉式日历,可方便日期数据的输入。

② 滑动屏幕,这个输入控件提供了一种非数字方式的选择值。

③ 屏蔽编辑,这个控件可实现数据的格式检查。

④ 省略,单击 按钮激活一个用于数据录入的弹出式对话框,它可用于输入由几个部分组合成的域。

⑤ 组合复选框,这个控件用于在有几个方框可用的情况下组合几个复选框。

⑥ 树形复选框,这个控件用于表现需要有层次地组织成树状结构的数据选项。

⑦ 因特网超链接,在功能上类似于按钮,超链接可以接到 Web 页面,也可以链接到其他 Windows 表单。这是一种隐藏相关输入表单的有效方式,这些输入表单并不用于所有用户或大部分用户。

4. 输入设计的过程

输入设计的过程一般包括以下几个步骤:

(1) 确定系统输入的内容并检查逻辑需求。

(2) 选择合适的 GUI 控件。

(3) 使用下列工具设计、验证和测试输入。

① 布局工具。例如,手绘草图、显示布局图或者 CASE(Computer Aided Software Engineering)。

② 原型设计工具。例如,电子表格、4GL(Visual Basic、Delphi、Visual FoxPro、PowerBuilder)。

(4) 如果需要,设计用于数据收集的源文档。

(5) 根据以上设计,利用计算机语言或软件开发工具编写必要的程序代码,实现各种输入功能。

注意:若在系统设计阶段已采用相应的开发工具设计有输入界面,可以直接利用该输入界面,增加输入时的其他要求(如正确性检验等相关程序)即可。

5.2.4　实验环境及要求

以系统需求规格说明书中要求的环境作为实验环境,如信息系统要求采用 C/S 模式运行,则应安装有数据库服务器以及相应的开发工具软件(如 Visual Studio 2010、Delphi、PowerBuilder 等),并提供计算机网络环境。若为单机版,则应安装数据库管理系统及相应的软件开发工具。同时要求实验 1 的数据库已设计完成。

5.2.5　实验步骤

在工资管理系统中,需要输入的数据包括部门名称、职务、员工信息、工资信息等。项目是 Visual Studio 的基本组织要素,它把一个应用程序的文件、资源、引用和其他成分组织起来。在编程的开始,首先要建立一个项目,后续的编程工作都在项目中进行。

为方便完成实验操作,特说明如下。

(1) 项目中包含的文件。项目目录中包含大量文件,用于为应用程序创建编译程序集,对于刚刚建立的项目 SalaryMis 而言,所生成的文件如下:

* App.ico,应用程序默认图标。
* AsseblyInfo.cs,C♯源文件,包含由项目产生的程序集的属性声明。
* SalaryMis.cproj,基本 Visual C♯的项目文件。
* SalaryMis.sln,基本 Visual C♯的解决方案文件。
* SalaryMis.suo,包含用户指定信息的 Visual C♯的解决方案文件。

新建窗体后,系统自动生成.cs 和.resx 两个文件,如新建窗体 DepartmentInput 后的两个文件:

- DepartmentInput.cs,窗体 DepartmentInput 的基本源程序文件。
- DepartmentInput.resx,XML 文件,用于存储一些与 DepartmentInput 有关的资源信息。

(2) 查看源程序代码。要查看窗体的 C♯源程序代码,按 F7 键即可。也可以右击窗体,并在弹出的快捷菜单中选择"查看代码"。或者双击窗体,打开代码编辑窗。

(3) 控件代码的添加若采用双击控件的方式进入代码编辑窗,系统将默认添加 Click 事件,其他事件可自定义或在属性窗口中选择相应的方法或事件进入代码编辑窗。

(4) 窗体是需要进行数据库连接操作的,可以在建立的主程序中建立项目的公共数据库连接,不需要每个窗体都添加数据库连接。但为了调试方便,可以在单个窗体中加入数据库连接代码。为方便进行单个窗体的实验,本书采用的是单个窗体进行数据库连接。若要整合为一个系统,可将单个窗体的数据库连接代码段删除。数据库连接登录方式要修改为实验环境中的数据库登录方式。

(5) 在进行数据库数据的增加、删除、修改、显示时,大部分程序都调用了数据库中的存储过程,有关存储过程的代码,请参看实验 1 中建立的数据存储过程。

(6) 启动程序调试的方法。要调试已经输入的程序,可按 F5 键或在主菜单中选择"调试"→"启动调试"即可。部分窗体设计时调用了 5.5.5 节中界面设计中的 main()方法,可将需要调用的方法代码复制到单个窗体中(或者先建立 Main.cs 中的方法),以便调试单个窗体代码。

(7) 有关编写程序代码的操作,在"部门设置"中有详细说明,其他窗体的操作仅做简要说明。

1. 新建项目 SalaryMis

(1) 启动 Visual Studio 2010。在 Windows 操作系统下,单击"开始"按钮,选择"程序"→Microsoft Visual Studio 2010→Microsoft Visual Studio 2010,进入如图 5.2.1 所示的 Visual Studio 2010 起始页。

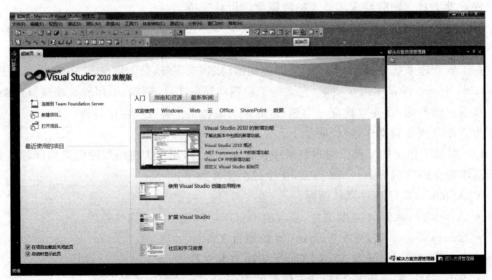

图 5.2.1　Visual Studio 2010 起始页

（2）创建项目 SalaryMis。在起始页中，选择"文件"→"新建"→"项目"，弹出如图 5.2.2 所示的"新建项目"对话框，选择项目类型 Visual C♯ 下的 Windows，并在模板栏选择"Windows 窗体应用程序"，在"名称"文本框中输入项目名 SalaryMis，并在"位置"下拉列表框中选择存放位置后，单击"确定"按钮。

图 5.2.2 "新建项目"对话框

2. 部门设置

部门设置功能主要用于设置单位有哪些部门，同时可以利用部门数据方便员工信息的输入。

步骤 1：在打开的项目中，选择"项目"→"添加 Windows 窗体"，在如图 5.2.3 所示的"添加新项"对话框中，输入窗体文件名 DepartmentInput. cs，单击"添加"按钮，进入如图 5.2.4 所示的 Visual C♯ 窗体设计界面。

图 5.2.3 "添加新项"对话框

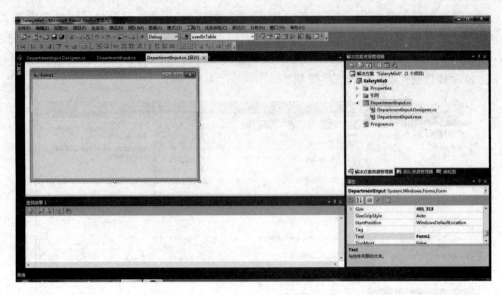

图 5.2.4　Visual C♯窗体设计器界面

步骤 2：在窗体设计界面上,添加两个 Label 控件、两个 Textbox 控件、一个 DataGridView 控件、4 个 Button 控件,设置各控件的属性,如表 5.2.1 所示,设计的界面效果见图 5.2.5。

表 5.2.1　"部门设置"窗体各对象属性设置

控 件 类 型	对 象 名	属 性	取 值
Form	DepartmentInput	Text	部门设置
Label	lblDepId	Text	部门编号
Label	lblDepName	Text	部门名称
Textbox	DepId	Text	
MaskedTextbox	DepId	Mask	999
MaskedTextbox	DepId	PromptChar	—
Textbox	DepName	Text	
DataGridView	dataGridView1	Anchor	Top,Left
DataGridView	dataGridView1	ColumnHeader	AutoSize
DataGridView	dataGridView1	SelectionMode	FullRowSelect
Button	btnAdd	Text	增加
Button	btnDel	Text	删除
Button	btnModify	Text	修改
Button	btnExit	Text	退出

步骤 3：双击窗体,打开 DepartmentInput.cs 的代码编辑窗,在代码开头的 using 引用部分的末尾,添加两个相关命名空间的引用:

```
using System.Data.SqlClient;
using System.Text.RegularExpressions;
```

图 5.2.5 "部门设置"窗体

步骤 4：在 DepartmentInput. cs 程序开头的公共局部类的定义 public partial class EmployeeInput：Form 中，添加数据库连接代码如下（注：该段代码用于单个表单调试，以后可在主程序中定义系统公共的数据库连接，除非有特殊的数据连接要求，其他表单可以不需要这段代码）：

```
public static string sConn = "server = localhost; database = SalaryDB; uid = sa; pwd = 123456";
SqlConnection SqlConn = new SqlConnection(sConn);
SqlDataAdapter dataAdapter = new SqlDataAdapter();
DataTable dataTable = new DataTable();
```

步骤 5：编写窗体初始化和窗体加载代码，具体代码如下：

```
//初始化窗体各控件(本段代码一般由系统生成,若无特殊处理,不需要另输入)
public DepartmentInput()
    {
        InitializeComponent();
    }
//表单 DepartmentInput 的 Load 事件(加载窗体),将文本控件 DepId、DepName 内容清空,将数据加载
//到 dataGridView1
private void DepartmentInput_Load(object sender, EventArgs e)
    {
        this.DepId.Text = "";
        this.DepName.Text = "";
        this.DepId.Focus();
        this.datagrid_refresh();
    }
//定义 datagrid_refresh()方法,实现将表 Department 中的数据加载到 dataGridView1.这里需要注
//意修改 dataGridView1 控件的 SelectionMode 为 FullRowSelect,否则默认只有选择头部才算选中
private void datagrid_refresh()
    {
      try
        {
            SqlConn.Open();
            SqlCommand sqlComm = new SqlCommand("ShowDepartment", this.SqlConn);
            this.dataAdapter.SelectCommand = sqlComm;
            this.dataAdapter.SelectCommand.Connection = SqlConn;
```

```
        this.dataTable.Clear();
        this.dataAdapter.Fill(dataTable);
        this.dataGridView1.DataSource = this.dataTable;
        this.dataGridView1.Columns[0].ReadOnly = true;
    }
    catch (Exception ex)
    {
        MessageBox.Show(ex.Message);
    }
    finally
    {
        SqlConn.Close();
    }
}
```

步骤 6：在窗体设计界面中双击"增加"按钮 btnAdd，在 DepartmentInput. cs 的代码编辑窗中"添加"按钮 btnAdd 的 Click 事件代码，具体代码如下：

```
private void btnAdd_Click(object sender, EventArgs e)
    {
        string strDepId = this.DepId.Text.Trim();
        int result;
        //检测是否为空或重复添加
        if (String.IsNullOrEmpty(strDepId) || !int.TryParse(strDepId, out result))
        {
            MessageBox.Show("部门编号为空或是非法字符,请重新输入!");
            return;
        }
        //调用 Main 中的 usedInTable()方法,代码参见本章 5.5.5 节中界面设计
        if (Main.usedInTable(SqlConn, "department", "DepId", strDepId))
        {
            MessageBox.Show("部门编号已添加,请使用其他编号!");
            return;
        }
        try
        {
            SqlConn.Open();
            SqlCommand sqlComm = new SqlCommand("Insert_department", this.SqlConn);
            sqlComm.CommandType = CommandType.StoredProcedure;
            SqlParameter[] pares = {
                                        new SqlParameter("@DepId",SqlDbType.Char,3),
                                     new SqlParameter("@DepName",SqlDbType.VarChar,20)
                                };
            pares[0].Value = strDepId;
            pares[1].Value = this.DepName.Text.Trim();
            foreach (SqlParameter parameter in pares)
            {
                sqlComm.Parameters.Add(parameter);
            }
            int i = sqlComm.ExecuteNonQuery();
            if (i > 0)
```

```
                    {
                        MessageBox.Show("添加成功!");
                        if (MessageBox.Show("还继续增加记录吗?", "询问信息", MessageBoxButtons.
OKCancel) == DialogResult.OK)
                        {
                            this.DepId.Text = "";
                            this.DepName.Text = "";
                            this.DepId.Focus();
                        }
                    }
                    else
                    {
                        MessageBox.Show("添加失败!");
                    }
                }
                catch (Exception ex)
                {
                    MessageBox.Show(ex.Message);
                    return;
                }
                finally
                {
                    SqlConn.Close();
                }
        //调用 Main 中的 datagrid_load()方法,代码参见本章 5.5.5 节中界面设计
                Main.datagrid_load(this.SqlConn, "ShowDepartment", this.dataGridView1);
                this.btnSave.Enabled = false;
            }
```

步骤 7：编写"删除"按钮 btnDel 的 Click 事件代码。删除时,需要检查该部门是否有员工,如果有,不允许删除;如果没有,才允许删除。具体代码如下:

```
//检查部门是否被 Employee 引用,如被引用,提示不允许删除.以后本段代码可以写在 Maln 中
private bool usedInOtherTable(string queryString)
    {
        try
        {
            SqlConn.Open();
            SqlCommand SqlComm = new SqlCommand("SELECT COUNT( * ) FROM employee WHERE DepId =
" + queryString, this.SqlConn);
            SqlDataAdapter dataAdapterTemp = new SqlDataAdapter();
            DataTable dataTableTemp = new DataTable();
            dataAdapterTemp.SelectCommand = SqlComm;
            dataAdapterTemp.SelectCommand.Connection = SqlConn;
            dataTableTemp.Clear();
            dataAdapterTemp.Fill(dataTableTemp);
            int i = Int32.Parse(dataTableTemp.Rows[0][0].ToString());
            if (i > 0)
            {
                MessageBox.Show("部门下还包含员工信息,请首先删除员工信息!");
                return true;
```

```
            }
            SqlComm = new SqlCommand("SELECT COUNT( * ) FROM Total_Department WHERE DepId =
    " + queryString, this.SqlConn);
            dataAdapterTemp = new SqlDataAdapter();
            dataTableTemp = new DataTable();
            dataAdapterTemp.SelectCommand = SqlComm;
            dataAdapterTemp.SelectCommand.Connection = SqlConn;
            dataTableTemp.Clear();
            dataAdapterTemp.Fill(dataTableTemp);
            int j = Int32.Parse(dataTableTemp.Rows[0][0].ToString());
            if (j > 0)
            {
                MessageBox.Show("部门下还包含工资汇总信息,请删除后再试!");
                return true;
            }
        }
        catch(Exception exp)
        {
            MessageBox.Show("数据库查询错误,usedInOtherTable: " + exp);
        }
        finally
        {
            SqlConn.Close();
        }
        return false;
    }
//"删除"按钮 btnDel 实现代码
private void btnDel_Click(object sender, EventArgs e)
    {
        string queryString = this.dataGridView1.SelectedRows[0].Cells[0].Value.
    ToString().Trim();
        if (usedInOtherTable(queryString))
        {
            return;
        }
        SqlConn.Open();
        //调用数据库存储过程 Delete_department
        SqlCommand sqlComm = new SqlCommand("Delete_department", this.SqlConn);
        sqlComm.CommandType = CommandType.StoredProcedure;
        SqlParameter para = new SqlParameter("@DepId", SqlDbType.Char, 3);
        para.Value = queryString;
        sqlComm.Parameters.Add(para);
        try
        {
            int i = sqlComm.ExecuteNonQuery();
            if (i > 0)
            {
                MessageBox.Show("删除成功!");
            }
            else
            {
```

```
                MessageBox.Show("删除失败!");
            }
        }
        catch (Exception exp)
        {
            MessageBox.Show(exp.Message);
            return;
        }
        finally
        {
            SqlConn.Close();
        }
        this.datagrid_refresh();
    }
```

步骤 8：编写"修改"按钮 btnModify 的 Click 事件代码，具体代码如下：

```
private void btnModify_Click(object sender, EventArgs e)
  {
    SqlConn.Open();
    //调用数据库存储过程 Update_department
    SqlCommand sqlComm = new SqlCommand("Update_department", this.SqlConn);
    sqlComm.CommandType = CommandType.StoredProcedure;
    SqlParameter[] paras = {
                            new SqlParameter("@DepId", SqlDbType.Char, 3),
                            new SqlParameter("@DepName",SqlDbType.VarChar,20),
                        };
    paras[0].Value = this.dataGridView1.SelectedRows[0].Cells[0].Value.ToString().Trim();
    paras[1].Value = this.dataGridView1.SelectedRows[0].Cells[1].Value.ToString().Trim();
    foreach (SqlParameter parameter in paras)
     {
       sqlComm.Parameters.Add(parameter);
     }
     try
      {
          int i = sqlComm.ExecuteNonQuery();
          if (i > 0)
           {
              MessageBox.Show("修改成功!");
           }
          else
           {
              MessageBox.Show("修改失败!");
           }
       }
      catch (Exception exp)
       {
          MessageBox.Show(exp.Message);
           return;
       }
      finally
```

```
        {
            SqlConn.Close();
        }
        Main.datagrid_load(this.SqlConn, "ShowDepartment", this.dataGridView1);
        this.btnSave.Enabled = false;
    }
```

步骤9：编写"退出"按钮 btnExit 的 Click 事件代码,具体代码如下：

```
private void btnExit_Click(object sender, EventArgs e)
    {
        this.Close();
    }
```

3. 职务设置

职务设置功能主要用于设置单位有哪些职务,同时可以利用职务数据方便员工信息的输入。

步骤1：在打开的项目中,选择"项目"→"添加 Windows 窗体",在如图 5.2.3 所示的"添加新项"对话框中,输入窗体文件名 PositionInput.cs,单击"添加"按钮,进入窗体设计界面。

步骤2：在窗体设计界面中,添加两个 Label 控件、两个 Textbox 控件、一个 DataGridView 控件、5 个 Button 控件,设置各控件的属性如表 5.2.2 所示,设计的界面效果见图 5.2.6。

表 5.2.2 "职务设置"窗体各对象属性设置

控 件 类 型	对 象 名	属 性	取 值
Form	PositionInput	Text	职务设置
Label	lblPosId	Text	职务编号
Label	lblPosName	Text	职务名称
Textbox	PosId	Text	
MaskedTextbox	PosId	Mask	999
MaskedTextbox	PosId	PromptChar	—
Textbox	PosName	Text	
DataGridView	dataGridView1	Anchor	Top,Left
DataGridView	dataGridView1	ColumnHeader	AutoSize
DataGridView	dataGridView1	SelectionMode	FullRowSelect
Button	btnAdd	Text	增加
Button	btnDel	Text	删除
Button	btnModify	Text	修改
Button	btnQuery	Text	查询
Button	btnExit	Text	退出

步骤3：双击窗体,打开 PositionInput.cs 的代码编辑窗,在代码开头的 using 引用部分的末尾,添加两个相关命名空间的引用：

```
using System.Data.SqlCient;
using System.Text.RegularExpressions;
```

图 5.2.6　"职务设置"窗体

步骤 4：在 PositionInput.cs 程序的 public partial class PositionInput：Form 中，添加数据库连接代码如下：

```
public static string sConn = "server = localhost; database = SalaryDB; uid = sa; pwd = 123456";
SqlConnection SqlConn = new SqlConnection(sConn);
SqlDataAdapter dataAdapter = new SqlDataAdapter();
DataTable dataTable = new DataTable();
```

步骤 5：编写窗体加载事件 Load 代码，具体代码如下：

```
//将文本控件 PosId、PosName 内容清空,将表 Position 中的数据加载到数据网格 dataGridView1
private void PositionInput_Load(object sender, EventArgs e)
{
    try
      {
        this.PosId.Text = "";
        this.PosName.Text = "";
        this.PosId.Focus();
        this.datagrid_refresh();
      }
    catch (Exception ex)
      {
        MessageBox.Show(ex.Message);
      }
    finally
      {
        SqlConn.Close();
      }
  }
//实现 Position 数据表中的数据加载到数据网格 dataGridView1
private void datagrid_refresh()
{
    try
      {
        SqlConn.Open();
        SqlCommand sqlComm = new SqlCommand("ShowPosition", this.SqlConn);
        this.dataAdapter.SelectCommand = sqlComm;
```

```
        this.dataAdapter.SelectCommand.Connection = SqlConn;
        this.dataTable.Clear();
        this.dataAdapter.Fill(dataTable);
        this.dataGridView1.DataSource = this.dataTable;
        this.dataGridView1.Columns[0].ReadOnly = true;
        }
    catch (Exception ex)
        {
        MessageBox.Show(ex.Message);
        }
    finally
      {
        SqlConn.Close();
        }
   }
```

步骤 6：编写"增加"按钮 btnAdd 的 Click 事件代码，具体代码如下：

```
private void btnAdd_Click(object sender, EventArgs e)
{
    try
        {
        SqlConn.Open();
        SqlCommand sqlComm = new SqlCommand("Insert_position", this.SqlConn);
        sqlComm.CommandType = CommandType.StoredProcedure;
        SqlParameter[] pares = {
                                new SqlParameter("@PosId",SqlDbType.Char,3),
                                new SqlParameter("@PosName",SqlDbType.VarChar,20)
                            };
          pares[0].Value = this.PosId.Text.Trim();
          pares[1].Value = this.PosName.Text.Trim();
          foreach (SqlParameter parameter in pares)
          {
            sqlComm.Parameters.Add(parameter);
          }
          int i = sqlComm.ExecuteNonQuery();
          if (i > 0)
          {
            MessageBox.Show("添加成功!");
          }
          else
          {
            MessageBox.Show("添加失败!");
          }
        }
    catch (Exception ex)
      {
        MessageBox.Show(ex.Message);
        return;
      }
    finally
```

```
                {
                    SqlConn.Close();
                }
                    datagrid_refresh();
            }
```

步骤7：编写"删除"按钮 btnDel 的 Click 事件代码。删除时，需要检查员工是否有该职务，如果有，不允许删除；如果没有，才允许删除。具体代码如下：

```
//检查职务是否被表 Employee 引用,如被引用,提示不允许删除
private bool usedInOtherTable(string queryString)
{
    try
        {
            SqlConn.Open();
            SqlCommand SqlComm = new SqlCommand("SELECT COUNT( * ) FROM employee WHERE PosId = "
+ queryString, this.SqlConn);
            SqlDataAdapter dataAdapterTemp = new SqlDataAdapter();
            DataTable dataTableTemp = new DataTable();
            dataAdapterTemp.SelectCommand = SqlComm;
            dataAdapterTemp.SelectCommand.Connection = SqlConn;
            dataTableTemp.Clear();
            dataAdapterTemp.Fill(dataTableTemp);
            int i = Int32.Parse(dataTableTemp.Rows[0][0].ToString());
            if (i > 0)
                {
                    MessageBox.Show("职务下还包含员工信息,请首先删除员工信息!");
                    return true;
                }
            SqlComm = new SqlCommand("SELECT COUNT( * ) FROM Total_Position WHERE PosId = " +
queryString, this.SqlConn);
            dataAdapterTemp = new SqlDataAdapter();
            dataTableTemp = new DataTable();
            dataAdapterTemp.SelectCommand = SqlComm;
            dataAdapterTemp.SelectCommand.Connection = SqlConn;
            dataTableTemp.Clear();
            dataAdapterTemp.Fill(dataTableTemp);
            int j = Int32.Parse(dataTableTemp.Rows[0][0].ToString());
            if (j > 0)
                {
                    MessageBox.Show("职务下还包含工资汇总信息,请删除后再试!");
                    return true;
                }
        }
    catch (Exception exp)
        {
            MessageBox.Show("数据库查询错误,usedInOtherTable: " + exp);
        }
    finally
        {
            SqlConn.Close();
        }
        return false;
    }
```

```
//"删除"按钮 btnDel 实现代码
private void btnDel_Click(object sender, EventArgs e)
{
    string queryString = this.dataGridView1.SelectedRows[0].Cells[0].Value.ToString().Trim();
    if (usedInOtherTable(queryString))
     {
        return;
     }
    SqlConn.Open();
    SqlCommand sqlComm = new SqlCommand("Delete_position", this.SqlConn);
    sqlComm.CommandType = CommandType.StoredProcedure;
    SqlParameter para = new SqlParameter("@PosId", SqlDbType.Char, 3);
    para.Value = queryString;
    sqlComm.Parameters.Add(para);
    try
     {
        int i = sqlComm.ExecuteNonQuery();
        if (i > 0)
         {
            MessageBox.Show("删除成功!");
         }
        else
         {
            MessageBox.Show("删除失败!");
         }
     }
    catch (Exception exp)
     {
        MessageBox.Show(exp.Message);
        return;
     }
    finally
     {
        SqlConn.Close();
     }
    this.datagrid_refresh();
}
```

步骤 8：编写"修改"按钮 btnModify 的 Click 事件代码，具体代码如下：

```
private void btnModify_Click(object sender, EventArgs e)
{
    SqlConn.Open();
    SqlCommand sqlComm = new SqlCommand("Update_position", this.SqlConn);
    sqlComm.CommandType = CommandType.StoredProcedure;
    SqlParameter[] paras = {
                            new SqlParameter("@PosId", SqlDbType.Char, 3),
                            new SqlParameter("@PosName",SqlDbType.VarChar,20),
                        };
    paras[0].Value = this.dataGridView1.SelectedRows[0].Cells[0].Value.ToString().Trim();
    paras[1].Value = this.dataGridView1.SelectedRows[0].Cells[1].Value.ToString().Trim();
    foreach (SqlParameter parameter in paras)
     {
```

```
        sqlComm.Parameters.Add(parameter);
    }
    try
    {
        int i = sqlComm.ExecuteNonQuery();
        if (i > 0)
          {
            MessageBox.Show("修改成功!");
          }
        else
          {
            MessageBox.Show("修改失败!");
          }
    }
    catch (Exception exp)
    {
        MessageBox.Show(exp.Message);
        return;
    }
    finally
    {
        SqlConn.Close();
      }
    this.datagrid_refresh();
}
```

步骤 9：编写"查询"按钮 btnQuery 的 Click 事件代码，具体代码如下：

```
private void btnQuery_Click(object sender, EventArgs e)
        {
            if (this.PosName.Text.Trim() == "")
            {
                MessageBox.Show("请输入需要查询的职务名称!");
                return;
            }
            Main.datagrid_load(SqlConn, "ShowPositionQuery", this.dataGridView1,
"PosName", this.PosName.Text.Trim());
//调用 Main 中的 datagrid_load()方法，参见本章 5.5.5 节的界面设计
        }
```

步骤 10：编写"退出"按钮 btnExit 的 Click 事件代码，具体代码如下：

```
private void btnExit_Click(object sender, EventArgs e)
 {
    this.Close();
 }
```

4. 输入员工信息

员工信息的输入主要用于将工资管理系统中所涉及的员工基本信息输入到数据表 Employee 中。在输入过程中应采取一定的措施保证录入的正确，包括：①保证员工号唯一，可在 SQL Server 中设置员工号为主键；②员工所在的部门只能是部门表 Department

中出现的部门,通过将 DepId 设置为 Employee 表的外键实现;③员工的职务只能是在 Position 表中出现的职务,通过将 PosId 设置为 Employee 表的外键实现。

步骤 1: 在打开的项目中,选择"项目"→"添加 Windows 窗体",在如图 5.2.3 所示的 "添加新项"对话框中,输入窗体文件名 EmployeeInput. cs,出现窗体设计界面。

步骤 2: 在窗体设计界面中,添加 9 个 Label 控件用于显示表单中的文字提示,3 个 Textbox 控件用于输入员工的编号、姓名、住址,两个 RadioButton 控件用于性别的选择输入,两个 DateTimePicker 控件用于出生日期和工作时间的输入,两个 ComboBox 控件用于部门和职务的选择输入,一个 MaskedTextBox 控件用于电话的输入,一个 DataGridView 控件用于显示已有的员工信息,4 个 Button 控件用于"增加""删除""修改""退出"按钮,设置各控件的属性如表 5.2.3 所示,设计的界面效果见图 5.2.7。

表 5.2.3 "员工信息输入"窗体各对象属性设置

控件类型	对象名	属性	取值
Form	EmployeeInput	Text	员工信息输入
Label	lblEmpId	Text	员工号
Label	lblEmpName	Text	姓名
Label	lblSex	Text	性别
Label	lblBirhday	Text	出生日期
Label	lblWorkDate	Text	工作时间
Label	lblDepName	Text	所在部门
Label	lblPosName	Text	职务
Label	lblTel	Text	电话
Label	lblAddress	Text	住址
MaskedTextbox	EmpId	Mask	99999
MaskedTextbox	EmpId	PromptChar	—
Textbox	EmpId	Text	
Textbox	EmpName	Text	
GroupBox	Sex	Text	
RadioButton	SexM	Text	男
RadioButton	SexF	Text	女
DateTimePicker	Birthday	Format	short
DateTimePicker	WorkDate	Format	short
ComboBox	DepName		
ComboBox	PosName		
MaskedTextBox	Tel	Mask	000-0000-0000
MaskedTextBox	Tel	PromptChar	_
TextBox	Address		
DataGridView	dataGridView1	RowTemplate	DataGridViewRow{index=-1}
DataGridView	dataGridView1	SelectionMode	FullRowSelect
Button	btnAdd	Text	增加
Button	btnExit	Text	删除
Button	btnModify	Text	修改
Button	btnExit	Text	退出

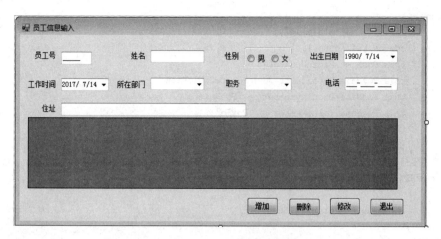

图 5.2.7　"员工信息输入"窗体

步骤 3：按 F7 键，打开 EmployeeInput. cs 代码编辑窗，在代码开头的 using 引用部分的末尾，添加两个相关命名空间的引用：

```
using System. Data. SqlClient;
using System. Text. RegularExpressions;
```

步骤 4：在 EmployeeInput. cs 代码的 public partial class EmployeeInput：Form 中，添加数据库连接代码如下：

```
public static string sConn = "server = localhost; database = SalaryDB; uid = sa; pwd = 123456";
SqlConnection SqlConn = new SqlConnection(sConn);
DataTable dtDep,dtPos;
SqlDataAdapter dataAdapter = new SqlDataAdapter();
DataTable dataTable = new DataTable();
```

步骤 5：编写窗体加载事件 Load 代码，具体代码如下：

```
private void EmployeeInput_Load(object sender, EventArgs e)
 {
    try
      {
          SqlConn. Open();
          //设置部门名称 DepName 的数据源为 Department 表
          SqlDataAdapter sdaDep = new SqlDataAdapter("select DepId, depname from department",
SqlConn);
          dtDep = new DataTable();
          sdaDep. Fill(dtDep);
          this. DepName. DataSource = dtDep;
          this. DepName. BeginUpdate();
          this. DepName. DataSource = dtDep;
          this. DepName. DisplayMember = "DepName";
          this. DepName. ValueMember = "DepId";
          this. DepName. EndUpdate();
          //设置职务 PosName 的数据源为 Position 表
          SqlDataAdapter sdaPos = new SqlDataAdapter("select PosId , PosName from position",
```

```
SqlConn);
            dtPos = new DataTable();
            sdaPos.Fill(dtPos);
            this.PosName.BeginUpdate();
            this.PosName.DataSource = dtPos.DefaultView;
            this.PosName.DisplayMember = "PosName";
            this.PosName.ValueMember = "PosId";
            this.PosName.EndUpdate();
            this.EmpId.Focus();
        }
    catch (Exception ex)
        {
            MessageBox.Show(ex.Message);
        }
    finally
        {
            SqlConn.Close();
        }
    this.datagrid_refresh();
}
//将 Employee 表的数据显示在 dataGridView1
private void datagrid_refresh()
{
    //这里需要注意修改 DataGridView 控件的 SelectionMode 为 FullRowSelect,否则默认只有选择头
    //部才算选中
    try
        {
            SqlConn.Open();
            SqlCommand sqlComm = new SqlCommand("ShowEmployee", this.SqlConn);
            this.dataAdapter.SelectCommand = sqlComm;
            this.dataAdapter.SelectCommand.Connection = SqlConn;
            this.dataTable.Clear();
            this.dataAdapter.Fill(dataTable);
            this.dataGridView1.DataSource = this.dataTable;
            this.dataGridView1.Columns[0].ReadOnly = true;
        }
    catch (Exception ex)
        {
            MessageBox.Show(ex.Message);
        }
    finally
        {
            SqlConn.Close();
        }
}
```

步骤 6：编写"增加"按钮 btnAdd 的 Click 事件代码,具体代码如下：

```
private void btnAdd_Click(object sender, EventArgs e)
{
    try
```

```
        {
            SqlConn.Open();
            SqlCommand sqlComm = new SqlCommand("Insert_employee", this.SqlConn);
            sqlComm.CommandType = CommandType.StoredProcedure;
            SqlParameter[] pares = {
                                     new SqlParameter("@EmpId",SqlDbType.Char,5),
                                     new SqlParameter("@EmpName",SqlDbType.VarChar,10),
                                     new SqlParameter("@Sex", SqlDbType.Char,2),
                                     new SqlParameter("@Birthday", SqlDbType.DateTime),
                                     new SqlParameter("@Workdate", SqlDbType.DateTime),
                                     new SqlParameter("@DepId", SqlDbType.Char,3),
                                     new SqlParameter("@PosId", SqlDbType.Char,3),
                                     new SqlParameter("@Tel",SqlDbType.VarChar,11),
                                      new SqlParameter("@Address",SqlDbType.VarChar,20)
                                   };
            pares[0].Value = this.EmpId.Text.Trim();
            pares[1].Value = this.EmpName.Text.Trim();
            if (this.SexM.Checked == true)
             {
                pares[2].Value = this.SexM.Text.Trim();
             }
            if (this.SexF.Checked == true)
             {
                pares[2].Value = this.SexF.Text.Trim();
             }
            pares[3].Value = this.Birthday.Text.Trim();
            pares[4].Value = this.WorkDate.Text.Trim();
            pares[5].Value = this.DepName.SelectedValue.ToString().Trim();
            pares[6].Value = this.PosName.SelectedValue.ToString().Trim();
            pares[7].Value = this.Tel.Text.Trim();
            pares[8].Value = this.Address.Text.Trim();
            foreach (SqlParameter parameter in pares)
             {
                sqlComm.Parameters.Add(parameter);
             }
             int i = sqlComm.ExecuteNonQuery();
             if (i > 0)
              {
                MessageBox.Show("添加成功!");
                if (MessageBox.Show("还继续增加记录吗?", "询问信息", MessageBoxButtons.
OKCancel) == DialogResult.OK)
                    {
                        this.EmpId.Text = "";
                        this.EmpName.Text = "";
                        this.SexF.Checked = true;
                        this.Birthday.Text = "";
                        this.WorkDate.Text = "";
                        this.DepName.Text = "";
                        this.PosName.Text = "";
                        this.Tel.Text = "";
                        this.Address.Text = "";
```

```
                EmpId.Focus();
            }
        }
        else
        {
            MessageBox.Show("添加失败!请修改.");
            EmpId.Focus();
        }
    }
    catch (Exception ex)
    {
        MessageBox.Show(ex.Message);
        return;
    }
    finally
    {
        SqlConn.Close();
    }
    datagrid_refresh();
}
```

步骤 7：编写"删除"按钮 btnDel 的 Click 事件代码，为防止含有工资数据的员工信息被删除，删除前要做检查，具体代码如下：

```
private void btnDel_Click(object sender, EventArgs e)
{
    string queryString = this.dataGridView1.SelectedRows[0].Cells[0].Value.ToString().Trim();
    if (usedInOtherTable(queryString))
    {
        return;
    }
    SqlConn.Open();
    SqlCommand sqlComm = new SqlCommand("Delete_employee", this.SqlConn);
    sqlComm.CommandType = CommandType.StoredProcedure;
    SqlParameter para = new SqlParameter("@EmpId", SqlDbType.Char, 5);
    para.Value = queryString;
    sqlComm.Parameters.Add(para);
    try
    {
        int i = sqlComm.ExecuteNonQuery();
        if (i > 0)
        {
            MessageBox.Show("删除成功!");
        }
        else
        {
            MessageBox.Show("删除失败!");
        }
    }
    catch (Exception exp)
```

```
                {
                    MessageBox.Show(exp.Message);
                    return;
                }
                finally
                {
                    SqlConn.Close();
                }
                this.datagrid_refresh();
            }
        //检查Salary表中的数据是否有被删除的员工的工资信息
        private bool usedInOtherTable(string queryString)
            {
            try
                {
                    SqlConn.Open();
                    SqlCommand SqlComm = new SqlCommand("SELECT COUNT( * ) FROM Salary WHERE EmpId = " +
        queryString, this.SqlConn);
                    SqlDataAdapter dataAdapterTemp = new SqlDataAdapter();
                    DataTable dataTableTemp = new DataTable();
                    dataAdapterTemp.SelectCommand = SqlComm;
                    dataAdapterTemp.SelectCommand.Connection = SqlConn;
                    dataTableTemp.Clear();
                    dataAdapterTemp.Fill(dataTableTemp);
                    int i = Int32.Parse(dataTableTemp.Rows[0][0].ToString());
                    if (i > 0)
                        {
                        MessageBox.Show("数据库包含员工的工资信息,请首先删除员工工资信息!");
                            return true;
                        }
                }
            catch (Exception exp)
                {
                    MessageBox.Show("数据库查询错误,usedInOtherTable: " + exp);
                }
            finally
                {
                    SqlConn.Close();
                }
            return false;
        }
```

步骤8：编写"修改"按钮 btnModify 的 Click 事件代码。在修改职工相关信息前,先检查在 Employee 表中是否有该员工信息,如果没有则退出修改。具体代码如下：

```
private void btnModify_Click(object sender, EventArgs e)
    {
        string queryString = this.dataGridView1.SelectedRows[0].Cells[0].Value.ToString().
Trim();
        if (!Main.usedInTable(SqlConn, "employee", "EmpId", queryString))
            {
```

```
            MessageBox.Show("无法修改：数据库中不包含该员工,请检查员工编号!");
            return;
        }
try
    {
    SqlConn.Open();
    SqlCommand sqlComm = new SqlCommand("Update_employee", this.SqlConn);
    sqlComm.CommandType = CommandType.StoredProcedure;
    SqlParameter[] pares = {
                                new SqlParameter("@EmpId",SqlDbType.Char,5),
                                new SqlParameter("@EmpName",SqlDbType.VarChar,10),
                                new SqlParameter("@Sex", SqlDbType.Char,2),
                                new SqlParameter("@Birthday", SqlDbType.DateTime),
                                new SqlParameter("@Workdate", SqlDbType.DateTime),
                                new SqlParameter("@DepId", SqlDbType.Char,3),
                                new SqlParameter("@PosId", SqlDbType.Char,3),
                                new SqlParameter("@Tel",SqlDbType.VarChar,11),
                                new SqlParameter("@Address",SqlDbType.VarChar,20)
                            };
    pares[0].Value = this.EmpId.Text.Trim();
    pares[1].Value = this.EmpName.Text.Trim();
    if (this.SexM.Checked == true)
     {
        pares[2].Value = this.SexM.Text.Trim();
     }
    if (this.SexF.Checked == true)
     {
        pares[2].Value = this.SexF.Text.Trim();
     }
    pares[3].Value = this.Birthday.Text.Trim();
    pares[4].Value = this.WorkDate.Text.Trim();
    pares[5].Value = this.DepName.SelectedValue.ToString().Trim();
    pares[6].Value = this.PosName.SelectedValue.ToString().Trim();
    pares[7].Value = this.Tel.Text.Trim();
    pares[8].Value = this.Address.Text.Trim();
    foreach (SqlParameter parameter in pares)
     {
        sqlComm.Parameters.Add(parameter);
     }
    int i = sqlComm.ExecuteNonQuery();
    if (i > 0)
     {
        MessageBox.Show("修改成功!");
     }
    else
     {
        MessageBox.Show("修改失败!请重试.");
        ClearInput();
     }
```

```
      }
      catch (Exception ex)
       {
          MessageBox.Show(ex.Message);
          return;
       }
      finally
       {
          SqlConn.Close();
       }
      Main.datagrid_load(this.SqlConn, "ShowEmployee", this.dataGridView1);
       //说明：由于向数据网格加载数据在初始部分出现，为优化程序，将其放至 Main 程序中
       //(参见本章 5.5.5 节中的界面设计)
      this.btnAdd.Enabled = false;
   }
//输入数据不正确时，将原来职工信息中的数据清空
private void ClearInput()
  {
      this.EmpId.Clear();
      this.EmpName.Clear();
      this.SexF.Checked = true;
      this.Birthday.Text = "";
      this.WorkDate.Text = "";
      this.DepName.Text = "";
      this.PosName.Text = "";
      this.Tel.Clear();
      this.Address.Clear();
  }
```

步骤 9：编写"退出"按钮 btnExit 的 Click 事件代码，具体代码如下：

```
private void btnExit_Click(object sender, EventArgs e)
  {
      this.Close();
  }
```

5. 输入工资数据

工资数据是工资管理系统的核心数据，因此，在输入过程中要保证工资数据输入的正确，要有一定的数据检查功能。

步骤 1：在打开的项目中，选择"项目"→"添加 Windows 窗体"，在如图 5.2.3 所示的"添加新项"对话框中，输入窗体文件名 SalaryInput.cs，出现窗体设计界面。

步骤 2：在窗体设计界面上，添加 11 个 Label 控件用于显示表单中的文字提示，添加一个 ComboBox 控件用于输入职工编号，添加 10 个 Textbox 控件用于显示/输入员工姓名、基本工资、附加工资、奖金、补贴、应发工资、公积金、房租、水电费、实发工资，添加 3 个 Button 控件用于"确定""清空""退出"按钮，各控件的属性设置见表 5.2.4，设计的界面效果见图 5.2.8。

表 5.2.4 "员工工资输入"窗体各对象属性设置

控件类型	对象名	属性	取值
Form	SalaryInput	Text	员工工资输入
Label	lblEmpId	Text	员工号
Label	lblEmpName	Text	姓名
Label	lblBaseSal	Text	基本工资
Label	lblSalSup	Text	附加工资
Label	lblBonus	Text	奖金
Label	lblSubSidy	Text	补贴
Label	lblPay	Text	应发工资
Label	lblPrfund	Text	公积金
Label	lblRent	Text	房租
Label	lblWeRent	Text	水电费
Label	lblSalPaid	Text	实发工资
ComboBox	EmpId	Text	
Textbox	EmpName	Text	
Textbox	BaseSal	Text	
Textbox	SalSup	Text	
Textbox	Bonus	Text	
Textbox	Subsidy	Text	
Textbox	Pay	Text	
Textbox	Pay	ReadOnly	True
Textbox	Prfund	Text	
Textbox	Rent	Text	
Textbox	WeRent	Text	
Textbox	SalPaid	Text	
Textbox	SalPaid	ReadOnly	True
Button	btnSure	Text	确定
Button	btnCancel	Text	清空
Button	btnExit	Text	退出

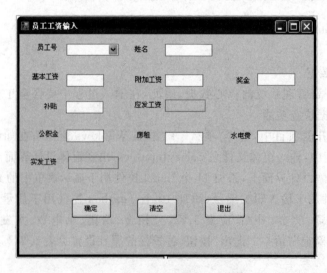

图 5.2.8 "员工工资输入"窗体

步骤 3：按 F7 键，打开 SalaryInput.cs 的代码编辑窗，在代码开头的 using 引用部分的末尾，添加两个相关命名空间的引用：

```
using System.Data.SqlCient;
using System.Text.RegularExpressions;
```

步骤 4：在 SalaryInput.cs 程序的 public partial class 定义部分，添加数据库连接代码如下：

```
public static string sConn = "server = localhost; database = SalaryDB; uid = sa; pwd = 123456";
SqlConnection SqlConn = new SqlConnection(sConn);
DataTable dtEmp;
```

步骤 5：编写窗体加载 Load 事件代码如下：

```
private void SalaryInput_Load(object sender, EventArgs e)
 {
    try
      {
         SqlConn.Open();
         //设置员工号 EmpId 的数据源为 Employee 表
         SqlDataAdapter sdaEmp = new SqlDataAdapter("select EmpId,EmpName from employee where
empid not in (select empid from salary)", SqlConn);
         dtEmp = new DataTable();
         sdaEmp.Fill(dtEmp);
         this.EmpId.BeginUpdate();
         this.EmpId.DataSource = dtEmp;
         this.EmpId.DisplayMember = "EmpId";
         this.EmpId.ValueMember = "EmpName";
         this.EmpId.EndUpdate();
         //工资表各项信息清空
         this.EmpName.Text = "";
         this.BaseSal.Text = "";
         this.SalSup.Text = "";
         this.Bonus.Text = "";
         this.Subsidy.Text = "";
         this.Pay.Text = "";
         this.Prfund.Text = "";
         this.Rent.Text = "";
         this.WeRent.Text = "";
         this.SalPaid.Text = "";
         this.EmpId.Focus();
      }
   catch (Exception ex)
     {
        MessageBox.Show(ex.Message);
      }
   finally
      {
         SqlConn.Close();
       }
   }
```

步骤 6：编写组合框 EmpId 选择事件 SelectedIndexChanged 的代码如下：

```
private void EmpId_SelectedIndexChanged(object sender, EventArgs e)
{
    this.EmpName.Text = this.EmpId.SelectedValue.ToString().Trim();
}
```

步骤 7：编写"确定"按钮 btnSure 的 Click 事件代码如下：

```
private void btnSure_Click(object sender, EventArgs e)
{
    Decimal[] ff = { 0, 0, 0, 0 };
    Decimal[] kc = { 0, 0, 0, 0 };
    Decimal ffsum, kcsum;
    int i;
    Decimal.TryParse(this.BaseSal.Text, out ff[0]);
    Decimal.TryParse(this.SalSup.Text, out ff[1]);
    Decimal.TryParse(this.Bonus.Text, out ff[2]);
    Decimal.TryParse(this.Subsidy.Text, out ff[3]);
    ffsum = 0;
    for (i = 0; i < 4; i++)
    {
        ffsum += ff[i];
    }
    this.Pay.Text = ffsum.ToString();
    Decimal.TryParse(this.Prfund.Text, out kc[0]);
    Decimal.TryParse(this.Rent.Text, out kc[1]);
    Decimal.TryParse(this.WeRent.Text, out kc[2]);
    kcsum = 0;
    for (i = 0; i < 3; i++)
    {
        kcsum += kc[i];
    }
    this.SalPaid.Text = (ffsum - kcsum).ToString();
    try
    {
        SqlConn.Open();
        SqlCommand sqlComm = new SqlCommand("Insert_Salary", this.SqlConn);
        sqlComm.CommandType = CommandType.StoredProcedure;
        SqlParameter[] pares = {
                                new SqlParameter("@EmpId",SqlDbType.Char,5),
                                new SqlParameter("@BaseSal",SqlDbType.Decimal,8),
                                new SqlParameter("@SalSup", SqlDbType.Decimal,8),
                                new SqlParameter("@Bonus", SqlDbType.Decimal,8),
                                new SqlParameter("@Subsidy", SqlDbType.Decimal,8),
                                new SqlParameter("@Pay", SqlDbType.Decimal,9),
                                new SqlParameter("@Prfund", SqlDbType.Decimal,8),
                                new SqlParameter("@Rent", SqlDbType.Decimal,8),
                                new SqlParameter("@WeRent", SqlDbType.Decimal,8),
                                new SqlParameter("@SalPaid",SqlDbType.Decimal,8)
                                };
```

```
            pares[0].Value = this.EmpId.Text.Trim();
            pares[1].Value = ff[0];
            pares[2].Value = ff[1];
            pares[3].Value = ff[2];
            pares[4].Value = ff[3];
            pares[5].Value = ffsum;
            pares[6].Value = kc[0];
            pares[7].Value = kc[1];
            pares[8].Value = kc[2];
            pares[9].Value = ffsum - kcsum;
            foreach (SqlParameter parameter in pares)
              {
                sqlComm.Parameters.Add(parameter);
              }
            i = sqlComm.ExecuteNonQuery();
            if (i > 0)
              {
                MessageBox.Show("添加成功!");
                int indexNum;
                indexNum = this.EmpId.SelectedIndex;
                dtEmp.Rows[indexNum].Delete();
                if (MessageBox.Show("还继续增加记录吗?", "询问信息", MessageBoxButtons.
OKCancel) == DialogResult.OK)
                        {
                            this.EmpId.Text = "";
                            this.EmpName.Text = "";
                            this.BaseSal.Text = "";
                            this.SalSup.Text = "";
                            this.Bonus.Text = "";
                            this.Subsidy.Text = "";
                            this.Pay.Text = "";
                            this.Prfund.Text = "";
                            this.Rent.Text = "";
                            this.WeRent.Text = "";
                            this.SalPaid.Text = "";
                            EmpId.Focus();
                        }
              }
            else
              {
                MessageBox.Show("添加失败!请修改.");
                EmpId.Focus();
              }
          }
      catch (Exception ex)
        {
            MessageBox.Show(ex.Message);
            return;
        }
      finally
        {
```

```
        SqlConn.Close();
    }
}
```

步骤 8：编写"清空"按钮 btnCancel 的 Click 事件代码如下：

```
private void btnCancel_Click(object sender, EventArgs e)
{
    this.EmpId.Text = "";
    this.EmpName.Text = "";
    this.BaseSal.Text = "";
    this.SalSup.Text = "";
    this.Bonus.Text = "";
    this.Subsidy.Text = "";
    this.Pay.Text = "";
    this.Prfund.Text = "";
    this.Rent.Text = "";
    this.WeRent.Text = "";
    this.SalPaid.Text = "";
    EmpId.Focus();
}
```

步骤 9：编写"退出"按钮 btnExit 的 Click 事件代码如下：

```
private void btnExit_Click(object sender, EventArgs e)
{
    this.Close();
}
```

5.2.6　实验结果与报告

1. 实验结果

本实验的主要目的是完成信息系统的数据输入功能,因此正确的实验结果是：首先要能按设计要求完成预期的数据输入功能,并通过直接打开数据库中相关的表来检查输入的数据是否正确,是否保存了不应该保存到表中的数据,是否保证不重复输入相同的数据等。经检查,证明能正确完成数据输入功能,则该实验项目结束。

2. 实验报告

实验报告首先要详细描述输入模块的实现过程,说明在实验过程中遇到的问题及解决的方法。实验过程的描述可以参照上述"5.2.5 实验步骤"进行书写。实验的结果应给出输入的数据及实现的输入界面,并写出(或打印出)真实的数据库表中的数据及程序清单。

5.3　实验3：输出设计实验

5.3.1　实验目的

掌握信息系统数据的查询、打印等常规输出方式的设计方法,掌握运用软件开发工具进行输出模块实现的方法,掌握输出设计的内容及过程。

5.3.2 实验内容与要求

根据信息系统的设计要求,将指定的数据利用查询、打印等手段进行输出,写出有关输出设计的说明书。

5.3.3 实验预备知识

1. 常用的输出形式

输出形式的设计是输出设计的一个重要内容,是用户评价系统实用性的重要依据。信息系统所产生的输出一般可表现为以下几种形式:

(1) 报表,例如工资汇总表、销售明细表、学生成绩表等各种以表格形式输出的信息。

(2) 图形,例如折线图、条形图、圆饼图、散点图等。

(3) 屏幕显示,主要用于查询输出。

(4) 其他输出形式,如零售终端、多媒体(音频或视频)、电子邮件、Web 超链接文档等。

2. 常用的输出设备

(1) 打印机,主要用于各种表格、单据等需要输出到纸介质上的信息输出。

(2) 显示器,主要用于即时信息的查询输出。

(3) 绘图仪,用于将各种图形输出到纸介质上。

(4) 其他外设,如音箱等。

3. 输出设计要注意的问题

(1) 要考虑系统硬件的性能与功能。例如,发票的打印可以使用具有平推打印功能的专用票据打印机,在进行输出设计时就要考虑到在这种打印机的打印方式。

(2) 要尽量利用原来用户熟悉的格式进行输出,如确需修改,也应尽可能少地修改。

(3) 要考虑到系统发展的需要。如利用软件开发工具 PowerBuilder 中的交叉报表,它可根据数据库的数据自动产生。

(4) 要注意业务量的大小,以确定较经济且快速的输出方式,如打印量大、打印频繁的票据,可以采用套打方式,对于打印量小的报表可以采用直接打印方式。

(5) 对于同一内容,当采用不同的输出形式时尽可能保持输出内容与格式的一致性,例如屏幕显示与打印的内容及格式一致。

4. 输出设计的内容

根据系统设计的基本要求,按用户提出的输出需求,输出设计内容一般包括:

(1) 输出信息的内容,包括每张报表、单据等所对应的输出项目、位数、数据形式等。

(2) 输出形式,即最终信息的提供形式,包括格式的具体要求,如报表的打印行数等。

(3) 输出设备。

(4) 输出介质。

(5) 有关输出信息的使用,如使用者、使用目的、输出信息量、使用周期、复写份数等。

5. 输出设计的过程

输出设计的过程一般包括以下几个步骤:

(1) 确定系统输出的内容并检查逻辑需求。

(2) 说明物理输出需求,如输出介质、输出设备等。

(3) 按照需求设计预打印(或显示)的格式。

(4) 使用下列工具设计、验证和测试输出。

① 布局工具。例如,手绘草图、打印机/显示布局图或者 CASE。

② 原型设计工具。例如,电子表格、4GL。

③ 代码生成工具。例如 Visual FoxPro 中的报表生成器等。

(5) 根据以上设计,利用计算机语言或软件开发工具编写必要的程序代码,实现各种输出功能。

5.3.4 实验环境及要求

安装有数据库管理系统、相关的软件开发工具及有关的设备(如打印机),数据库中应预先录有系统需要输出的各种数据若干(数据量视系统设计的要求定),录入的数据可以来自输入模块输入的数据,也可以直接在数据库中添加数据。

5.3.5 实验步骤

在工资管理系统中,需要输出的数据包括部门名称、职务、员工信息、工资信息的查询及员工信息、员工个人工资条、工资一览表等。具体的实现过程如下:

1. 部门信息查询

部门信息查询主要用于查看已有哪些部门。本程序提供了按部门编号和部门名称查询的方式。实现步骤如下:

步骤 1:在打开的项目中,选择"项目"→"添加 Windows 窗体",屏幕出现如图 5.2.3 所示的"添加新项"对话框,输入窗体文件名 DepartMentInquireCon.cs,出现窗体设计界面。

步骤 2:在窗体设计界面上,添加两个 Label 控件 lblPrompt、lblDepName 用于显示表单中的文字提示,添加 ComboBox 控件 ComboBox1 用于选择查询的条件,添加 TextBox 控件 DepName 用于输入查询的条件,增加两个 Button 控件 btnQuery、btnExit 用于"查询""退出"按钮,添加 DataGridView 控件 dataGridView1 用于显示查询的结果。各控件的属性设置见表 5.3.1,设计的界面效果见图 5.3.1。

表 5.3.1 "部门信息查询"窗体各对象属性设置

控 件 类 型	对 象 名	属 性	取 值
Form	DepartMentInquireCon	Text	部门信息查询—按条件
Label	lblPrompt	Text	请选择查询条件:
Label	lblDepName	Text	部门名称
ComboBox	comboBox1	Items	按编号查询/按名称查询
TextBox	DepName	Text	
Button	btnQuery	Text	查询
Button	btnExit	Text	退出
DataGridView	dataGridView1		

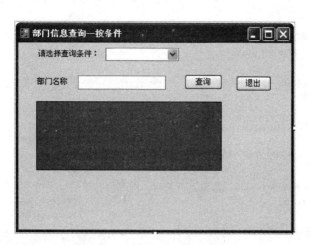

图 5.3.1 "部门信息查询"窗体

步骤 3：按 F7 键，打开 DepartMentInquireCon. cs 的代码编辑窗，在代码开头的 using 引用部分的末尾，添加两个相关命名空间的引用：

```
using System. Data. SqlCient;
using System. Text. RegularExpressions;
```

步骤 4：在 DepartMentInquireCon. cs 程序的公共部分类定义 public partial class 中添加如下代码：

```
public static string sConn = "server = localhost; database = SalaryDB; uid = sa; pwd = 123456";
SqlConnection SqlConn = new SqlConnection(sConn);
int CH;
```

步骤 5：编写 ComboBox 控件 comboBox1 的选择事件 SelectedIndexChanged 的代码：

```
private void comboBox1_SelectedIndexChanged(object sender, EventArgs e)
 {
    this.comboBox1.Text = this.comboBox1.Items[this.comboBox1.SelectedIndex].ToString();
    CH = this.comboBox1.SelectedIndex + 1;
    if (CH == 1)
      {
        this.lblDepName.Text = "部门编号";
      }
    if (CH == 2)
      {
        this.lblDepName.Text = "部门名称";
      }
  }
```

步骤 6：编写"查询"按钮 btnQuery 的 Click 事件代码如下：

```
private void btnQuery_Click(object sender, EventArgs e)
 {
    string QueryString = this.DepName.Text.Trim();
    if (CH == 1)
      {
        if (QueryString == "")
```

```
        {
            MessageBox.Show("请输入需要查询的部门编号!");
            return;
        }
    Main.datagrid_load(SqlConn, "ShowDepartmentQueryID", this.dataGridView1, "DepId",
QueryString);
    }
    if (CH == 2)
    {
        if (QueryString == "")
        {
            MessageBox.Show("请输入需要查询的部门名称!");
            return;
        }
    Main.datagrid_load(SqlConn, "ShowDepartmentQuery", this.dataGridView1, "DepName",
QueryString);
    }
}
```

步骤 7：编写"退出"按钮 btnExit 的 Click 事件代码如下：

```
private void btnExit_Click(object sender, EventArgs e)
{
    this.Close();
}
```

2. 职务查询

职务查询用于查看已有哪些职务,考虑到职务信息较少,仅提供按顺序查询的方式。实现步骤如下:

步骤 1：在打开的项目中,选择"项目"→"添加 Windows 窗体",屏幕出现如图 5.2.3 所示的"添加新项"对话框,输入窗体文件名 PositionInquireSeq.cs,出现窗体设计界面。

步骤 2：在窗体设计界面上,添加两个 Label 控件 lblPosId、lblPosName 用于显示表单中的文字提示,添加两个 TextBox 控件 PosId、PosName 用于显示职务编号与职务名称,添加 5 个 Button 控件 btnFirst、btnPriview、btnNext、btnLast、btnExit 用于"首记录""上一条""下一条""尾记录""退出"5 个按钮。各控件的属性设置如表 5.3.2 所示,设计的界面效果见图 5.3.2。

表 5.3.2 "职务查询"窗体各对象属性设置

控 件 类 型	对 象 名	属 性	取 值
Form	PositionInquireSeq	Text	职务查询-顺序查询
Label	lblPosId	Text	职务编号
Label	lblPosName	Text	职务名称
TextBox	PosId	Text	
TextBox	PosName	Text	
Button	btnFirst	Text	首记录
Button	btnPriview	Text	上一条
Button	btnNext	Text	下一条
Button	btnLast	Text	尾记录
Button	btnExit	Text	退出

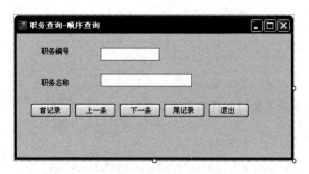

图 5.3.2 "职务查询"窗体

步骤 3：按 F7 键，打开 PositionInquireSeq.cs 的代码编辑窗，在代码开头的 using 引用部分的末尾，添加两个相关命名空间的引用：

```
using System.Data.SqlCient;
using System.Text.RegularExpressions;
```

步骤 4：在 PositionInquireSeq.cs 程序的公共部分类定义 public partial class 中添加如下代码：

```
public static string sConn = "server = localhost; database = SalaryDB; uid = sa; pwd = 123456";
SqlConnection SqlConn = new SqlConnection(sConn);
DataTable dt = new DataTable();
SqlDataAdapter da;
DataSet ds;
int maxNum;
int num;
```

步骤 5：编写窗体加载事件 Load 代码如下：

```
private void PositionInquireSeq_Load(object sender, EventArgs e)
  {
    try
     {
      SqlConn.Open();
      da = new SqlDataAdapter("select PosId 职务编号, PosName 职务名称 from position", SqlConn);
      da.Fill(dt);
      ds = new DataSet();
      int numberOfRows = da.Fill(ds, "position");
      maxNum = ds.Tables["position"].Rows.Count;
      if (maxNum > 0)
       {
         num = 0;
         show(num);
       }
  }
catch (Exception ex)
  {
     MessageBox.Show(ex.Message);
  }
```

```
finally
 {
    SqlConn.Close();
  }
}
```

步骤 6：编写显示职务信息的代码如下：

```
public void show( int num)
  {
     PosId.Text = ds.Tables["position"].Rows[num][0].ToString();
     PosName.Text = ds.Tables["position"].Rows[num][1].ToString();
  }
```

步骤 7：编写"首记录"按钮 btnFirst 的 Click 事件代码如下：

```
private void btnFisrt_Click(object sender, EventArgs e)
  {
     if (maxNum > 0)
      {
        num = 0;                        //定位第一条记录
         show( num);
      }
  }
```

步骤 8：编写"上一条"按钮 btnPriview 的 Click 事件代码如下：

```
private void btnPriview_Click(object sender, EventArgs e)
  {
     if (maxNum > 0)
      {
        if (num > 0)
         {
           num--;                       //定位上一条记录
           show(num);
         }
      }
  }
```

步骤 9：编写"下一条"按钮 btnNext 的 Click 事件代码：

```
private void btnNext_Click(object sender, EventArgs e)
  {
     if (maxNum > 0)
      {
        if (num < maxNum - 1)
         {
           num++;                       //定位下一条记录
           show(num);
         }
      }
  }
```

步骤 10：编写“尾记录”按钮 btnLast 的 Click 事件代码如下：

```
private void btnLast_Click(object sender, EventArgs e)
 {
   if (maxNum > 0)
     {
       num = maxNum - 1;                    //定位最后一条
       show(num);
     }
  }
```

步骤 11：编写“退出”按钮 btnExit 的 Click 事件代码如下：

```
private void btnExit_Click(object sender, EventArgs e)
 {
   this.Close();
 }
```

3. 员工基本信息查询与打印

员工基本信息查询主要是提供按员工号、姓名、部门、职务等各种条件进行查询，并可将查询到的结果打印出来。输出界面的设计思想是：将输出的屏幕分成输入查询条件区域、查询结果显示区域、查询结果操作按钮区域，其中查询结果操作按钮区域又分成两个区域：一个是对查询结果翻页的按钮区域，另一个是查询结果输出按钮区域。为此，使用面板控件 Panel 将整个窗体分成 6 个操作区域。同时，考虑到查询得到的结果较多，将查询得到的结果分页显示。当首次启动员工基本信息查询功能时，默认将显示所有员工的信息。打印输出的实现是将屏幕显示的查询结果输出至 Office 中的 Excel 表格，用户可利用 Excel 的功能输出到打印机。为此，需要在项目中添加对 Office 组件的引用。添加引用的方法如下：选择“项目”→“添加引用”，在“添加引用”对话框中选择 Microsoft. Office. Interop. Excel，在“解决方案资源管理器”中就会新增对 Office 中 Excel 的引用(注意选择与本机 Excel 相同的版本)。

步骤 1：在打开的项目中，选择“项目”→“添加 Windows 窗体”，屏幕出现如图 5. 2. 3 所示的“添加新项”对话框，输入窗体文件名 EmployeeInfoQuery. cs，出现窗体设计界面。

步骤 2：在窗体设计界面上，添加 Panel 控件 Panel1 置于整个屏幕，添加两个 Panel 控件 Panel2、Panel3 分别置于屏幕的左、右两侧，添加 Panel 控件 Panel4 置于中央上方作为查询条件区域。在 Panel4 中添加 4 个 Label 控件 label1、label2、label3、label4 用于显示表单中的查询文字提示，添加 ComboBox 控件 comboBox1 用于用户选择查询条件选项，添加两个 TextBox 控件 textBox1 和 textBox2 用于输入查询的值、每页显示的记录数，添加 Button 控件用于“查询”按钮 button1。在 Panel4 的下方添加 DataGridView 控件 dataGridView1 用于显示满足查询条件的结果。在 DataGridView 控件 dataGridView1 下方添加 Panel 控件 Panel5，在 Panel 控件 Panel5 的右侧添加 Panel 控件 Panel6。在 Panel 控件 Panel6 上添加两个 Button 控件用于“打印”按钮 button2、“退出”按钮 button3。在 Panel 控件 Panel5 的左侧分别添加 4 个 Button 控件用于翻页按钮：“首页”按钮 ≪ button4、“前一页”按钮 ‹ button5、“下一页”按钮 › button6、“末页”按钮 ≫ button7。各控件的属性设置如表 5. 3. 3 所示，设计的界面效果见图 5. 3. 3。

表 5.3.3 "员工信息查询"窗体各对象属性设置

控 件 类 型	对 象 名	属 性	取 值
Form	EmployeeInfoQuery	Text	员工信息查询
Panel	Panel1	Dock	Fill
Panel	Panel1	Locked	True
Panel	Panel2	Dock	Left
Panel	Panel2	Locked	True
Panel	Panel3	Dock	Right
Panel	Panel3	Locked	True
Panel	Panel4	Dock	Top
Panel	Panel5	Dock	Bottom
Panel	Panel5	Locked	True
Panel	Panel6	Dock	Right
Panel	Panel6	Locked	True
Label	label1	Text	员工信息查询
Label	label1	Locked	True
Label	label2	Text	请选择查询项目
Label	label2	Locked	True
Label	label3	Text	请输入查询值
Label	label3	Locked	True
Label	label4	Text	每页条数
Label	label4	Locked	True
ComboBox	comboBox1	Text	
ComboBox	comboBox1	Locked	True
ComboBox	comboBox1	Items	所有/员工号/姓名/部门/职务
ComboBox	comboBox1	DropDownStyle	DropDownList
ComboBox	comboBox1	FormattingEnabled	True
TextBox	textBox1	Text	
TextBox	textBox1	Locked	True
TextBox	textBox2	Text	
TextBox	textBox2	Locked	True
Button	button1	Text	查询
Button	button1	Locked	True
Button	button2	Text	打印
Button	button2	Locked	True
Button	button3	Text	退出
Button	button3	Locked	True
Button	button4	Text	<<
Button	button4	Locked	True
Button	button5	Text	<
Button	button5	Locked	True
Button	button6	Text	>
Button	button6	Locked	True
Button	button7	Text	>>
Button	button7	Locked	True
DataGridView	dataGridView1	Dock	Fill
DataGridView	dataGridView1	Locked	True
DataGridView	dataGridView1	RowTemplate	DataGridViewRow{index=−1}

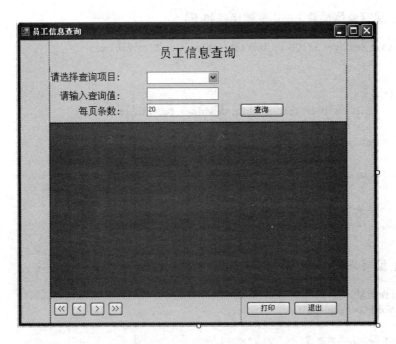

图 5.3.3 "员工信息查询"窗体

步骤 3：按 F7 键,打开 EmployeeInfoQuery. cs 的代码编辑窗,在代码开头的 using 引用部分的末尾,添加两个相关命名空间的引用：

```
using System.Data.SqlCient;
using System.Text.RegularExpressions;
```

步骤 4：在 EmployeeInfoQuery. cs 程序的 public partial class 定义中添加如下代码：

```
public static string sConn = "server = localhost; database = SalaryDB; uid = sa; pwd = 123456";
SqlConnection SqlConn = new SqlConnection(sConn);
SqlDataAdapter dataAdapter = new SqlDataAdapter();
DataTable dataTable = new DataTable();
 int pageIndex = 0;                       //当前页序号
 int pageCount = 1;                       //页面数
 int showLines = 20;                      //显示行数
```

步骤 5：编写窗体初始化代码,具体代码如下：

```
public EmployeeInfoQuery()
    {
    InitializeComponent();
    this.comboBox1.SelectedIndex = 0;
    this.dataAdapter.SelectCommand = new SqlCommand(@"exec GetEmployeeInfo 0, ", 0, " +
showLines);
    this.dataAdapter.SelectCommand.Connection = new SqlConnection(sConn);
    this.dataGridView1.DataSource = this.dataTable;
    }
```

步骤 6：编写窗体加载 Load 事件代码如下：

```
private void EmployeeInfoQuery_Load(object sender, EventArgs e)
 {
    try
       {
            this.textBox2.Text = this.showLines.ToString();
            this.CountPages();
            ToPage(0);
        }
    catch (Exception exp)
        {
            MessageBox.Show(exp.Message);
        }
    }
```

步骤 7：编写分页显示处理的相关代码，具体代码如下：

```
//计算页面数量
private void CountPages()
  {
      this.pageIndex = 0;
      this.pageCount = 1;
      SqlConnection conn = null;
       try
        {
            conn = new SqlConnection(Main.sConn);
            conn.Open();
            SqlCommand cmd = new SqlCommand(string.Format(@"exec GetEmployeeInfoCount {0},
'{1}'", this.comboBox1.SelectedIndex, this.textBox1.Text));
            cmd.Connection = conn;
            SqlDataReader reader = cmd.ExecuteReader();
            if (reader.Read())
             {
                 int count = reader.GetInt32(0);
                  if (count > 0)
                   {
                      pageCount = (int)(count / showLines);
                      if (count % showLines != 0)
                        {
                            pageCount++;
                        }
                   }
             }
         }
      finally                            //这里不捕获异常,给调用函数捕获
        {
            this.EnablePageIndex();
            if (conn != null && conn.State != ConnectionState.Closed)
             {
                 conn.Close();
             }
         }
    }
```

```
private void EnablePageIndex()
  {
    this.button4.Enabled = this.pageCount > 1 && this.pageIndex > 0;
    this.button5.Enabled = this.pageCount > 1 && this.pageIndex > 0;
    this.button6.Enabled = this.pageCount > 1 && this.pageIndex + 1 < this.pageCount;
    this.button7.Enabled = this.pageCount > 1 && this.pageIndex + 1 < this.pageCount;
  }
//< summary >
//跳到指定页
//</ summary >
//< param name = "pageIdx">页序号</param >
private void ToPage(int pageIdx)
  {
    System.Diagnostics.Debug.Assert(pageIdx > - 1 && pageIdx < pageCount, "页面序号不正确");
     this.dataAdapter.SelectCommand.CommandText = string.Format(@"exec GetEmployeeInfo
{0}, '{1}', {2}, {3}", this.comboBox1.SelectedIndex, this.textBox1.Text, pageIdx * showLines,
showLines);
    this.dataTable.Clear();
    this.dataAdapter.Fill(this.dataTable);
  }
```

步骤 8：编写"查询"按钮 button1 的 Click 事件代码,具体代码如下：

```
private void button1_Click(object sender, EventArgs e)
  {
    try
      {
          int lines = 0;
          int.TryParse(this.textBox2.Text, out lines);
          if (lines > 0)
            {
              this.showLines = lines;
            }
          else
            {
              this.textBox2.Text = this.showLines.ToString();
            }
          this.CountPages();
          this.ToPage(0);
      }
    catch (Exception exp)
      {
          MessageBox.Show(exp.Message);
      }
  }
```

步骤 9：编写"首页"按钮 ⧏ button4 的 Click 事件代码。

```
private void button4_Click(object sender, EventArgs e)
  {
    try
      {
          this.ToPage(0);
```

```
                this.pageIndex = 0;
                this.EnablePageIndex();
            }
        catch (Exception exp)
            {
                MessageBox.Show(exp.Message);
            }
        }
```

步骤 10：编写"前一页"按钮 ☐ button5 的 Click 事件代码如下：

```
private void button5_Click(object sender, EventArgs e)
    {
        try
            {
                this.ToPage(this.pageIndex - 1);
                this.pageIndex -= 1;
                this.EnablePageIndex();
            }
        catch (Exception exp)
            {
                MessageBox.Show(exp.Message);
            }
        }
```

步骤 11：编写"后一页"按钮 ☐ button6 的 Click 事件代码如下：

```
private void button6_Click(object sender, EventArgs e)
  {
    try
        {
            this.ToPage(this.pageIndex + 1);
            this.pageIndex += 1;
            this.EnablePageIndex();
        }
    catch (Exception exp)
        {
            MessageBox.Show(exp.Message);
        }
    }
```

步骤 12：编写"末页"按钮 ☐ button7 的 Click 事件代码如下：

```
private void button7_Click(object sender, EventArgs e)
    {
        try
            {
                this.ToPage(this.pageCount - 1);
                this.pageIndex = this.pageCount - 1;
                this.EnablePageIndex();
            }
        catch (Exception exp)
            {
```

```
        MessageBox.Show(exp.Message);
    }
}
```

步骤 13：编写"打印"按钮 button2 的 Click 事件代码如下：

```
private void button2_Click(object sender, EventArgs e)
{
    salaryTotal.ExportDataToExcel(this.dataGridView1, true);
}
```

步骤 14：编写"退出"按钮 button3 的 Click 事件代码如下：

```
private void button3_Click(object sender, EventArgs e)
{
    this.Close();
}
```

4. 员工工资数据查询

员工工资数据查询主要是提供按员工号、姓名、部门、职务等各种条件对职工工资进行查询，并可将查询到的结果打印出来。输出界面的设计思想是：将输出的屏幕分成输入查询条件区域、查询结果显示区域、查询结果操作按钮区域，其中查询结果操作按钮区域又分成两个区域：一个是对查询结果翻页的按钮区域，另一个是查询结果输出按钮区域。为此，使用面板控件 Panel 将整个窗体分成 6 个操作区域。同时，考虑到查询得到的结果较多，将查询得到的结果分页显示。当首次启动员工工资数据查询功能时，默认将显示所有员工的工资信息。打印输出的实现是将屏幕显示的查询结果输出至 Office 中的 Excel 表格，用户可利用 Excel 的功能输出到打印机（需要添加 Excel 引用）。在查询输出工资表时，给出了两种输出方式：一种按工资表的形式打印输出，另一种按工资条的形式输出。工资条的打印主要用于将个人的工资项目打印出来发给员工个人，而工资表主要可按部门等方式按页输出。

步骤 1：在打开的项目中，选择"项目"→"添加 Windows 窗体"，屏幕出现如图 5.2.3 所示的"添加新项"对话框，输入窗体文件名 SalaryQuery.cs，出现窗体设计界面。

步骤 2：在窗体设计界面上，添加 Panel 控件 Panel1 置于整个屏幕，添加两个 Panel 控件 Panel2、Panel3 分别置于屏幕的左、右两侧，添加 Panel 控件 Panel4 置于屏幕的中央上方作为查询条件区域。在 Panel4 上添加 4 个 Label 控件 label1、label2、label3、label4 用于显示表单中的查询文字提示，添加 ComboBox 控件 comboBox1 用于由用户选择查询条件选项，添加 TextBox 控件 textBox1 和 textBox2 用于输入查询的值、每页显示的记录数，添加 Button 控件用于"查询"按钮 button1。在 Panel4 的下方添加 DataGridView 控件 dataGridView1 用于显示满足查询条件的结果。在 DataGridView 控件 dataGridView1 的下方添加 Panel 控件 Panel5，在 Panel 控件 Panel5 的右侧添加 Panel 控件 Panel6。在 Panel 控件 Panel6 上添加两个 Button 控件用于"打印工资表"按钮 button2、"打印工资条"按钮控件 button8 和"退出"按钮 button3。在 Panel 控件 Panel5 的左侧分别添加 4 个 Button 控件用于翻页按钮："首页"按钮 ⏮ button4、"前一页"按钮 ◁ button5、"下一页"按钮 ▷ button6、"末页"按钮 ⏭ button7。各控件的属性设置如表 5.3.4 所示，设计的界面效果见图 5.3.4。

表 5.3.4 "员工工资数据查询"窗体各对象属性设置

控 件 类 型	对 象 名	属 性	取 值
Form	SalaryQuery	Text	工资查询
Panel	Panel1	Dock	Fill
Panel	Panel2	Dock	Left
Panel	Panel3	Dock	Right
Panel	Panel4	Dock	Top
Panel	Panel5	Dock	Bottom
Panel	Panel6	Dock	Right
Panel	Panel6	Locked	True
Label	label1	Text	员工工资数据查询
Label	label2	Text	请选择查询项目
Label	label3	Text	请输入查询值
Label	label4	Text	每页条数
ComboBox	comboBox1	Text	
ComboBox	comboBox1	Items	所有/员工号/姓名/部门/职务
ComboBox	comboBox1	DropDownStyle	DropDownList
TextBox	textBox1	Text	
TextBox	textBox2	Text	
Button	button1	Text	查询
Button	button2	Text	打印工资表
button	button8	Text	打印工资条
Button	button3	Text	退出
Button	button4	Text	<<
Button	button5	Text	<
Button	button6	Text	>
Button	button7	Text	>>
DataGridView	dataGridView1	Dock	Fill
DataGridView	dataGridView1	RowTemplate	DataGridViewRow{index=－1}

图 5.3.4 "员工工资数据查询"窗体

步骤 3：按 F7 键，打开 SalaryQuery. cs 的代码编辑窗，在代码开头的 using 引用部分的末尾，添加两个相关命名空间的引用：

```
using System. Data. SqlCient;
using System. Text. RegularExpressions;
```

步骤 4：在 SalaryQuery. cs 程序的 public partial class 定义开头，添加如下代码：

```
public static string sConn = "server = localhost; database = SalaryDB; uid = sa; pwd = 123456";
SqlConnection SqlConn = new SqlConnection(sConn);
SqlDataAdapter dataAdapter = new SqlDataAdapter();
DataTable dataTable = new DataTable();
 //当前页序号
 int pageIndex = 0;
 //页面数
 int pageCount = 1;
 //显示行数
 int showLines = 20;
```

步骤 5：编写窗体初始化代码如下：

```
public SalaryQuery()
  {
    InitializeComponent();
    this. comboBox1. SelectedIndex = 0;
    this. dataAdapter. SelectCommand = new SqlCommand(@"exec GetSalaryInfo 0, '', 0, " +
showLines);
    this. dataAdapter. SelectCommand. Connection = new SqlConnection(sConn);
        this. dataGridView1. DataSource = this. dataTable;
  }
```

步骤 6：编写窗体加载事件 Load 的代码如下：

```
private void SalaryQuery_Load(object sender, EventArgs e)
{
  try
    {
      this. textBox2. Text = this. showLines. ToString();
      this. CountPages();
      ToPage(0);
    }
  catch (Exception exp)
    {
      MessageBox. Show(exp. Message);
    }
}
```

步骤 7：编写分页显示处理的相关代码如下：

```
//< summary>
//计算页面数量
//</summary>
private void CountPages()
```

```
        {
            this.pageIndex = 0;
            this.pageCount = 1;
            SqlConnection conn = null;
            try
            {
                conn = new SqlConnection(sConn);
                conn.Open();
                SqlCommand cmd = new SqlCommand(string.Format(@"exec GetSalaryInfoCount
{0}, '{1}'", this.comboBox1.SelectedIndex, this.textBox1.Text));
                cmd.Connection = conn;
                SqlDataReader reader = cmd.ExecuteReader();
                if (reader.Read())
                {
                    int count = reader.GetInt32(0);
                    if (count > 0)
                    {
                        pageCount = (int)(count / showLines);
                        if (count % showLines != 0)
                        {
                            pageCount++;
                        }
                    }
                }
            }
            finally                              //这里不捕获异常,给调用函数捕获
            {
                this.EnablePageIndex();
                if (conn != null && conn.State != ConnectionState.Closed)
                {
                    conn.Close();
                }
            }
        }
private void EnablePageIndex()
    {
        this.button4.Enabled = this.pageCount > 1 && this.pageIndex > 0;
        this.button5.Enabled = this.pageCount > 1 && this.pageIndex > 0;
        this.button6.Enabled = this.pageCount > 1 && this.pageIndex + 1 < this.pageCount;
        this.button7.Enabled = this.pageCount > 1 && this.pageIndex + 1 < this.pageCount;
    }


    //< summary >
    //跳到指定页
    //</ summary >
    //< param name = "pageIdx">页序号</param >
    private void ToPage(int pageIdx)
    {
        System.Diagnostics.Debug.Assert(pageIdx > -1 && pageIdx < pageCount, "页面序号不正确");
        this.dataAdapter.SelectCommand.CommandText = string.Format(@"exec GetSalaryInfo {0},
'{1}', {2}, {3}", this.comboBox1.SelectedIndex, this.textBox1.Text, pageIdx * showLines,
```

```
showLines);
    this.dataTable.Clear();
        this.dataAdapter.Fill(this.dataTable);
    }
```

步骤 8：编写"查询"按钮 button1 的 Click 事件代码如下：

```
private void button1_Click(object sender, EventArgs e)
 {
    try
      {
          int lines = 0;
          int.TryParse(this.textBox2.Text, out lines);
          if (lines > 0)
           {
              this.showLines = lines;
           }
          else
           {
              this.textBox2.Text = this.showLines.ToString();
           }
          this.CountPages();
          this.ToPage(0);
      }
    catch (Exception exp)
      {
          MessageBox.Show(exp.Message);
      }
  }
```

步骤 9：编写"首页"按钮 ⊠ button4 的 Click 事件代码如下：

```
private void button4_Click(object sender, EventArgs e)
  {
    try
      {
          this.ToPage(0);
          this.pageIndex = 0;
          this.EnablePageIndex();
      }
    catch (Exception exp)
      {
          MessageBox.Show(exp.Message);
      }
  }
```

步骤 10：编写"前一页"按钮 ◁ button5 的 Click 事件代码如下：

```
private void button5_Click(object sender, EventArgs e)
  {
    try
      {
```

```
                this.ToPage(this.pageIndex - 1);
                this.pageIndex -= 1;
                this.EnablePageIndex();
            }
        catch (Exception exp)
            {
                MessageBox.Show(exp.Message);
            }
        }
```

步骤 11：编写"后一页"按钮 ⯈ button6 的 Click 事件代码如下：

```
private void button6_Click(object sender, EventArgs e)
    {
        try
            {
                this.ToPage(this.pageIndex + 1);
                this.pageIndex += 1;
                this.EnablePageIndex();
            }
        catch (Exception exp)
            {
                MessageBox.Show(exp.Message);
            }
        }
```

步骤 12：编写"末页"按钮 ⯈⯈ button7 的 Click 事件代码如下：

```
private void button7_Click(object sender, EventArgs e)
    {
        try
            {
                this.ToPage(this.pageCount - 1);
                this.pageIndex = this.pageCount - 1;
                this.EnablePageIndex();
            }
        catch (Exception exp)
            {
                MessageBox.Show(exp.Message);
            }
        }
```

步骤 13：编写"打印工资表"按钮 button2 的 Click 事件代码如下：

```
//实现输出到 Excel 功能的程序 ExportDataToExcel 参见 5.4 节中的工资汇总部分
private void button2_Click(object sender, EventArgs e)
    {
        salaryTotal.ExportDataToExcel(this.dataGridView1, true);
    }
```

步骤 14：编写"打印工资条"按钮 button8 的 Click 事件代码：

```
//实现输出到 Excel 功能的程序 ExportSalaryStripeToExcel 参见 5.4 节中的工资汇总部分
```

```
private void button8_Click(object sender, EventArgs e)
 {
     salaryTotal.ExportSalaryStripeToExcel(this.dataGridView1);
 }
```

步骤 15：编写"退出"按钮 button3 的 Click 事件代码如下：

```
private void button3_Click(object sender, EventArgs e)
 {
     this.Close();
 }
```

5.3.6 实验结果与报告

1. 实验结果

本实验的主要目的是完成信息系统的数据输出功能，因此正确的实验结果是：首先要能按设计要求完成预期的数据输出功能，包括查询、打印等，并通过直接打开数据库中相关的表来检查输出的数据是否正确，是否输出了不应该输出的数据，输出的格式是否正确等。经检查，证明能正确完成数据输出功能，则该实验项目结束。

2. 实验报告

实验报告首先要详细描述输出模块的实现过程，说明在实验过程中遇到的问题及解决的方法。实验过程的描述可以参照上述"5.3.5 实验步骤"进行书写。实验的结果应实现的输出界面并给出打印结果，并写出相对照的真实的数据库表中的数据。

5.4 实验 4：信息系统处理设计实验

特别说明：信息系统的数据处理所涉及的功能，有些是作为独立子系统存在的，有些因系统处理的需要而与相关的子系统联系在一起，如超市购销存系统中，当销售商品时，它可自动修改库存商品量。因此，本实验所提到的某些常用的数据处理方法（如数据修改）可以根据整个系统的结构，既可以作为一个独立子系统，也可以作为某个子系统中的一个模块。

5.4.1 实验目的

掌握信息系统中数据的常用处理方法，掌握利用软件开发工具设计数据处理程序的方法，了解数据处理过程中数据之间的关联关系及如何利用程序保持数据的一致性。

5.4.2 实验内容与要求

根据信息系统的要求，对已输入到数据库中的数据进行删除、修改、计算、统计等常用处理，并根据需要将处理结果保存在系统中，提交相关的处理程序及说明。

5.4.3 实验预备知识

从整个信息系统来看，从数据输入计算机开始都可以称为数据处理，但在这里指的是依据信息系统所面向的业务过程而形成的数据处理。因此，这里的信息系统处理设计仅指为满足业务功能而进行的数据处理，它的处理过程有些是可见的，有些是由系统程序自动完成的(对于用户来说是不可见的,但是必需的)。

1. 数据处理的原则

(1) 满足用户需求的原则。数据处理功能应以用户提出的需求为基本出发点来进行定义。

(2) 最小化原则。数据处理功能的实现应尽可能简单,模块尽可能小,以实现单一功能的基本要求。

(3) 数据检查原则。处理后的数据应尽可能让用户知道处理的结果,方便用户进行处理结果的检查。

(4) 严格遵守处理流程。数据处理存在一定的处理顺序,因此要严格控制数据处理的流程,以保证数据处理的正确性。例如,要进行实发工资的计算,必须将所有的工资数据输入完成后才能进行计算;要进行工资发放表的打印,必须完成所有的工资计算。

(5) 高效率原则。对某些能进行实时处理的数据,可以设计后台程序在数据输入的同时完成相应的处理。例如,开销售发票时,需要计算销售金额,可以在输入完销售数量及销售单价后自动计算销售额。

2. 常见信息系统的数据处理流程与方法

信息系统的数据处理是与业务流程紧密相关的,因此,不同的业务就有不同的数据处理。一般来说,数据处理都是在完成数据的输入之后,按业务的要求进行相应的处理。因此,根据数据处理的要求不同,可以将数据处理分为实时处理与成批处理两种。

(1) 实时处理。实时处理是指当业务发生时立即处理。这种处理方式一般用于要求能实时反映数据处理状态的情况。例如,在进行产品销售时要立即更新产品库存数据,因此库存数据的处理应按销售情况进行实时处理。

(2) 成批处理。成批处理主要用于对数据的实时性处理要求不高的情况。例如,对工资的汇总、学生成绩的分析等,都可以采用成批处理。

3. 如何保存数据处理结果

数据处理的结果在信息系统中一般保存到数据库中,对不需要永久保存的处理结果可保存到临时表中。

5.4.4 实验环境及要求

安装有数据库管理系统及相关的软件开发工具,数据库中应预先保存有系统需要处理的各种数据若干(数据量视系统设计的要求定)。

5.4.5 实验步骤

在工资管理系统中,常见的工资数据处理包括工资的汇总、工资数据批量修改、工资个别数据的修改等。

1. 工资个别数据修改

工资个别数据修改用于修改单个职工的工资信息。修改时直接选择员工号,将员工的工资数据从工资数据表调出来修改。

步骤 1:在打开的项目中,选择"项目"→"添加 Windows 窗体",屏幕出现如图 5.2.3 所示的"添加新项"对话框,输入窗体文件名 SalaryModifyP. cs,出现窗体设计界面。

步骤2：在窗体设计界面上，添加 11 个 Label 控件 lblEmpId、lblEmpName、lblBaseSal、lblSalSup、lblBonus、lblSubsidy、lblPay、lblPrfund、lblRent、LalWeRent、lblSalPaid 用于显示表单中的文字提示，添加 ComboBox 控件 EmpId 用于选择职工编号，添加 1 个 TextBox 控件 EmpName 用于显示职工姓名，添加 9 个 TextBox 控件 BaseSal、SalSup、Bonus、Subsidy、Pay、Prfund、Rent、WeRent、SalPaid 用于显示并修改职工的基本工资、附加工资、奖金、补贴、应发工资、公积金、房租、水电费、实发工资，添加 4 个 Button 控件用于"确定"按钮 btnSure、"取消"按钮 btnCancel、"删除"按钮 btnDel、"退出"按钮 btnExit。各控件的属性设置如表 5.4.1 所示，设计的界面效果见图 5.4.1。

表 5.4.1　"工资数据个别修改"窗体各对象属性设置

控件类型	对象名	属性	取值
Form	SalaryModifyP	Text	工资数据个别修改
Label	lblPrompt	Text	请选择需要修改工资的职工编号：
Label	lblEmpId	Text	员工号
Label	lblEmpName	Text	姓名
Label	lblBaseSal	Text	基本工资
Label	lblSalSup	Text	附加工资
Label	lblBonus	Text	奖金
Label	lblSubsidy	Text	补贴
Label	lblPay	Text	应发工资
Label	lblPrfund	Text	公积金
Label	lblRent	Text	房租
Label	lblWeRent	Text	水电费
Label	lblSalPaid	Text	实发工资
ComboBox	EmpId	Text	
TextBox	EmpName	Text	
TextBox	BaseSal	Text	
TextBox	SalSup	Text	
TextBox	Bonus	Text	
TextBox	Subsidy	Text	
TextBox	Pay	Text	
TextBox	Pay	ReadOnly	True
TextBox	Prfund	Text	
TextBox	Rent	Text	
TextBox	WeRent	Text	
TextBox	SalPaid	Text	
TextBox	SalPaid	ReadOnly	True
Button	btnSure	Text	确定
Button	btnCancel	Text	取消
Button	btnDel	Text	删除
Button	btnExit	Text	退出

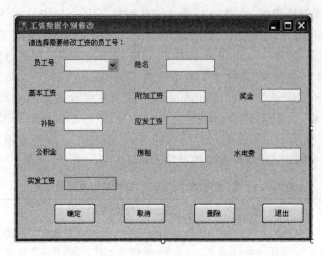

图 5.4.1 "工资数据个别修改"窗体

步骤 3：按 F7 键，打开 SalaryModifyP. cs 的代码编辑窗，在代码开头的 using 引用部分的末尾，添加两个相关命名空间的引用：

```
using System. Data. SqlCient;
using System. Text. RegularExpressions;
```

步骤 4：在 SalaryModifyP. cs 程序的 public partial class 定义开头，添加如下代码：

```
public static string sConn = "server = localhost; database = SalaryDB; uid = sa; pwd = 123456";
SqlConnection SqlConn = new SqlConnection(sConn);
DataTable dtSal;
```

步骤 5：编写窗体加载 Load 事件代码如下：

```
private void SalaryModifyP_Load(object sender, EventArgs e)
  {
     try
        {
           SqlConn. Open();
            SqlDataAdapter sdaSal = new SqlDataAdapter ( " select Salary. EmpId, EmpName,
BaseSal, SalSup, Bonus, Subsidy, Pay, Prfund, Rent, WeRent, SalPaid from Employee, Salary where
Employee. EmpId = Salary. EmpId", SqlConn);
           dtSal = new DataTable();
           sdaSal. Fill(dtSal);
           this. EmpId. BeginUpdate();
           this. EmpId. DataSource = dtSal;
           this. EmpId. DisplayMember = "EmpId";
           this. EmpId. ValueMember = "EmpName";
           this. EmpId. EndUpdate();
           this. EmpName. Text = "";
           this. BaseSal. Text = "";
           this. SalSup. Text = "";
           this. Bonus. Text = "";
           this. Subsidy. Text = "";
```

```
                this.Pay.Text = "";
                this.Prfund.Text = "";
                this.Rent.Text = "";
                this.WeRent.Text = "";
                this.SalPaid.Text = "";
                this.EmpId.Focus();
            }
            catch (Exception ex)
              {
                    MessageBox.Show(ex.Message);
              }
            finally
              {
                    SqlConn.Close();
              }
      }
```

步骤 6：编写 ComboBox 控件 EmpId 的 SelectedIndexChanged 事件代码如下：

```
private void EmpId_SelectedIndexChanged(object sender, EventArgs e)
  {
      int indexnum;
      indexnum = this.EmpId.SelectedIndex;
      this.EmpName.Text = dtSal.Rows[indexnum][1].ToString();
      this.BaseSal.Text = dtSal.Rows[indexnum][2].ToString();
      this.SalSup.Text = dtSal.Rows[indexnum][3].ToString();
      this.Bonus.Text = dtSal.Rows[indexnum][4].ToString();
      this.Subsidy.Text = dtSal.Rows[indexnum][5].ToString();
      this.Pay.Text = dtSal.Rows[indexnum][6].ToString();
      this.Prfund.Text = dtSal.Rows[indexnum][7].ToString();
      this.Rent.Text = dtSal.Rows[indexnum][8].ToString();
      this.WeRent.Text = dtSal.Rows[indexnum][9].ToString();
      this.SalPaid.Text = dtSal.Rows[indexnum][10].ToString();
      this.EmpId.Focus();
  }
```

步骤 7：编写"确定"按钮 btnSure 的 Click 事件代码如下：

```
private void btnSure_Click(object sender, EventArgs e)
    {
        int indexnum;
        indexnum = this.EmpId.SelectedIndex;
        Decimal[] ff = { 0, 0, 0, 0 };
        Decimal[] kc = { 0, 0, 0, 0 };
        Decimal ffsum, kcsum;
        int i;
        Decimal.TryParse(this.BaseSal.Text, out ff[0]);
        Decimal.TryParse(this.SalSup.Text, out ff[1]);
        Decimal.TryParse(this.Bonus.Text, out ff[2]);
        Decimal.TryParse(this.Subsidy.Text, out ff[3]);
        ffsum = 0;
        for (i = 0; i < 4; i++)
```

```
{
    ffsum += ff[i];
}
for (i = 0; i < 4; i++)
{
    dtSal.Rows[indexnum][2 + i] = ff[i];
}
dtSal.Rows[indexnum][6] = ffsum;
this.Pay.Text = ffsum.ToString();
Decimal.TryParse(this.Prfund.Text, out kc[0]);
Decimal.TryParse(this.Rent.Text, out kc[1]);
Decimal.TryParse(this.WeRent.Text, out kc[2]);
kcsum = 0;
for (i = 0; i < 3; i++)
{
    kcsum += kc[i];
}
this.SalPaid.Text = (ffsum − kcsum).ToString();
for (i = 0; i < 3; i++)
{
    dtSal.Rows[indexnum][7 + i] = ff[i];
}
dtSal.Rows[indexnum][10] = ffsum − kcsum;
try
{
    SqlConn.Open();
    SqlCommand sqlComm = new SqlCommand("Update_Salary", this.SqlConn);
    sqlComm.CommandType = CommandType.StoredProcedure;
    SqlParameter[] pares = {
                            new SqlParameter("@EmpId",SqlDbType.Char,5),
                            new SqlParameter("@BaseSal",SqlDbType.Decimal,8),
                            new SqlParameter("@SalSup", SqlDbType.Decimal,8),
                            new SqlParameter("@Bonus", SqlDbType.Decimal,8),
                            new SqlParameter("@Subsidy", SqlDbType.Decimal,8),
                            new SqlParameter("@Pay", SqlDbType.Decimal,9),
                            new SqlParameter("@Prfund", SqlDbType.Decimal,8),
                            new SqlParameter("@Rent", SqlDbType.Decimal,8),
                            new SqlParameter("@WeRent", SqlDbType.Decimal,8),
                            new SqlParameter("@SalPaid",SqlDbType.Decimal,9)
                            };
    pares[0].Value = this.EmpId.Text.Trim();
    pares[1].Value = ff[0];
    pares[2].Value = ff[1];
    pares[3].Value = ff[2];
    pares[4].Value = ff[3];
    pares[5].Value = ffsum;
    pares[6].Value = kc[0];
    pares[7].Value = kc[1];
    pares[8].Value = kc[2];
    pares[9].Value = ffsum − kcsum;
    foreach (SqlParameter parameter in pares)
```

```
            {
                sqlComm.Parameters.Add(parameter);
            }
            i = sqlComm.ExecuteNonQuery();
            if (i > 0)
            {
                MessageBox.Show("修改成功!");
                if (MessageBox.Show("还继续修改记录吗?", "询问信息", MessageBoxButtons.
OKCancel) == DialogResult.OK)
                {
                    this.EmpId.Text = "";
                    this.EmpName.Text = "";
                    this.BaseSal.Text = "";
                    this.SalSup.Text = "";
                    this.Bonus.Text = "";
                    this.Subsidy.Text = "";
                    this.Pay.Text = "";
                    this.Prfund.Text = "";
                    this.Rent.Text = "";
                    this.WeRent.Text = "";
                    this.SalPaid.Text = "";
                    EmpId.Focus();
                }
            }
            else
            {
                MessageBox.Show("修改失败!");
                EmpId.Focus();
            }
        }
        catch (Exception ex)
        {
            MessageBox.Show(ex.Message);
            return;
        }
        finally
        {
            SqlConn.Close();
        }
    }
```

步骤 8：编写"取消"按钮 btnCancel 的 Click 事件代码如下：

```
private void btnCancel_Click(object sender, EventArgs e)
    {
        int indexnum;
        indexnum = this.EmpId.SelectedIndex;
        this.EmpName.Text = dtSal.Rows[indexnum][1].ToString();
        this.BaseSal.Text = dtSal.Rows[indexnum][2].ToString();
        this.SalSup.Text = dtSal.Rows[indexnum][3].ToString();
        this.Bonus.Text = dtSal.Rows[indexnum][4].ToString();
```

```
        this.Subsidy.Text = dtSal.Rows[indexnum][5].ToString();
        this.Pay.Text = dtSal.Rows[indexnum][6].ToString();
        this.Prfund.Text = dtSal.Rows[indexnum][7].ToString();
        this.Rent.Text = dtSal.Rows[indexnum][8].ToString();
        this.WeRent.Text = dtSal.Rows[indexnum][9].ToString();
        this.SalPaid.Text = dtSal.Rows[indexnum][10].ToString();
        this.EmpId.Focus();
    }
```

步骤9：编写"删除"按钮 btnDel 的 Click 事件代码如下：

```
private void btnDel_Click(object sender, EventArgs e)
{
    if (this.EmpId.Text.Trim() == "")
    {
        MessageBox.Show("请选择员工编号!");
        return;
    }
    try
    {
        SqlConn.Open();
        SqlCommand sqlComm = new SqlCommand("Delete_Salary", this.SqlConn);
        sqlComm.CommandType = CommandType.StoredProcedure;
        SqlParameter para = new SqlParameter("@EmpId", SqlDbType.Char, 5);
        para.Value = this.EmpId.Text.Trim();
        sqlComm.Parameters.Add(para);
        int i = sqlComm.ExecuteNonQuery();
        if (i > 0)
        {
            MessageBox.Show("删除成功!");
            int indexDel = this.EmpId.SelectedIndex;
            dtSal.Rows[indexDel].Delete();
            this.EmpId.Text = "";
            this.EmpName.Text = "";
            this.BaseSal.Text = "";
            this.SalSup.Text = "";
            this.Bonus.Text = "";
            this.Subsidy.Text = "";
            this.Pay.Text = "";
            this.Prfund.Text = "";
            this.Rent.Text = "";
            this.WeRent.Text = "";
            this.SalPaid.Text = "";
            EmpId.Focus();
        }
        else
        {
            MessageBox.Show("删除失败!");
        }
    }
    catch (Exception exp)
```

```
        {
          MessageBox.Show(exp.Message);
        }
    finally
        {
          SqlConn.Close();
        }
    }
```

步骤 10：编写"退出"按钮 btnExit 的 Click 事件代码如下：

```
private void btnExit_Click(object sender, EventArgs e)
{
    this.Close();
}
```

2. 工资数据批量修改

批量修改工资项目用于按某种方式(如增加固定值、修改为同一值、减少固定值、按比例增加或减少等)修改单个工资项目,这样可以提高工资数据的修改效率。

步骤 1：在打开的项目中,选择"项目"→"添加 Windows 窗体",屏幕出现如图 5.2.3 所示的"添加新项"对话框,输入窗体文件名 SalaryModifyB.cs,出现窗体设计界面。

步骤 2：在窗体设计界面上,添加 3 个 Label 控件 lblCHI、lblSalaryChM、label1 用于显示表单中的文字提示,添加 ComboBox 控件 SalaryChItem 用于选择修改项目,添加 ComboBox 控件 SalaryChM 用于选择修改方式,添加 TextBox 控件 chVal 用于输入修改的值,添中两个 Button 控件用于"确定"按钮 btnSure、"退出"按钮 btnExit。各控件的属性设置如表 5.4.2 所示,设计的界面效果见图 5.4.2。

表 5.4.2 "工资数据批量修改"窗体各对象属性设置

控件类型	对 象 名	属性	取 值
Form	SalaryModifyB	Text	工资数据批量修改
Label	lblCHI	Text	请选择修改项目:
Label	lblSalaryChM	Text	请选择修改方式:
Label	label1	Text	请输入修改值:
ComboBox	SalaryChItem	Text	
ComboBox	SalaryChItem	Item	基本工资/附加工资/奖金/公积金
ComboBox	SalaryChM	Text	
ComboBox	SalaryChM	Item	增加固定值/按比例增加/减少固定值/全部改为同一值
Button	btnSure	Text	确定
Button	btnExit	Text	退出
TextBox	chVal	Text	

步骤 3：按 F7 键,打开 SalaryModifyB.cs 的代码编辑窗,在代码开头的 using 引用部分的末尾,添加两个相关命名空间的引用:

```
using System.Data.SqlCient;
using System.Text.RegularExpressions;
```

图 5.4.2 "工资数据批量修改"窗体

步骤 4：在 SalaryModifyB.cs 程序的 public partial class 定义开头，添加如下代码：

```
public static string sConn = "server = localhost; database = SalaryDB; uid = sa; pwd = 123456";
SqlConnection SqlConn = new SqlConnection(sConn);
DataTable dtSal;
SqlDataAdapter sdaSal;
int count;
decimal chValS;
```

步骤 5：编写窗体加载 Load 事件代码如下：

```
private void SalaryModifyB_Load(object sender, EventArgs e)
  {
    try
      {
          SqlConn.Open();
          sdaSal = new SqlDataAdapter ("select EmpId, BaseSal, SalSup, Bonus, Subsidy, Pay,
Prfund,Rent,WeRent,SalPaid from salary", SqlConn);
          dtSal = new DataTable();
          count = sdaSal.Fill(dtSal);
          this.SalaryChItem.Focus();
      }
    catch (Exception ex)
      {
          MessageBox.Show(ex.Message);
      }
    finally
      {
          SqlConn.Close();
      }
  }
```

步骤 6：编写 ComboBox 控件 SalaryChItem 的 SelectedIndexChanged 事件代码如下：

```
private void SalaryChItem_SelectedIndexChanged(object sender, EventArgs e)
  {
```

```
    this. SalaryChItem. Text  =  this. SalaryChItem. Items[this. SalaryChItem. SelectedIndex].
ToString();
    }
```

步骤 7：编写 ComboBox 控件 SalaryChM 的 SelectedIndexChanged 事件代码如下：

```
private void SalaryChM_SelectedIndexChanged(object sender, EventArgs e)
    {
        this. SalaryChM. Text = this. SalaryChM. Items[this. SalaryChM. SelectedIndex]. ToString();
    }
```

步骤 8：编写 TextBox 控件 chVal 值变化事件 TextChanged 的代码如下：

```
private void chVal_TextChanged(object sender, EventArgs e)
    {
        chValS = Convert. ToDecimal(this. chVal. Text);
    }
```

步骤 9：编写"确定"按钮 btnSure 的 Click 事件代码如下：

```
private void btnSure_Click(object sender, EventArgs e)
    {
        int itemCol, chMode, staus;
        itemCol = this. SalaryChItem. SelectedIndex + 1;
        chMode = this. SalaryChM. SelectedIndex;
        decimal temp;
        Decimal. TryParse(this. chVal. Text, out chValS);
        SqlConn. Open();
        SqlCommand sqlComm = new SqlCommand("Update_Salary", this. SqlConn);
        sqlComm. CommandType = CommandType. StoredProcedure;
        SqlParameter[] pares = {
                            new SqlParameter("@EmpId", SqlDbType. Char, 5),
                            new SqlParameter("@BaseSal", SqlDbType. Decimal, 8),
                            new SqlParameter("@SalSup", SqlDbType. Decimal, 8),
                            new SqlParameter("@Bonus", SqlDbType. Decimal, 8),
                            new SqlParameter("@Subsidy", SqlDbType. Decimal, 8),
                            new SqlParameter("@Pay", SqlDbType. Decimal, 9),
                            new SqlParameter("@Prfund", SqlDbType. Decimal, 8),
                            new SqlParameter("@Rent", SqlDbType. Decimal, 8),
                            new SqlParameter("@WeRent", SqlDbType. Decimal, 8),
                            new SqlParameter("@SalPaid", SqlDbType. Decimal, 9)
                        };
        foreach (SqlParameter parameter in pares)
        {
            sqlComm. Parameters. Add(parameter);
        }
        if (count > 0)
        {
            for (int i = 0; i < count; i++)
            {
                switch (chMode)
                {
```

```
                        case 0:
                            temp = Convert.ToDecimal(dtSal.Rows[i][itemCol]);
                            temp = temp + chValS;
                            dtSal.Rows[i][itemCol] = temp;
                            break;
                        case 1:
                            temp = Convert.ToDecimal(dtSal.Rows[i][itemCol]);
                            temp = temp + chValS * temp;
                            dtSal.Rows[i][itemCol] = temp;
                            break;
                        case 2:
                            temp = Convert.ToDecimal(dtSal.Rows[i][itemCol]);
                            temp = temp - chValS;
                            dtSal.Rows[i][itemCol] = temp;
                            break;
                        case 3:
                            temp = Convert.ToDecimal(dtSal.Rows[i][itemCol]);
                            temp = temp - chValS * temp;
                            dtSal.Rows[i][itemCol] = temp;
                            break;
                        case 4:
                            temp = Convert.ToDecimal(dtSal.Rows[i][itemCol]);
                            temp = chValS;
                            dtSal.Rows[i][itemCol] = temp;
                            break;
                    }
                    dtSal.Rows[i][5] = Convert.ToDecimal(dtSal.Rows[i][1]) + Convert.
            ToDecimal(dtSal.Rows[i][2]) + Convert.ToDecimal(dtSal.Rows[i][3]) + Convert.ToDecimal
            (dtSal.Rows[i][4]);
                    dtSal.Rows[i][9] = Convert.ToDecimal(dtSal.Rows[i][5]) - (Convert.
            ToDecimal(dtSal.Rows[i][6]) + Convert.ToDecimal(dtSal.Rows[i][7]) + Convert.ToDecimal
            (dtSal.Rows[i][8]));
                    for (int j = 0; j < 10; j++)
                    {
                        pares[j].Value = dtSal.Rows[i][j];
                    }
                    staus = sqlComm.ExecuteNonQuery();

            try
                {
                    if (staus < 1)
                    {
                        MessageBox.Show("保存失败");
                    }
                }
            catch(Exception ex)
                {
                    throw ex;
```

```
            }
          }
      }
  dtSal.Clear();
  MessageBox.Show("修改数据成功!");
}
```

步骤 10：编写"退出"按钮 btnEixt 的 Click 事件代码如下：

```
private void btnExit_Click(object sender, EventArgs e)
  {
      this.Close();
  }
```

3. 工资汇总

工资汇总提供按部门、按职务汇总等功能，并能将汇总结果打印出来。

步骤 1：在打开的项目中，选择"项目"→"添加 Windows 窗体"，屏幕出现如图 5.2.3 所示的"添加新项"对话框，输入窗体文件名 SalaryTotal.cs，出现窗体设计界面。

步骤 2：在窗体设计界面上，添加 Label 控件 label1 用于显示表单中的文字提示，添加 ComboBox 控件 totalCh 用于选择汇总的条件，添加 3 个 Button 控件用于"汇总"按钮 btnTotal、"打印"按钮 btnPrn、"退出"按钮 btnExit，添加 DataGridView 控件 dgv 用于显示汇总的结果。各控件的属性设置如表 5.4.3 所示，设计的界面效果见图 5.4.3。

表 5.4.3 "工资汇总"窗体各对象属性设置

控件类型	对象名	属性	取值
Form	SalaryTotal	Text	工资汇总
Label	label1	Text	请选择汇总条件：
ComboBox	totalCh	Items	按部门/按职务
Button	btnTotal	Text	汇总
Button	btnPrn	Text	打印
Button	btnExit	Text	退出
DataGridView	dgv		

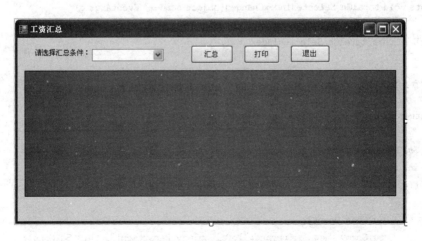

图 5.4.3 "工资汇总"窗体

步骤 3：按 F7 键，打开 SalaryTotal. cs 的代码编辑窗，在代码开头的 using 引用部分的末尾，添加 4 个相关命名空间的引用：

```
using System. Reflection;
using System. Runtime. InteropServices;
using System. Data. SqlCient;
using System. Text. RegularExpressions;
```

步骤 4：在 SalaryTotal. cs 程序的公共部分类定义 public partial class 中，添加如下代码：

```
public static string sConn = "server = localhost; database = SalaryDB; uid = sa; pwd = 123456";
SqlConnection SqlConn = new SqlConnection(sConn);
int ch;
```

步骤 5：编写窗体加载事件 Load 的代码如下：

```
private void SalaryTotal_Load(object sender, EventArgs e)
  {
    try
      {
        SqlConn. Open();
      }
    catch (Exception ex)
      {
        MessageBox. Show( ex. Message);
      }
    finally
      {
        SqlConn. Close();
      }
  }
```

步骤 6：编写 ComboBox 控件 totalCh 的选择事件 SelectedIndexChanged 的代码如下：

```
private void totalCh_SelectedIndexChanged(object sender, EventArgs e)
  {
    ch = this. totalCh. SelectedIndex + 1;
  }
```

步骤 7：编写"汇总"按钮 btnTotal 的 Click 事件代码如下：

```
private void btnTotal_Click(object sender, EventArgs e)
  {
    SqlCommand sqlComm;
    int status;
    try
      {
        SqlConn. Open();
        sqlComm = new SqlCommand("ToTal_Salary_Department", this. SqlConn);
```

```
        if (ch == 2)
          {
             sqlComm = new SqlCommand("ToTal_Salary_Position", this.SqlConn);
          }
        sqlComm.CommandType = CommandType.StoredProcedure;
        status = sqlComm.ExecuteNonQuery();
        if (status > 0)
         {
           MessageBox.Show("汇总成功!");
           switch (ch)
            {
              case 1:
              sqlComm = new SqlCommand("Show_ Total_Department", this.SqlConn);
              break;
              case 2:
              sqlComm = new SqlCommand("Show_Total_Position", this.SqlConn);
              break;
            }
            DataSet ds = new DataSet();
            SqlDataAdapter sda = new SqlDataAdapter(sqlComm);
            sda.Fill(ds);
            this.dgv.DataSource = ds.Tables[0];
          }
          else
          {
             MessageBox.Show("汇总失败");
          }
        }
catch (Exception ex)
  {
     MessageBox.Show(ex.Message);
     return;
  }
finally
  {
     SqlConn.Close();
  }
}
```

　　步骤 8：编写"打印"按钮 btnPrn 的 Click 事件代码。设计思想：将在数据网格 dgv 显示的数据导出到 Excel 表格。为此，需要在项目中添加对 Office 组件的引用。添加引用的方法如下：选择"项目"→"添加引用"，屏幕显示如图 5.4.4 所示的"添加引用"对话框，选择 Microsoft. Office. Interop. Excel，在"解决方案资源管理器"中就会新增对 Office 中 Excel 的引用。在新增引用后，编写如下代码：

图 5.4.4 "添加引用"对话框

```
private void btnPrn_Click(object sender, EventArgs e)
    {
        ExportDataToExcel(dgv, true);        //导出数据
    }
//将工资表输出到 Excel 表格文件
public static void ExportDataToExcel(DataGridView dgv1, bool isShowExcel)
  {
        if (dgv1.Rows.Count == 0)
        return;
         Microsoft. Office. Interop. Excel. Application excel = new Microsoft. Office. Interop.
Excel.Application();
        //建立 Excel 应用程序
        excel.Application.Workbooks.Add(true);      //表示在 Excel 文档中添加工作簿
        excel.Visible = isShowExcel;                //打开 Excel 文档
        //把 DataGridView 中的列标题写入 Excel 中
         for (int i = 0; i < dgv1.ColumnCount; i++)
            {
                excel.Cells[1, i + 1] = dgv1.Columns[i].HeaderText;
            }
        //把 DataGridView 中的数据写入 Excel 中
          for (int i = 0; i < dgv1.RowCount − 1; i++)
            {
                for (int j = 0; j < dgv1.ColumnCount; j++)
                    {
                        if (dgv1[j, i].ValueType == typeof(string))
                            {
                                excel.Cells[i + 2, j + 1] = "'" + dgv1[j, i].Value.ToString();
                            }
                        else
                            {
                                excel.Cells[i + 2, j + 1] = dgv1[j, i].Value.ToString();
                            }
```

```
                     }
                }
            }
        //将工资条输出到 Excel 表格文件
    public static void ExportSalaryStripeToExcel(DataGridView dgv1)
    {
        if (dgv1.Rows.Count == 0)
            return;
        Microsoft.Office.Interop.Excel.Application excel = new Microsoft.Office.Interop.Excel.
Application();
        //建立 Excel 应用程序
        excel.Application.Workbooks.Add(true); //表示在 Excel 文档中添加工作簿
        excel.Visible = true;                  //打开 Excel 文档
        //把 DataGridView 中的数据写入 Excel 中
        for (int i = 0; i < dgv1.RowCount - 1; i++)
        {
                //把 DataGridView 中的列标题写入 Excel 中
                for (int j = 0; j < dgv1.ColumnCount; j++)
                {
                    excel.Cells[2 * i + 1, j + 1] = dgv1.Columns[j].HeaderText;
                }
                for (int j = 0; j < dgv1.ColumnCount; j++)
                {
                    if (dgv1[j, i].ValueType == typeof(string))
                    {
                        excel.Cells[2 * i + 2, j + 1] = "'" + dgv1[j, i].Value.ToString();
                    }
                    else
                    {
                        excel.Cells[2 * i + 2, j + 1] = dgv1[j, i].Value.ToString();
                    }
                }
            }
        }
```

步骤 9：编写"退出"按钮 btnExit 的 Click 事件代码如下：

```
private void btnExit_Click(object sender, EventArgs e)
{
    this.Close();
}
```

5.4.6 实验结果与报告

1. 实验结果

本实验的主要目的是完成信息系统的数据处理功能，因此正确的实验结果是：首先要能按设计要求完成预期的数据处理功能，如计算、修改等，并通过直接打开数据库中相关的表来检查处理的数据是否正确，是否有应该处理的数据没有处理、不需处理的数据被处理等。经检查，证明能正确完成数据处理功能，则该实验项目结束。

2. 实验报告

实验报告首先要详细描述处理模块的实现过程,说明在实验过程中遇到的问题及解决的方法。实验过程的描述可以参照上述"5.4.5 实验步骤"进行书写。实验的结果应写出处理的流程,并提供利用程序将打算处理的数据及处理的结果与真实的数据库表中的数据相对照。

5.5 实验5:辅助功能设计实验

5.5.1 实验目的

了解信息系统常用的辅助功能,掌握各种辅助功能的设计方法。

5.5.2 实验内容与要求

根据信息系统的要求,设计操作员管理(如增加操作员、删除操作员、密码权限修改等)、数据备份与恢复、密码修改、系统初始化、用户登录、界面菜单、帮助等常见的信息系统辅助功能,并写出相应的设计说明书。

5.5.3 实验预备知识

1. 如何进行操作权限划分

为保证信息系统的安全使用,一般需要对操作人员进行控制,对操作人员的操作权限进行划分。一般以管理的要求来划分操作权限,同时兼顾软件的功能划分。常见的操作权限可分为以下几种:

(1)系统管理员。系统管理员是信息系统的最高管理者,能执行系统的所有功能。系统管理员只有一个,不能被修改或删除,但可更改密码。一般来说,系统管理员不进行具体的业务处理。

(2)普通操作员。普通操作员完成系统管理员指定的业务功能,可根据实际需要将其再具体分为输入人员、处理人员、输出人员、系统维护人员等。

在信息系统中,操作人员权限的划分方法可分为两种:一种是将系统中的每个菜单项目作为一种权限,由系统管理员对普通操作员指定相应的菜单操作功能。另一种是由系统开发人员根据用户的需求,事先将操作人员分好类,每类操作员具有一定的操作权限,在分配操作权限时只需要将用户设为指定的类别即可。

2. 密码的加密方法

为保证用户密码的安全,密码一般采用加密的方式保存在数据表中。最常用的一种加密方法就是对密码字符进行变换(或使用常规加密算法如 MD5 等),使得即使他人打开数据表,也不知道真正的密码。

3. 数据备份与恢复

为了减少意外事件对信息系统的损害及对历史数据的存档,数据备份就是一种常用的方法。数据备份可分为完全备份和数据库备份。完全备份包括对所有数据的备份及应用程序的备份。数据库备份又可分为完整数据备份和更新数据备份。

数据恢复主要用于当系统受到损坏时将正确的系统或数据恢复到系统中,保证系统正确使用。数据恢复也用于对历史数据的恢复与使用,但应注意在进行历史数据恢复时要先对现有数据进行备份,以防对现有数据造成破坏。

4. 帮助

信息系统的帮助功能一般包括两个子项:一个是关于软件版本的说明;一个是关于系统使用的帮助说明。目前系统使用帮助的设计方式有:

(1) 采用 HTML 文档,通过调用浏览器来查看帮助文档;

(2) 采用 Word 文档,通过 Word 来查看帮助文档;

(3) 利用 Winhelp 设计的帮助文档等。

5. 系统初始化

系统初始化功能主要用于将系统开发阶段的测试数据清除,设置基本的运行环境及系统参数、校正系统时间等,以便用户进行正式的系统使用。该功能一般只能由系统管理员在正式使用前使用一次。根据具体信息系统的要求不同,初始化又可分为启用初始化、年初始化、月初始化等。

6. 用户登录

用户登录模块主要是用于防止非授权用户使用系统而进行的登录验证,以检查登录者的身份、密码、权限等,并利用登录时留下的身份登记操作日志、签名等。因此,一般来说,登录模块是进入系统的第一个模块,需要利用变量记录登录的有关信息。

7. 界面与菜单设计

操作界面是用户使用系统提供的功能完成业务活动,进行信息处理的地方,因此界面是影响系统用户满意度的重要因素。界面的设计必须要简洁大方,色彩柔和,易于操作。实际上,前面各模块利用软件开发工具所设计的表单就是整个界面设计的一部分,这是在 Windows 环境下进行系统界面设计的常用方法。除此之外,界面的设计也包括了对各种对话框、操作提示、操作菜单、操作按钮等的设计。

菜单是用来将整个系统的各个模块整合在一起的一种常用方法,因此,菜单的设计同样要注意简洁明了,要符合系统设计的要求,如菜单的排列顺序、字体、快捷键等都应按系统需求来实现,菜单项目要按照用户所要执行的任务来组织,每个菜单的名称意义要明确,当菜单项目较多时,可采用分级展开的方式,但级数一般控制在 5 级以内,尽可能在一个屏幕中显示完。利用菜单进行模块整合后,要注意进行各模块操作的测试,防止由于模块之间的影响而使系统运行错误。

常用的菜单类型有下拉式菜单、弹出式菜单、按钮式菜单等。目前,菜单的实现比较常用的方法都是利用 Visual Studio、Delphi、PowerBuilder 等软件工具提供的菜单生成器来设计菜单,可以提高菜单设计的效率。

5.5.4 实验环境及要求

安装有数据库管理系统及相关的软件开发工具,数据库中应预先保存有各种数据若干(数据量视系统设计的要求定),还要提供备份用的存储设备(如 U 盘、移动硬盘等)。

5.5.5 实验步骤

在工资管理系统中,所涉及的辅助功能主要有用户管理、数据备份与恢复、系统初始化、用户登录、修改密码、帮助和用户界面设计等。

1. 用户管理

用户管理包括增加用户、删除用户、修改密码权限等功能。该功能只供系统管理员使用。

步骤1：在打开的项目中,选择"项目"→"添加 Windows 窗体",屏幕出现如图 5.2.3 所示的"添加新项"对话框,输入窗体文件名 UserManage.cs,出现窗体设计界面。

步骤2：在窗体设计界面中,添加 Label 控件 label1 用于显示窗体提示,添加 DataGridView 控件 dataGridView1 用于显示用户信息,在 dataGridView1 的下方添加 4 个 Button 控件用于"添加"按钮 button1、"删除"按钮 button2、"修改密码权限"按钮 button3、"退出"按钮 button4。添加 Panel 控件 panel1 置于 dataGridView1 的右侧。在 panel1 中,添加 6 个 Label 控件 label2、label3、label4、label5、label6、label7 用于显示在添加用户操作中的相应文字提示,添加 4 个 TextBox 控件 textBox1、textBox2、textBox3、textBox4 用于输入登录名、姓名、密码、密码确认,添加 ComboBox 控件 comboBox1 用于选择用户操作权限,添加 Button 控件 button5 用于"确定"按钮。另外,在 panel1 旁,添加一个与 panel1 大小一样的 panel 控件 panel2。在 panel2 中,添加 6 个 Label 控件 label8、label9、label10、label11、label12、label13 用于显示在修改用户密码权限操作中的相应文字提示,添加 4 个 TextBox 控件 textBox5、textBox6、textBox7、textBox8 用于输入登录名、姓名、新密码、密码确认,添加 ComboBox 控件 comboBox2 用于选择用户操作权限,添加 Button 控件 button6 用于"确定"按钮。各控件的属性设置如表 5.5.1 所示,用户管理设计的界面包含两个：panel1 效果见图 5.5.1,panel2 的设计效果见图 5.5.2。

表 5.5.1 "用户管理"窗体各对象属性设置

控件类型	对 象 名	属 性	取 值
Form	UserManage	Text	用户管理
Label	1label1	Text	用户管理
DataGridView	dataGridView1	RowTemplate	DataGridViewRow{index=−1}
DataGridView	dataGridView1	ColumnHeadersHeight	AutoSize
DataGridView	dataGridView1	SelectionMode	FullRowSelect
DataGridView	dataGridView1	Columns	Collections
Button	button1	Text	添加
Button	button2	Text	删除
Button	button3	Text	修改密码权限
Button	button4	Text	退出
Panel	panel1		
Label	1label2	Text	添加用户
Label	1label3	Text	登录名
Label	1label7	Text	姓名
Label	1label4	Text	密码
Label	1label5	Text	密码确认
Label	1label6	Text	权限
TextBox	textBox1	Text	

续表

控件类型	对象名	属性	取值
TextBox	textBox2	Text	
TextBox	textBox3	Text	
TextBox	textBox4	Text	
ComboBox	comboBox1	DropDownStyle	DropDownList
ComboBox	comboBox1	Items	管理员/人事部/财务部
Button	button5	Text	确定
Panel	panel2		
Label	label13	Text	修改密码权限
Label	label12	Text	登录名
Label	label10	Text	姓名
Label	label11	Text	新密码
Label	label9	Text	密码确认
Label	label8	Text	权限
TextBox	textBox5	Text	
TextBox	textBox5	ReadOnly	True
TextBox	textBox6	Text	
TextBox	textBox7	Text	
TextBox	textBox8	Text	
ComboBox	comboBox2	DropDownStyle	DropDownList
ComboBox	comboBox1	Items	管理员/人事部/财务部
Button	button6	Text	确定

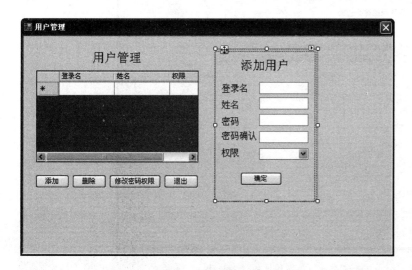

图 5.5.1 "用户管理"窗体(包含 panel1)

图 5.5.2 "用户管理"窗体中的 panel2

步骤 3：为"用户管理"窗体添加数据源。选择"数据"→"添加新数据源"，屏幕显示"数据源配置向导"对话框，如图 5.5.3 所示。单击"下一步"按钮后，屏幕提示选择数据连接，选择输入数据源 SalaryDB.dbo，如图 5.5.4 所示。单击"下一步"按钮，选择连接到 SQL

Server 身份验证的方式后,屏幕提示输入 sa 的密码(见图 5.5.5),输入密码后单击"确定"按钮,屏幕提示连接保存名 connectionString,单击"下一步"按钮,屏幕显示选择数据库对象对话框,将表文件夹展开,并选择 UserInfo 数据表,并输入数据集名称 UserInfoDataSet,如图 5.5.6 所示。单击"完成"按钮,数据源 UserInfoDataSet 配置成功。

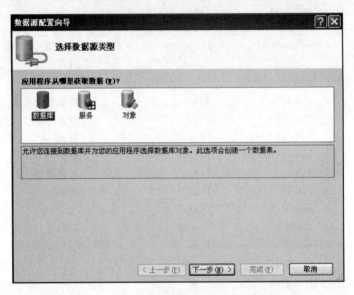

图 5.5.3 "数据源配置向导"对话框

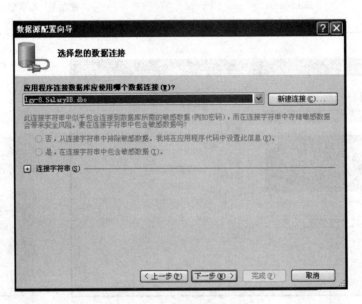

图 5.5.4 选择数据连接对话框

步骤 4:在窗体设计界面上,添加 DataSet 控件到窗体(不要拖到 DataGridView 控件中),在弹出的"添加数据集"对话框中选择"类型化数据集",添加名称为 UserInfoDataSet 的数据集。选中 DataGridView 控件 dataGridView1,设置它的 DataSouce 属性为 UserInfoDataSet 数据集中的表 UserInfo,系统自动在数据环境中添加数据绑定

图 5.5.5 输入密码对话框

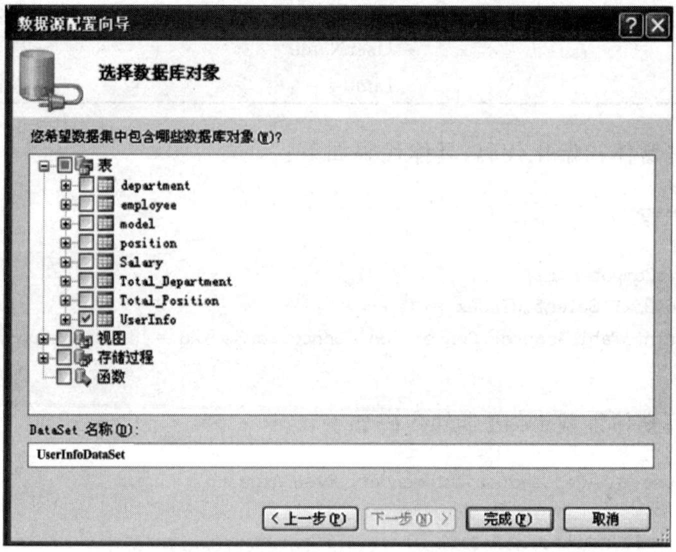

图 5.5.6 选择数据库对象对话框

userInfoBindingSource 和 userInfoTableAdapter 两个对象。在 dataGridView1 属性窗中，单击 Column 属性后的![]按钮,在弹出的"编辑列"对话框(见图 5.5.7)中设置窗体各列的属性值(移除 password 列,将列的 HeaderText 的英文设为中文)。具体见表 5.5.2 及表 5.5.3。

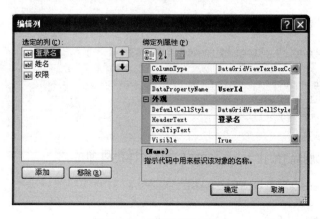

图 5.5.7 "编辑列"对话框

表 5.5.2 "用户管理窗体"各对象属性设置(数据源部分)

控 件 类 型	对 象 名	属 性	取 值
UserInfoDataSet	userInfoDataSet	DataSetName	userInfoDataSet
UserInfoDataSet	userInfoDataSet	SchemaSerializationMode	IncludeSchema
BindingSource	userInfoBindingSource	DataMember	UserInfo
BindingSource	userInfoBindingSource	DataSource	UserInfoDataSet
UserInfoTableAdapter	UserInfoTableAdapter	ClearBeforeFill	True
DataGridView	dataGridView1	DataSouce	UserInfo

表 5.5.3 dataGridView1 各属性绑定列及标题

列编号	列绑定属性	HeaderText
1	UserId	登录名
2	UserName	姓名
3	Limits	权限

步骤 5:编写窗体初始化代码,具体代码如下:

```
public UserManage()
{
    InitializeComponent();
    this.comboBox1.SelectedIndex = 1;
    this.userInfoTableAdapter.Connection.ConnectionString = Main.g_sConn;
}
```

步骤 6:编写窗体加载 Load 事件代码如下:

```
private void UserManage_Load(object sender, EventArgs e)
  {
    //TODO: 这行代码将数据加载到表"userInfoDataSet.UserInfo"中
    //可以根据需要移动或移除它
    this.userInfoTableAdapter.Fill(this.userInfoDataSet.UserInfo);
    //调整面板位置,使其看起来一致
    this.panel2.Location = this.panel1.Location;
    this.Width = 363;
  }
```

步骤 7:编写"添加"按钮 button1 的 Click 事件代码如下:

```
private void button1_Click(object sender, EventArgs e)
  {
    this.Width = 563;
    this.panel1.Enabled = true;
    this.textBox1.Focus();
  }
```

步骤 8:编写"删除"按钮 button2 的 Click 事件代码如下:

```
private void button2_Click(object sender, EventArgs e)
  {
    this.Width = 363;
```

```
    try
      {
        //这里需要注意修改 DataGridView 控件的 SelectionMode 为 FullRowSelect
        //否则默认只有选择头才算选中
        foreach (DataGridViewRow row in this.dataGridView1.SelectedRows)
          {
            DataRowView rowView = row.DataBoundItem as DataRowView;
        UserInfoDataSet.UserInfoRow userInfo = rowView.Row as UserInfoDataSet.UserInfoRow;
            if (userInfo.UserId.ToLower().Trim() == "admin")
              {
                  MessageBox.Show("系统管理员不能删除!");
                  continue;
              }
              if (DialogResult.No == MessageBox.Show("是否删除"" + userInfo.UserId +
""?", "请问", MessageBoxButtons.YesNo, MessageBoxIcon.Question))
                {
                    continue;
                }
                  this.userInfoTableAdapter.Delete(userInfo.UserId, userInfo.Password,
userInfo.limits, userInfo.UserName);
            }
        //刷新数据
            this.userInfoTableAdapter.Fill(this.userInfoDataSet.UserInfo);
          }
        catch (Exception exp)
          {
            MessageBox.Show(exp.Message);
          }
      }
```

步骤 9：编写"修改密码权限"按钮 button3 的 Click 事件代码，具体代码如下：

```
private void button3_Click(object sender, EventArgs e)
{
    this.Width = 563;
    this.panel2.Visible = true;
    this.panel1.Visible = false;
    foreach (DataGridViewRow row in this.dataGridView1.SelectedRows)
      {
        DataRowView rowView = row.DataBoundItem as DataRowView;
        UserInfoDataSet.UserInfoRow userInfo = rowView.Row as UserInfoDataSet.UserInfoRow;
        //通过 tag 保存当前修改的原始对象
        this.textBox5.Tag = userInfo;
        this.textBox5.Text = userInfo.UserId;
        //建议数据库中不要将该姓名设置为可空
        if (userInfo.IsUserNameNull())
          {
              this.textBox6.Text = "";
          }
        else
          {
```

```
                this.textBox6.Text = userInfo.UserName.Trim();
            }
        this.textBox7.Text = "";
        this.textBox8.Text = "";
        //建议数据库中不要将该权限设置为可空
        if (userInfo.IslimitsNull())
          {
            this.comboBox2.SelectedIndex = 0;
          }
        else
          {
            this.comboBox2.SelectedItem = userInfo.limits.Trim();
            //建议不要使用 char[n]为权限字段类型,否则这里需要 trim
          }
        this.textBox6.Focus();
        break;
      }
  }
```

步骤 10：编写 panel1(添加用户)面板中"确定"按钮 button5 的 Click 事件代码如下：

```
private void button5_Click(object sender, EventArgs e)
  {
      this.Width = 363;
      if (this.textBox1.Text == "")
        {
            MessageBox.Show("请重新输入登录名!");
            this.textBox1.Focus();
            return;
          }
      if (this.userInfoDataSet.UserInfo.FindByUserId(this.textBox1.Text) != null)
          {
            MessageBox.Show("该用户已经存在,请重新输入!");
            this.textBox1.Focus();
            return;
          }
      if (this.textBox3.Text != this.textBox4.Text)
          {
            MessageBox.Show("密码不一致,请重新输入!");
            this.textBox3.Focus();
            return;
          }
      try
          {
            this.userInfoTableAdapter.Insert(this.textBox1.Text, this.textBox3.Text, this.
comboBox1.SelectedItem.ToString(), this.textBox2.Text);
            //刷新数据
            this.userInfoTableAdapter.Fill(this.userInfoDataSet.UserInfo);
            //清理文本框
            this.textBox1.Text = "";
            this.textBox2.Text = "";
```

```
        this.textBox3.Text = "";
        this.textBox4.Text = "";
        this.panel1.Enabled = false;
    }
    catch (Exception exp)
    {
        MessageBox.Show(exp.Message);
    }
}
```

步骤 11：编写 panel2（修改密码权限）面板中"确定"按钮 button6 的 Click 事件代码如下：

```
private void button6_Click(object sender, EventArgs e)
{
    this.Width = 363;
    if (this.textBox7.Text != this.textBox8.Text)
    {
        MessageBox.Show("密码不一致,请重新输入!");
        this.textBox8.Focus();
        return;
    }
    //通过 tag 获得当前修改的原始对象
    UserInfoDataSet.UserInfoRow userInfo = this.textBox5.Tag as UserInfoDataSet.UserInfoRow;
    userInfo.UserName = this.textBox6.Text;
    userInfo.Password = this.textBox7.Text;
    userInfo.limits = this.comboBox2.SelectedItem.ToString();
    try
    {
        this.userInfoTableAdapter.Update(userInfo);
        //刷新数据
        this.userInfoTableAdapter.Fill(this.userInfoDataSet.UserInfo);
    }
    catch (Exception exp)
    {
        MessageBox.Show(exp.Message);
    }
    this.panel1.Visible = true;
    this.panel2.Visible = false;
}
```

步骤 12：编写"退出"按钮 button4 的 Click 事件代码如下：

```
private void button4_Click(object sender, EventArgs e)
{
    this.Close();
}
```

2. 数据备份与恢复

数据备份用于将系统所涉及的数据库及表另存到指定的路径,数据恢复则将指定路径的数据库和表恢复到工资管理系统中(注:在进行数据备份与恢复时也可针对所有文件进行操作)。

步骤 1:在打开的项目中,选择"项目"→"添加 Windows 窗体",屏幕出现如图 5.2.3 所示的"添加新项"对话框,输入窗体文件名 DataBackRestore.cs,出现窗体设计界面。

步骤 2:在窗体设计界面上,添加 3 个 Label 控件 label1、label2、label3 用于显示窗体提示,添加两个 RadioButton 控件 radioButton1、radioButton2 用于选择操作的类型,添加 TextBox 控件 textBox1 用于输入备份路径,添加两个 Button 控件用于"确定"按钮 button1、"退出"按钮 button2,添加查找路径按钮控件 button3。各控件的属性设置如表 5.5.4 所示,设计的界面效果见图 5.5.8。

表 5.5.4 "数据备份与恢复"窗体各对象属性设置

控 件 类 型	对 象 名	属 性	取 值
Form	DataBackRestore	Text	数据备份与恢复
Label	label1	Text	工资数据备份与恢复
Label	label2	Text	请选择操作类型
Label	label3	Text	请输入备份路径
RadioButton	radioButton1	Text	备份
RadioButton	radioButton1	Checked	True
RadioButton	radioButton1	TabStop	True
RadioButton	radioButton2	Text	恢复
RadioButton	radioButton2	TabStop	True
TextBox	textBox1	Text	
Button	button3	Text	…
Button	button1	Text	确定
Button	button2	Text	退出

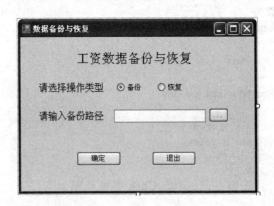

图 5.5.8 "数据备份与恢复"窗体

步骤 3:按 F7 键,打开 DataBackRestore.cs 的代码编辑窗,在代码开头的 using 引用部分的末尾,添加一个相关命名空间的引用:

```
using System.Data.SqlClient;
```

步骤 4：编写查找路径按钮 button3 的 Click 事件代码如下：

```
private void button3_Click(object sender, EventArgs e)
        {
            if (this.radioButton1.Checked)
            {
                SaveFileDialog sfd = new SaveFileDialog();
                if (DialogResult.OK == sfd.ShowDialog())
                {
                    this.textBox1.Text = sfd.FileName;
                }
            }
            else
            {
                OpenFileDialog ofd = new OpenFileDialog();
                if (DialogResult.OK == ofd.ShowDialog())
                {
                    this.textBox1.Text = ofd.FileName;
                }
            }
        }
```

步骤 5：编写"确定"按钮 button1 的 Click 事件代码如下：

```
private void button1_Click(object sender, EventArgs e)
    {
        if (this.textBox1.Text == "")
        {
            MessageBox.Show("请输入一个具体路径名!");
            this.textBox1.Focus();
            return;
        }
        SqlConnection conn = null;
        try
        {
            string sql = "";
            string prompt = "";
            if (this.radioButton1.Checked)
            {
                sql = string.Format(@"BACKUP DATABASE SalaryDB TO DISK = '{0}' WITH FORMAT;
", this.textBox1.Text);
                prompt = "备份完毕!";
            }
            else
            {
                sql = string.Format(@"USE MASTER; RESTORE DATABASE SalaryDB FROM DISK =
'{0}' WITH REPLACE; ", this.textBox1.Text);
                prompt = "恢复完毕!";
```

```
        }
        //注意数据库备份、恢复方法不支持直接打开文件的模式,必须有数据库服务器
        conn = new SqlConnection(Main.g_sConn);
        conn.Open();
        SqlCommand cmd = new SqlCommand(sql);
        cmd.Connection = conn;
        cmd.ExecuteNonQuery();
        MessageBox.Show(prompt);
    }
    catch (Exception exp)
    {
        MessageBox.Show(exp.Message);
    }
    finally
    {
        if (conn != null && conn.State != ConnectionState.Closed)
        {
            conn.Close();
        }
    }
}
```

步骤 6:编写"退出"按钮 button2 的 Click 事件代码如下:

```
private void button2_Click(object sender, EventArgs e)
{
    this.Close();
}
```

3. 系统初始化

系统初始化将把数据库中所有表的记录清空,只能在初次启用系统时用。为防止出现误操作,要进行必要的提示及再次确定。

步骤 1:在打开的项目中,选择"项目"→"添加 Windows 窗体",屏幕出现如图 5.2.3 所示的"添加新项"对话框,输入窗体文件名 SysInit.cs,出现窗体设计界面。

步骤 2:在窗体设计界面上,添加两个 Label 控件 label1、label2 用于显示窗体提示,添加两个 Button 控件"开始初始化"按钮 button1、"退出"按钮 button2。各控件的属性设置如表 5.5.5 所示,设计的界面效果见图 5.5.9。

表 5.5.5 "系统初始化"窗体各对象属性设置

控件类型	对象名	属性	取　　值
Form	SysInit	Text	系统初始化
Label	1label1	Text	工资管理系统数据初始化
Label	1label2	Text	注意:初始化将删除所有数据!!!
Button	button1	Text	开始初始化
Button	button2	Text	退出

图 5.5.9　"系统初始化"窗体

步骤 3：按 F7 键，打开 SysInit.cs 的代码编辑窗，在代码开头的 using 引用部分的末尾，添加一个相关命名空间的引用：

```
using System.Data.SqlCient;
```

步骤 4：在 SysInit.cs 程序开始 public partial class 定义中，添加如下代码：

```
public static string sConn = "server = localhost; database = SalaryDB; uid = sa; pwd = 123456";
```

步骤 5：编写"开始初始化"按钮 button1 的 Click 事件代码如下：

```
private void button1_Click(object sender, EventArgs e)
    {
        if (DialogResult.Yes == MessageBox.Show("所有数据即将丢失,是否初始化?", "请问",
MessageBoxButtons.YesNo, MessageBoxIcon.Question))
        {
            SqlConnection conn = null;
            SqlTransaction tran = null;
            try
            {
            //由于可能存在其中一些步骤出错,所以这里使用了事务,确保数据库可正常使用
                conn = new SqlConnection(sConn);
                conn.Open();
                tran = conn.BeginTransaction();
                SqlCommand cmd = new SqlCommand(@"DELETE FROM [salary];
DELETE FROM [Employee];
DELETE FROM [Department];
DELETE FROM [Position];
DELETE FROM [model];
DELETE FROM [Total_Department];
DELETE FROM [Total_Position];
DELETE FROM [UserInfo] WHERE [UserID] <> 'admin'; ");     //这里删除管理员外的所有用户信息
                cmd.Connection = conn;
                cmd.Transaction = tran;
                cmd.ExecuteNonQuery();
                //提交删除操作
```

```
                    tran.Commit();
                    MessageBox.Show("初始化完成！");
                }
            catch (Exception exp)
                {
                    MessageBox.Show(exp.Message);
                    if (tran != null)
                    {
                        //出错则回滚
                        tran.Rollback();
                    }
                }
            finally
                {
                    if (conn != null && conn.State != ConnectionState.Closed)
                    {
                        conn.Close();
                    }
                }
            }
        }
```

步骤 6：编写"退出"按钮 button2 的 Click 事件代码，具体代码如下：

```
private void button2_Click(object sender, EventArgs e)
    {
        this.Close();
    }
```

4. 用户登录

用户登录是指在正式使用系统前必须通过用户名及密码的检验，才能进入系统进行相应的操作。

步骤 1：在打开的项目中，选择"项目"→"添加 Windows 窗体"，屏幕出现如图 5.2.3 所示的"添加新项"对话框，输入窗体文件名 LoginForm.cs，出现窗体设计界面。

步骤 2：在窗体设计界面上，添加两个 Label 控件 label1、label2 用于显示窗体提示，添加两个 TextBox 控件 textBox1、textBox2 用于输入用户名和密码，添加 Button 控件 button1 用于"登录"按钮。各控件的属性设置如表 5.5.6 所示，设计的界面效果见图 5.5.10。

表 5.5.6 登录窗体各对象属性设置

控件类型	对象名	属性	取值
Form	LoginForm	Text	请登录
Label	1abel1	Text	用户名：
Label	1abel2	Text	密码：
TextBox	textBox1	Text	
TextBox	textBox2	Text	
Button	button1	Text	登录

图 5.5.10 登录窗体

步骤 3：按 F7 键，进入 LoginForm. cs 代码编辑窗，在代码开头的 public partial class 定义中，添加如下代码：

```
public static string sConn = "server = localhost; database = SalaryDB; uid = sa; pwd = 123456";
UserInfoDataSetTableAdapters. UserInfoTableAdapter adapter;
UserInfoDataSet. UserInfoDataTable userTable;
```

步骤 4：编写窗体初始化代码如下：

```
public LoginForm()
    {
        InitializeComponent();
        adapter = new SalaryMis. UserInfoDataSetTableAdapters. UserInfoTableAdapter();
        adapter. Connection. ConnectionString = Main. g_sConn;
        userTable = adapter. GetData();
    }
```

步骤 5：编写"登录"按钮 button1 的 Click 事件代码如下：

```
private void button1_Click(object sender, EventArgs e)
    {
        UserInfoDataSet. UserInfoRow user = userTable. FindByUserId(this. textBox1. Text);
        if (user != null)
        {
            if (user. Password. Trim() == this. textBox2. Text)
            {
                this. DialogResult = DialogResult. OK;
                //置登录用户信息
                Main. g_loginUser = user;
                //检查用户权限
                try
                {
                    if (string. IsNullOrEmpty(user. limits. Trim()))
                    {
                        MessageBox. Show("权限不能为空,请检查数据库!");
                        this. DialogResult = DialogResult. Cancel;
                        return;
                    }
                }
```

```
                    catch(Exception exp)
                    {
                        MessageBox.Show("程序异常退出: " + exp.Message);
                        this.DialogResult = DialogResult.Cancel;
                        return;
                    }
                    return;
                }
            }
            MessageBox.Show("用户名或密码不存在!");
            this.textBox1.Focus();
        }
```

5. 修改密码

密码修改功能可实现用户对自己的密码进行修改。

步骤1：在打开的项目中,选择"项目"→"添加 Windows 窗体",屏幕出现如图 5.2.3 所示的"添加新项"对话框,输入窗体文件名 ModifyPwd.cs,出现窗体设计界面。

步骤2：在窗体设计界面上,添加 5 个 Label 控件 label1、label2、label3、label4、label5 用于显示窗体提示,添加 TextBox 控件 TextBox_Uid 用于显示用户名,添加 TextBox 控件 TextBox_Opwd、TextBox_Npwd、TextBox_Pwd 用于输入旧密码、新密码和确认新密码,添加两个 Button 控件"确认"按钮 button1、"退出"按钮 button2。各控件的属性设置如表 5.5.7 所示,设计的界面效果见图 5.5.11。

表 5.5.7 "修改密码"窗体各对象属性设置

控 件 类 型	对 象 名	属 性	取 值
Form	ModifyPwd	Text	修改密码
Label	label1	Text	用户密码修改
Label	label2	Text	用户名:
Label	label3	Text	旧密码:
Label	label4	Text	新密码:
Label	label5	Text	确认新密码:
TextBox	TextBox_Uid	Text	
TextBox	TextBox_Uid	ReadOnly	True
TextBox	TextBox_Opwd	Text	
TextBox	TextBox_Npwd	Text	
TextBox	TextBox_Pwd	Text	
Button	button1	Text	确认
Button	button2	Text	退出

步骤3：按 F7 键,进入 ModifyPwd.cs 代码编辑窗,在代码开头的 public partial class 定义中,添加如下代码：

```
UserInfoDataSetTableAdapters.UserInfoTableAdapter adapter = new SalaryMis.UserInfoDataSetTableAdapters.
UserInfoTableAdapter();
```

图 5.5.11 "修改密码"窗体

步骤 4：编写窗体加载 Load 事件代码如下：

```csharp
private void ModifyPwd_Load(object sender, EventArgs e)
    {
        this.TextBox_Uid.Text = Main.g_loginUser.UserId;
    }
```

步骤 5：编写"确认"按钮 button1 的 Click 事件代码如下：

```csharp
private void button1_Click(object sender, EventArgs e)
    {
        if(this.TextBox_Npwd.Text != this.TextBox_Pwd.Text)
        {
            MessageBox.Show("密码不一致,请重新输入!");
            this.TextBox_Npwd.Focus();
            return;
        }
        if (this.TextBox_Opwd.Text != Main.g_loginUser.Password.Trim())
        {
            MessageBox.Show("旧密码不正确,请重新输入!");
            this.TextBox_Opwd.Focus();
            return;
        }
        try
        {
            Main.g_loginUser.Password = this.TextBox_Npwd.Text;
            adapter.Update(Main.g_loginUser);
            MessageBox.Show("密码修改成功,请牢记!");
            this.Close();
        }
        catch(Exception exp)
        {
            MessageBox.Show(exp.Message);
        }
    }
```

步骤 6：编写"退出"按钮 button2 的 Click 事件代码，具体代码如下：

```
private void button2_Click(object sender, EventArgs e)
    {
        this.Close();
    }
```

6. 帮助

帮助主要用于为用户提供操作帮助及进行版本说明。这里只设计了版本说明，具体帮助内容可按类似方法实现。

步骤 1：在打开的项目中，选择"项目"→"添加 Windows 窗体"，屏幕出现如图 5.2.3 所示的"添加新项"对话框，输入窗体文件名 AboutBox1.cs，出现窗体设计界面。

步骤 2：在窗体设计界面上，添加 PictureBox 控件 logoPictureBox 用于显示产品图标，添加 4 个 Label 控件 labelProductName、labelVersion、labelCopyright、labelCompanyName 用于显示产品名称、版本、版权、公司名称等内容，添加 TextBox 控件 textBoxDescription 用于显示产品说明，添加 Button 控件 okButton 用于"确定"按钮。各控件的属性设置如表 5.5.8 所示，设计的界面效果见图 5.5.12。

表 5.5.8 "关于产品"窗体各对象属性设置

控件类型	对象名	属性	取值
Form	AboutBox1	Text	关于产品
Label	labelProductName	Text	产品名称
Label	labelVersion	Text	版本
Label	labelCopyright	Text	版权
Label	labelCompanyName	Text	公司名称
TextBox	textBoxDescription	Text	说明
PictureBox	logoPictureBox	Image	选择项目资源下的图片文件
Button	okButton	Text	确定

图 5.5.12 "关于产品"窗体

步骤 3：按 F7 键，进入 AboutBox1.cs 代码编辑窗，编写窗体初始化代码如下：

```
public AboutBox1()
    {
```

```
            InitializeComponent();
            this.Text = String.Format("关于 {0} {0}", AssemblyTitle);
            this.labelProductName.Text = AssemblyProduct;
            this.labelVersion.Text = String.Format("版本 {0} {0}", AssemblyVersion);
            this.labelCopyright.Text = AssemblyCopyright;
            this.labelCompanyName.Text = AssemblyCompany;
            this.textBoxDescription.Text = AssemblyDescription;
        }
```

7. 用户界面设计

最常用的用户界面是菜单式界面,因此本实验主要是利用 Visual Studio 的菜单条 MenuStrip 进行菜单设计。同时,进行菜单设计的过程,也是将前面设计的各个模块进行组装的过程,因此涉及各模块之间的关系问题。为了优化程序的结果,将系统中公用的程序(如数据库连接字符串、公用的数据集等)可定义为全局类(或变量),供各类在设计时使用。若前面设计的模块独立性强,一般不会在将各模块通过菜单组合在一起时出现问题。组装主菜单的实现,既可在最后做,也可在实现一部分窗体后分步组装。同时,考虑到权限管理问题,本系统拟将用户分为管理员、人事部、财务部三类,每类用户看到的主菜单是不一样的。

步骤 1:在打开的项目中,选择"项目"→"添加 Windows 窗体",屏幕出现如图 5.2.3 所示的"添加新项"对话框,输入窗体文件名 Main.cs,出现窗体设计界面。

步骤 2:在窗体设计界面上,添加 MenuStrip 控件 MenuStrip1 用于创建菜单结构,控件将自动附着到窗体的顶端。

步骤 3:在 MenuStrip 控件 MenuStrip1 上,最初包含一个标记为"请在此输入"的方框,并为菜单项输入文本"初始数据输入",右击,在弹出的快捷菜单中选择"属性",设置菜单项名为 mnSalaryInput。在"初始数据输入"菜单项下面的文本区中逐行输入以下子菜单项:初始工资输入、员工信息输入、部门信息设置、职务信息设置。

步骤 4:在 MenuStrip 控件 MenuStrip1 上,在"初始数据输入"文本框的右侧文本区中输入"日常处理"后,右击,在弹出的快捷菜单中选择"属性",设置菜单项名 mnDairyProcess,在"日常处理"菜单项下面的文本区中逐行输入以下子菜单项:工资数据个别修改、工资数据批量修改、工资数据汇总。

步骤 5:在 MenuStrip 控件 MenuStrip1 上,在"日常处理"文本框的右侧文本区中输入"查询与打印",右击,在弹出的快捷菜单中选择"属性",设置菜单项名为 mnInqureyPrint,在"查询与打印"菜单项下面的文本区中逐行输入以下子菜单项:工资查询与打印、员工信息查询与打印、部门查询、职务查询。

步骤 6:在 MenuStrip 控件 MenuStrip1 上,"查询与打印"文本框的右侧文本区中输入"系统设置",右击,在弹出的快捷菜单中选择"属性",设置菜单项名为 mnSystem,在"系统设置"菜单项下面的文本区中逐行输入以下子菜单项:修改密码、用户管理、系统初始化、数据备份与恢复。

步骤 7:在 MenuStrip 控件 MenuStrip1 上,在"系统设置"文本框的右侧文本区中输入"帮助",右击,选择"属性"菜单项,设置菜单项名为 mnHelp,在"帮助"菜单项下面的文本区中逐行输入以下子菜单项:帮助、关于工资管理系统。在"帮助"菜单项的右侧再建立"退出系统"菜单项。主菜单窗体中各菜单项的属性如表 5.5.9 所示。设计的界面效果如图 5.5.13 所示。

表 5.5.9 主菜单窗体各对象属性设置

控件类型	对象名	属性	取值
Form	Main	Text	工资管理系统
MenuStrip	MenuStrip1	Text	主菜单
ToolStripMenuItem	mnPriData	Text	初始数据输入
MenuStrip	mnSalaryInput	Text	初始工资输入
ToolStripMenuItem	mnEmpInput	Text	员工信息输入
ToolStripMenuItem	mnDepInput	Text	部门信息设置
ToolStripMenuItem	mnPosInput	Text	职务信息设置
ToolStripMenuItem	mnDairyProcess	Text	日常处理
ToolStripMenuItem	mnSalaryModifyP	Text	工资数据个别修改
ToolStripMenuItem	mnSalaryModifyB	Text	工资数据批量修改
ToolStripMenuItem	mnSalarySum	Text	工资数据汇总
ToolStripMenuItem	mnInqureyPrint	Text	查询与打印
ToolStripMenuItem	SalaryQuery	Text	工资查询与打印
ToolStripMenuItem	EmployeeInfoQuery	Text	员工信息查询与打印
ToolStripMenuItem	mnDepartmentEnq	Text	部门查询
ToolStripMenuItem	mnPositionEnq	Text	职务查询
ToolStripMenuItem	mnSystem	Text	系统设置
ToolStripMenuItem	ModifyPwd	Text	修改密码
ToolStripMenuItem	UserManage	Text	用户管理
ToolStripMenuItem	SysInit	Text	系统初始化
ToolStripMenuItem	DataBackRestore	Text	数据备份与恢复
ToolStripMenuItem	mnHelp	Text	帮助
ToolStripMenuItem	Help	Text	帮助
ToolStripMenuItem	About	Text	关于工资管理系统
ToolStripMenuItem	mnExit	Text	退出系统

图 5.5.13 含主菜单的"工资管理系统"主界面

步骤 8：按 F7 键,打开 Main.cs 的代码编辑窗,在代码开头的 using 引用部分的末尾,添加一个相关命名空间的引用:

```
using System.Data.SqlCient;
```

步骤 9：在 Main.cs 程序开始,添加如下代码:

```
//建议仅将数据库连接字符串放置在 Main 中作为全局静态变量使用,不必每个类中独立编写
```

```
//便于维护
public static string g_sConn = "server = localhost; database = SalaryDB; uid = sa; pwd =
123456";
//全局变量,登录用户,登录后设置
public static UserInfoDataSet.UserInfoRow g_loginUser = null;
```

步骤 10：编写窗体初始化代码,具体代码如下：

```
public Main()
    {
        InitializeComponent();
        showMenu();
    }
```

步骤 11：编写不同权限显示菜单的代码,具体代码如下：

```
//将不具有操作权限的菜单项隐藏
void showMenu()
    {
        switch (g_loginUser.limits.Trim())
        {
            case "管理员":
                break;
            case "人事部":
                mnInqureyPrint.Visible = false;
                mnSystem.Visible = false;
                UserManage.Visible = false;
                SysInit.Visible = false;
                break;
            case "财务部":
                mnPriData.Visible = false;
                EmployeeInfoQuery.Visible = false;
                UserManage.Visible = false;
                SysInit.Visible = false;
                break;
        }
    }
```

步骤 12：编写加载 DataGridView 控件的代码,供相关类使用。具体代码如下：

```
public static void datagrid_load(SqlConnection SqlConn, string strStorProc, DataGridView
datagridview)
    {
    //这里需要注意修改 DataGridView 控件的 SelectionMode 为 FullRowSelect
    //否则默认只有选择头部才算选中
        try
        {
            SqlConn.Open();
            SqlCommand sqlComm = new SqlCommand(strStorProc, SqlConn);
            SqlDataReader sqlDR = sqlComm.ExecuteReader();
            DataTable SqlDT = new DataTable();
            SqlDT.Clear();
```

```
            SqlDT.Load(sqlDR);
            datagridview.DataSource = SqlDT;
            datagridview.Columns[0].ReadOnly = true;
            sqlDR.Close();
        }
        catch (Exception ex)
        {
            MessageBox.Show(ex.Message);
        }
        finally
        {
            SqlConn.Close();
        }
    }
```

步骤 13：编写专供部门或职务信息查询用的 DataGridView 控件加载的代码如下：

```
//专用于查询部门或职务
public static void datagrid_load(SqlConnection SqlConn, string strStorProc, DataGridView
datagridview, string queryField, string queryString)
{
    try
    {
        SqlConn.Open();
        SqlCommand sqlComm = new SqlCommand(strStorProc, SqlConn);
        sqlComm.CommandType = CommandType.StoredProcedure;
        SqlParameter sqlPara = new SqlParameter("@" + queryField, SqlDbType.VarChar, 20);
        sqlPara.Value = queryString;
        sqlComm.Parameters.Add(sqlPara);
        SqlDataReader sqlDR = sqlComm.ExecuteReader();
        DataTable SqlDT = new DataTable();
        SqlDT.Clear();
        SqlDT.Load(sqlDR);
        datagridview.DataSource = SqlDT;
        datagridview.Columns[0].ReadOnly = true;
        sqlDR.Close();
    }
    catch (Exception ex)
    {
        MessageBox.Show(ex.Message);
    }
    finally
    {
        SqlConn.Close();
    }
}
```

步骤 14：编写用于检查数据引用关系中是否存在对应条目的代码，供相关类使用。代码如下：

```
static public bool usedInTable(SqlConnection SqlConn, string TableName, string queryField,
string queryString)
    {
        bool ret = false;
        try
        {
            SqlConn.Open();
            SqlCommand SqlComm = new SqlCommand("SELECT * FROM " + TableName + " WHERE "
+ queryField + " = '" + queryString + "'", SqlConn);
            SqlDataReader sqlDR = SqlComm.ExecuteReader();
            if (sqlDR.HasRows)
            {
                ret = true;
            }
            sqlDR.Close();
        }
        catch (Exception exp)
        {
            MessageBox.Show("数据库查询错误,usedInTable: " + exp);
        }
        finally
        {
            SqlConn.Close();
        }
        return ret;
    }
```

步骤 15：编写"初始工资输入"菜单项 mnSalaryInput 的 Click 事件代码如下：

```
private void mnSalaryInput_Click(object sender, EventArgs e)
    {
        SalaryInput childFrm = new SalaryInput();
        childFrm.StartPosition = FormStartPosition.CenterParent;
        childFrm.ShowDialog();
    }
```

步骤 16：编写"员工信息输入"菜单项 mnEmpInput 的 Click 事件代码如下：

```
private void mnEmpInput_Click(object sender, EventArgs e)
    {
        EmployeeInput childFrm = new EmployeeInput();
        childFrm.StartPosition = FormStartPosition.CenterParent;
        childFrm.ShowDialog();
    }
```

步骤 17：编写"部门信息设置"菜单项 mnDepInput 的 Click 事件代码如下：

```
private void mnDepInput_Click(object sender, EventArgs e)
    {
        DepartmentInput childFrm = new DepartmentInput();
        childFrm.StartPosition = FormStartPosition.CenterScreen;
```

```
        childFrm.ShowDialog();
    }
```

步骤 18：编写"职务信息设置"菜单项 mnPosInput 的 Click 事件代码如下：

```
private void mnPosInput_Click(object sender, EventArgs e)
    {
        PositionInput childFrm = new PositionInput();
        childFrm.StartPosition = FormStartPosition.CenterParent;
        childFrm.ShowDialog();
    }
```

步骤 19：编写"工资数据个别修改"菜单项 mnSalaryModifyP 的 Click 事件代码如下：

```
private void mnSalaryModifyP_Click(object sender, EventArgs e)
    {
        SalaryModifyP childFrm = new SalaryModifyP();
        childFrm.StartPosition = FormStartPosition.CenterParent;
        childFrm.ShowDialog();
    }
```

步骤 20：编写"工资数据批量修改"菜单项 mnSalaryModifyB 的 Click 事件代码如下：

```
private void mnSalaryModifyB_Click(object sender, EventArgs e)
    {
        SalaryModifyB childFrm = new SalaryModifyB();
        childFrm.StartPosition = FormStartPosition.CenterParent;
        childFrm.ShowDialog();
    }
```

步骤 21：编写"工资数据汇总"菜单项 mnSalarySum 的 Click 事件代码如下：

```
private void mnSalarySum_Click(object sender, EventArgs e)
    {
        salaryTotal childFrm = new salaryTotal();
        childFrm.StartPosition = FormStartPosition.CenterParent;
        childFrm.ShowDialog();
    }
```

步骤 22：编写"工资查询与打印"菜单项 SalaryQuery 的 Click 事件代码如下：

```
private void SalaryQuery_Click(object sender, EventArgs e)
    {
        SalaryQuery childFrm = new SalaryQuery();
        childFrm.StartPosition = FormStartPosition.CenterParent;
        childFrm.ShowDialog();
    }
```

步骤 23：编写"员工信息查询与打印"菜单项 EmployeeInfoQuery 的 Click 事件代码如下：

```
private void EmployeeInfoQuery_Click(object sender, EventArgs e)
    {
        EmployeeInfoQuery childFrm = new EmployeeInfoQuery();
```

```
            childFrm.StartPosition = FormStartPosition.CenterParent;
            childFrm.ShowDialog();
    }
```

步骤 24：编写"部门查询"菜单项 mnDepartmentEnq 的 Click 事件代码如下：

```
private void mnDepartmentEnq_Click(object sender, EventArgs e)
    {
        DepartMentInquireCon childFrm = new DepartMentInquireCon();
        childFrm.StartPosition = FormStartPosition.CenterParent;
        childFrm.ShowDialog();
    }
```

步骤 25：编写"职务查询"菜单项 mnPositionEnq 的 Click 事件代码如下：

```
private void mnPositionEnq_Click(object sender, EventArgs e)
    {
        PositionInquireSeq childFrm = new PositionInquireSeq();
        childFrm.StartPosition = FormStartPosition.CenterParent;
        childFrm.ShowDialog();
    }
```

步骤 26：编写"修改密码"菜单项 ModifyPwd 的 Click 事件代码如下：

```
private void ModifyPwd_Click(object sender, EventArgs e)
    {
        ModifyPwd childFrm = new ModifyPwd();
        childFrm.StartPosition = FormStartPosition.CenterParent;
        childFrm.ShowDialog();
    }
```

步骤 27：编写"用户管理"菜单项 UserManage 的 Click 事件代码如下：

```
private void UserManage_Click(object sender, EventArgs e)
    {
        UserManage childFrm = new UserManage();
        childFrm.StartPosition = FormStartPosition.CenterParent;
        childFrm.ShowDialog();
    }
```

步骤 28：编写"系统初始化"菜单项 SysInit 的 Click 事件代码如下：

```
private void SysInit_Click(object sender, EventArgs e)
    {
        SysInit childFrm = new SysInit();
        childFrm.StartPosition = FormStartPosition.CenterParent;
        childFrm.ShowDialog();
    }
```

步骤 29：编写"数据备份与恢复"菜单项 DataBackRestore 的 Click 事件代码如下：

```
private void DataBackRestore_Click(object sender, EventArgs e)
    {
        DataBackRestore childFrm = new DataBackRestore();
        childFrm.StartPosition = FormStartPosition.CenterParent;
```

```
        childFrm.ShowDialog();
    }
```

步骤 30：编写"关于工资管理系统"菜单项 About 的 Click 事件代码如下：

```
private void About_Click(object sender, EventArgs e)
    {
        AboutBox1 childFrm = new AboutBox1();
        childFrm.StartPosition = FormStartPosition.CenterParent;
        childFrm.ShowDialog();
    }
```

步骤 31：编写"退出系统"菜单项 mnExit 的 Click 事件代码如下：

```
private void mnExit_Click(object sender, EventArgs e)
    {
      this.Close();
    }
```

5.5.6　实验结果与报告

1. 实验结果

本实验的主要目的是完成信息系统的常用辅助功能的设计，包括用户管理、数据备份与恢复、系统初始化、用户登录、密码修改、帮助、用户界面设计等常见的信息系统辅助功能，因此实验结果应分别达到各辅助功能的设计要求，完成预期的功能，如用户管理能进行操作员的添加、删除、修改等操作，并通过直接打开数据库中的用户表 UserInfo 来检查处理的数据是否正确等。经检查，证明能正确完成设计要求的功能，则该实验项目结束。

2. 实验报告

实验报告首先要分别详细描述各个辅助功能的实现过程，说明在实验过程中遇到的问题及解决的方法。实验过程的描述可以参照上述"5.5.5 实验步骤"进行书写。实验的结果应提供辅助功能模块运行时的界面。

5.6　实验 6：系统安装与测试实验

5.6.1　实验目的

掌握信息系统软件打包发布与安装的方法，掌握信息系统的测试步骤与测试方法。

5.6.2　实验内容与要求

按信息系统的要求，将设计好的整个系统制作成安装文件，并能安装到相关的计算机系统中，然后根据测试方案对系统进行测试，写出测试报告。

5.6.3　实验预备知识

1. Visual Studio 提供的软件部署方法

1）Xcopy

通过实用工具 Xcopy 把程序集或一组程序集复制到应用程序文件夹中。每个程序集跟踪它需要的其他程序集。在默认情况下,程序集会在当前的应用程序文件夹中查找依赖项,不需要在注册表中注册。

2)发布 Web 站点

在发布 Web 站点时,会编译整个站点,然后把它复制到指定的位置。预编译后,最终输出的文件夹不包括源程序。

3)为应用程序创建安装程序

这是基于 Microsoft Windows Installer 的技术。主要任务是:

(1)标识应用程序需要的所有外部资源,包括配置文件、COM 组件、第三方库、控件和图像。

(2)确定创建安装软件包的时间。如果设置了一个自动构建过程,就可以把安装软件包的构建包含在项目成功构建的过程。

4)ClickOnce 技术

ClickOnce 技术可以构建自动升级的、基于 Windows 的应用程序,它允许把应用程序发布到 Web 站点、文件共享或 CD 上。在对应用程序进行升级并生成新版本后,开发小组可以把它们发布到相同的位置或站点上。最终用户在使用应用程序时,程序会检查是否有更新版本,如果有,就进行更新。

2. 系统测试的目标与原则

系统测试的目标是为了发现系统中存在的错误,保证软件系统已经正确地实现了用户的需求。为了确保这一目标的实现,测试过程中应当遵循以下原则:

(1)测试工作应该由独立的、专业的软件测试机构来完成。

(2)设计测试用例时应该考虑到合法的输入和不合法的输入,以及各种边界条件,特殊情况下要制造极端状态和意外状态,如网络异常中断、电源断电等情况。

(3)要注意测试中的错误集中发生现象,这与程序员的编程水平和习惯有很大的关系。

(4)对测试错误结果一定要有一个确认的过程。

(5)制订严格的测试计划,并把测试时间安排得尽量宽松,不要希望在极短的时间内完成一个高水平的测试。

(6)正确生成和妥善保存一切测试过程文档,测试的重现要通过测试文档实现。

(7)回归测试的关联性一定要引起充分的注意,修改一个错误而引起更多错误的现象并不少见。

3. 系统测试的方法

根据不同的测试目标和测试阶段,信息系统测试的方法主要有以下几种:

(1)黑盒测试,也称功能测试。它是将系统看作一个黑盒子,不考虑系统的内部结构和特性,只测试系统的外部特征。测试的方法是根据系统的要求输入数据,检测系统能否产生系统要求的输出。

(2)白盒测试,也称结构测试。白盒测试的重点是系统的内部结构是否正确,即检测系统内部的每一个处理环节的设计是否正确。测试的方法是按照系统的处理过程和处理逻辑逐段进行测试。这种测试要求测试者必须了解程序的内部逻辑结构。

(3)α测试。α测试是在实验室内按照系统设计要求完成的全部测试工作。

(4)β测试。β测试是按照用户使用信息系统的实际条件,由用户在真实应用环境下完成的测试。

4. 系统测试项目

系统测试是将软件、硬件、网络等系统的各个部分连接在一起后,对整个系统的总体功能、专项性能等进行的测试,其任务就是测试软、硬件系统的集成和协调功能能否正常工作。通过与系统的需求相比较,从而检测所开发的系统整体功能与用户需求不符的地方。系统测试一般包括如下测试项目:

(1)集成测试。是将系统的各部件集成在一起进行的联合测试。部件可以是代码模块、独立的应用、网络上的客户端或服务器端程序。这种测试主要是测试系统部件能否在一起共同工作。

(2)可用性测试。它是由最终用户来完成的测试。它是由客户基于系统规格说明书来检测软件系统的可用性,检测软件是否满足用户的要求。

(3)安装/卸载测试。对软件的全部、部分或升级安装/卸载处理过程的测试。

(4)恢复测试。测试一个系统从系统崩溃、硬件损坏等灾难性问题中恢复的能力。

(5)兼容测试。测试软件在一个特定的硬件/软件/操作系统/网络等环境下的性能。

(6)负载测试。测试一个系统在重负荷下的表现。如大量的输入、处理,系统的响应是否会退化或失败,检测系统的性能。

(7)安全可靠性测试。测试系统对程序及数据的非授权的故意或意外访问的阻止能力,及维持系统功能与性能的能力,包括用户权限限制、用户和密码封闭性、错误登录次数的限制、操作日志、屏蔽用户操作错误、错误提示的准确性、错误是否导致系统异常退出、数据备份与恢复手段、输入数据有效性检查、异常情况的影响、网络故障对系统的影响等几个方面的检测。

5. 测试用例的设计

白盒测试一般都是由程序员完成,其发现错误的概率较低。实践中黑盒测试使用比较多。黑盒测试试图发现以下错误:①功能不正确或遗漏了功能;②界面错误;③数据结构错误或外部数据库访问错误;④性能错误;⑤初始化和终止错误。

设计黑盒测试方案时,应该考虑下述问题:

- 怎样测试功能的有效性?
- 哪些类型的输入可构成好的测试用例?
- 系统是否对特定的输入值特别敏感?
- 怎样划定数据类的边界?
- 系统能够承受什么样的数据率和数据量?
- 数据的特定组合将对系统的运行产生什么影响?

应用黑盒测试技术,能够设计出满足下述标准的测试用例集:

- 所设计出的测试用例能够减少为达到合理测试所需要设计的测试用例的总数;
- 所设计出的测试用例能够告诉我们,是否存在某些类型的错误,而不是仅仅指出与特定测试相关的错误是否存在。

经验表明,处理边界情况时程序最容易发生错误。例如,许多程序错误出现在下标、纯量、数据结构和循环等的边界值附近。因此,设计使程序运行在边界情况附近的测试方案,暴露出程序错误的可能性更大一些。

使用边界值分析方法设计测试方案首先应该确定边界情况,通常输入等价类和输出等价类的边界,就是应该着重测试程序边界情况。选取的测试数据刚好等于、刚刚小于和刚刚大于等价类的边界值,而不是选取每个等价类内的典型值或任意值作为测试数据。

6. 测试方案的制定

测试方案包括以下几部分内容:

(1) 拟订的测试计划。测试计划是需求分析阶段开始制订,包括测试大纲的制定、测试数据的生成、测试工具的选择等应在测试阶段之前进行。

(2) 编制测试大纲。测试大纲是软件测试的依据,它明确规定了在测试中针对系统的每一项功能或特性所必须完成的基本测试项目和测试完成的标准。

(3) 设计和生成测试用例。测试用例是指为实施一次测试而向被测试系统提供的输入数据、操作或各种环境设置。一个好的测试用例对于提高测试的质量的效率,确保软件产品的质量和可靠性具有重要作用。

(4) 测试实施的时间及要求。在特定的软件、硬件环境下进行某一测试项目的测试步骤及过程。对如何记录、纠正测试过程中发现的错误进行具体规定。

7. 测试分析报告

测试分析报告是测试成果的体现,它是开发文档的重要组成部分。以下是引自国家计算机标准和文件模板中的测试分析报告样本。

××××测试分析报告

报告日期: 年 月 日

测试完成日期: 年 月 日

1 引言

1.1 编写目的

说明这份测试分析报告的具体编写目的,指出预期的阅读范围。

1.2 背景

说明:

a. 被测试软件系统的名称;

b. 该软件的任务提出者、开发者、用户及安装此软件的计算机中心,指出测试环境与实际运行环境之间可能存在的差异以及这些差异对测试结果的影响。

1.3 定义

列出本文件中用到的专门术语的定义和外文字母组词的原词组。

1.4 参考资料

列出要用到的参考资料,如:

a. 本项目的经核准的计划任务、合同、上级机关的批文;

b. 本文件中各处引用的文件、资料。

2 测试概要

用表格的形式列出每一项测试的标识符及其测试内容,并指明实际进行测试工作内容与测试计划中预先设计的内容之间的差别,说明做出这种改变的原因。

3 测试结果及发现

3.1 测试1(标识符)

把本项测试中实际得到的动态输出(包括内部生成数据输出)结果同对于动态输出的要求进行比较,陈述其中的各项发现。

3.2 测试2(标识符)

用类似本报告3.1条的方式给出第2项及其后各项测试内容的测试结果和发现。

4 对软件功能的结论

4.1 功能1(标识符)

4.1.1 能力

简述该项功能,说明为满足此项功能而设计的软件能力以及经过一项或多项测试已证实的能力。

4.1.2 限制

说明测试数据值的范围(包括动态数据和静态数据),列出就这项功能而言,测试期间在该软件中查出的缺陷、局限性。

4.2 功能2(标识符)

用类似本报告4.1的方式给出第2项及其后各项功能的测试结论。

5 分析摘要

5.1 能力

陈述经测试证实了的本软件的能力。如果所进行的测试是为了验证一项或几项特定性能要求的实现,应提供这方面的测试结果与要求之间的比较,并确定测试环境与实际运行环境之间可能存在的差异对能力的测试所带来的影响。

5.2 缺陷和限制

陈述经测试证实的软件缺陷和限制,说明每项缺陷和限制对软件性能的影响,并说明全部测试得到的性能缺陷的累积影响和总影响。

5.3 建议

对每项缺陷提出改进建议,如:

(1) 各项修改可采用的修改方法;

(2) 各项修改的紧迫程度;

(3) 各项修改预计的工作量;

(4) 各项修改的负责人。

5.4 评价

说明该软件有开发是否已达到预定目标,能否交付使用。

6 测试资源消耗

总结测试工作的资源消耗数据,如工作人员的水平级别数量,机时消耗等。

5.6.4 实验环境及要求

安装有数据库管理系统及软件开发工具的计算机一台,没有安装软件开发工具的计算机一台,根据系统实际运行环境要求提供其他相关实验环境(如网络环境等)。

5.6.5 实验步骤

1. 制作安装文件

安装文件是交付给用户的软件成品。利用安装文件,可以让用户很方便地将信息系统安装到计算机中。安装文件的制作就是利用相关的软件,将开发好的信息系统打包成一个可执行的文件及与安装相关的辅助文件(如动态链接库文件等),使信息系统可以脱离开发环境运行。下面是利用 Visual Studio 制作安装文件的步骤。

步骤 1：启动 Visual Studio,选择"解决方案资源管理器"中需要创建安装文件的项目并右击,在弹出的快捷菜单中选择"添加"→"新建项目",如图 5.6.1 所示,弹出如图 5.6.2 所示的"添加新项目"对话框,选择"其他项目类型"中"安装和部署"项,选择"安装向导",输入安装文件名 Setup1 并选择在磁盘中的位置,单击"确定"按钮后,在所在解决方案的下方出现一个新的项目 Setup 向导。

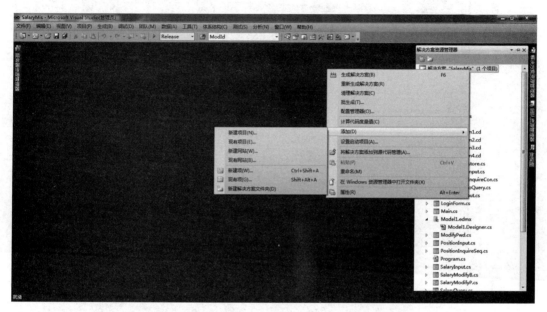

图 5.6.1 创建新项目

图 5.6.2 "添加新项目"对话框

步骤 2：在"解决方案资源管理器"中右击新建的项目 Setup1，在弹出的快捷菜单中选择"属性"，弹出"Setup1 属性页"对话框(见图 5.6.3)，选择"配置"项为 Release，设置输出文件名、包文件、压缩等属性。单击"系统必备"按钮，弹出"系统必备"对话框(见图 5.6.4)，选择安装系统的必备组件(如 SQL Server 等)，单击"确定"按钮完成属性配置。

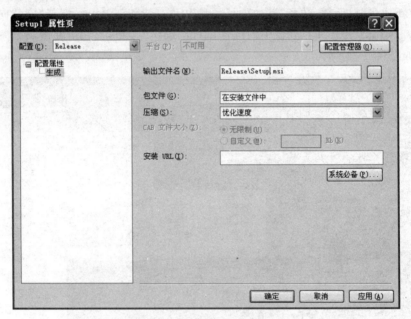

图 5.6.3　设置 Setup1 项目的属性

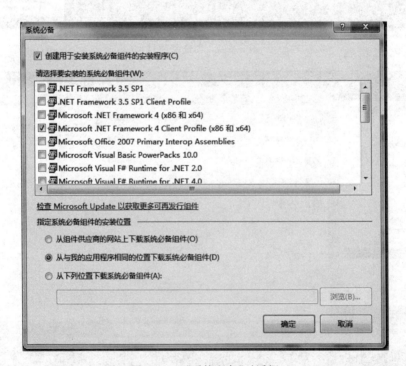

图 5.6.4　"系统必备"对话框

步骤 3：在 Visual Studio 主界面菜单下的快捷选择框"解决方案配置"中选择 Release。选择"生成"→"生成 Setup"，系统自动生成安装程序，完成后在 Setup1 文件夹下的 Release 文件夹生成了相应的安装文件 setup. exe、Setup. msi 及两个与安装文件相关的文件夹（见图 5.6.5）。

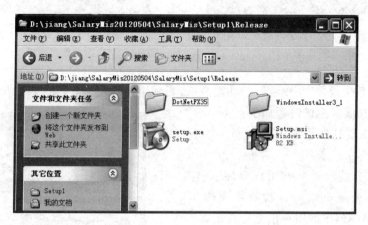

图 5.6.5　生成安装程序后的 Release 文件夹内容

步骤 4：将生成的安装文件安装到一台没有安装 Visual Studio 的计算机中，查看是否能正确运行。若有错，则应检查设计的程序及安装程序设置是否正确。

2. 系统测试

系统测试的目的是检测系统的功能与性能是否与用户要求相同。下面以工资管理系统的测试来说明测试过程，测试方法采用黑盒测试法。

测试 1：登录测试。登录测试主要用于检测系统能否防止非授权用户使用系统，有无错误登录次数据限制等。

测试过程：启动工资管理系统，在用户登录界面（见图 5.6.6），首先是输入正确的管理员用户名 admin，初始密码 123456，检查能否正确登录，登录成功后能否使用所有的菜单功能项，若能正确登录，利用"用户管理"功能增加一个财务部的用户 user2，密码为 123456；增加一个人事部的用户 user1，密码为 123456。然后输入大写字母的管理员姓名 ADMIN，密码为 123456，检查能否登录，密码

图 5.6.6　用户登录界面

是否在输入时隐蔽；再用正确的管理员用户 admin，输入错误的密码、不输入密码等情况至少输入 3 次以上，检查系统是否能阻止非授权用户登录，系统提示信息是否正确；使用用户 user1 登录，检查是否所有菜单项都可用，是否禁用"初始数据输入""职工信息查询""用户管理""系统初始化"功能（见图 5.6.7）。按测试管理员的方法使用正确密码、不正确密码分别测试该用户的登录情况；最后不输入用户名和密码，检查是否能够登录。使用用户 user2 登录，检查是否所有菜单项都可用，是否禁用"查询与打印""用户管理""系统初始化"功能（见图 5.6.8）。按测试管理员的方法使用正确密码、不正确密码分别测试该用户的登录情况；最后不输入用户名和密码，检查是否能够登录。

图 5.6.7 以 user1 人事部身份登录后
的主界面菜单

图 5.6.8 以 user2 财务部身份登录后
的主界面菜单

测试 2："系统设置"菜单项下的功能测试,测试用户管理、修改密码、数据备份与恢复、系统初始化等功能。测试过程如下:

(1) 启动工资管理系统,以管理员 admin 登录系统。

(2) 选择"系统设置"→"用户管理",进入"用户管理"界面(见图 5.6.9)。检查界面的初始状态,特别是表格中列出的用户信息是否正确。

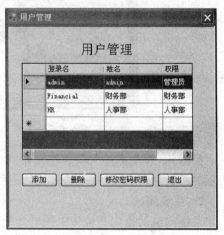
图 5.6.9 "用户管理"界面

(3) 单击"添加"按钮,出现如图 5.6.10 所示的界面,在"添加用户"区分别进行如下几种情况的用户添加,完成相应的操作后单击"确定"按钮,查看添加用户是否正确、提示信息是否正确,是否有防止用户名相同、两次输入的密码正确性核对等。

① 输入表格中已有的用户名,如 admin,输入任意密码,两次输入的密码相同。

② 不输入用户名和密码,直接单击"确定"按钮。

③ 输入一个新的用户名,两次输入的密码不一致。

④ 输入一个新的用户名,两次输入的密码一致。

⑤ 输入一个新的用户名,两次输入的密码一致,权限设为"管理员"。

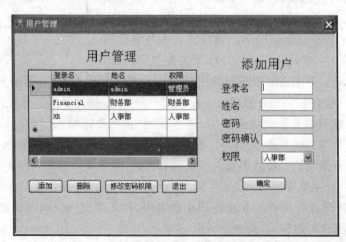
图 5.6.10 "用户管理"界面——添加用户

（4）单击"退出"按钮，并退出系统，重新启动工资管理系统，用新添加的用户登录，检查是否登录成功、所设置的权限是否正确。最后以管理员身份登录系统。

（5）单击表格中的任意一个非 admin 用户，单击的位置是用户所在行的任意列，检查是否选中该用户，然后单击"删除"按钮，在弹出的对话框中单击"否"按钮，检查该选项中的用户是否从表格中消失。再次单击"删除"按钮，在弹出的对话框中单击"是"按钮，检查该用户是否从表格中消失（注意：在删除用户时，记下被删除的用户名及密码）。单击"退出"按钮，并退出系统。重新启动工资管理系统，以刚才被删除的用户及密码进行系统登录，检查是否能登录成功，如不能登录，则证明该用户已被删除。

（6）以管理员身份登录系统，选中用户 admin，单击"删除"按钮，检查是否能将该系统默认的管理员删除。选中任意一个用户，单击"修改密码权限"按钮，系统显示如图 5.6.11所示的界面，在"修改密码权限"区中尝试修改用户名、只修改密码、只修改权限、同时修改密码和权限等操作，在进行以上操作时，第一种情况是对同一个用户操作，第二种情况是分别对不同的用户操作。操作完成后退出系统，以修改过密码或权限的用户登录，检查修改是否成功（注意：在这里如果将 admin 的权限改为"人事部"或"财务部"，将会导致失去管理员，系统是否考虑不允许修改默认系统管理员的权限，而只允许修改密码）。

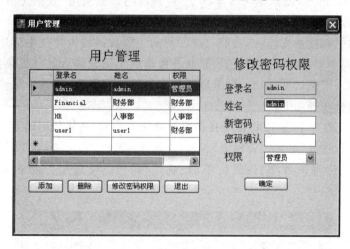

图 5.6.11 "用户管理"界面——修改密码权限

（7）以财务部或人事部身份登录系统，单击"系统"菜单下的"修改密码"项，系统显示的界面如图 5.6.12 所示。首先检查在密码修改时能否修改用户名，所显示的用户名是否为当前用户，然后输入旧密码、新密码，在输入密码时分别使用错误旧密码、正确旧密码、两次新密码不一致、两次新密码一致、不输入新密码等各种情况进行测试。当修改完密码后，返回菜单，再次进行密码修改，检查刚输入的密码是否可以作为旧密码（即修改的新密码已生效），再次进行密码的修改操作。

（8）以管理员登录工资管理系统，单击"系统"菜单下的"数据备份与恢复"项，进入"数据备份与恢复"界面（见图 5.6.13）。选择操作类型为"备份"，并输入备份路径（该路径分别为已存在的文件夹、不存在的文件夹、错误的路径表示等三种情况分别测试），单击"确定"按钮，然后直接打开指定的路径，检查是否将数据备份到指定的路径中。

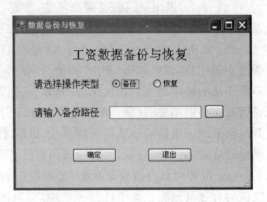

图 5.6.12 "修改密码"界面　　　　图 5.6.13 "数据备份与恢复"界面

(9) 以管理员登录工资管理系统,单击"系统"菜单下的"系统初始化"项,在弹出的"初始化"界面单击"开始初始化"按钮,再在弹出的对话框中单击"是"按钮。返回菜单,使用"查询与打印"菜单项进行数据查询,检查是否已将所有数据清除。

(10) 在第(8)、(9)步操作成功的基础上,将备份的数据利用"数据备份与恢复"功能恢复到系统中,然后再通过"查询与打印"功能检查数据是否恢复成功。

测试 3:测试"初始数据输入"功能,包括"初始工资数据输入""员工信息输入""部门设置""职务设置"四个子功能。部门设置、职务设置是员工信息输入的前提条件,只有输入员工信息后才能输入工资信息,因此,除了测试基本的输入功能外,还要检测输入的顺序是否有保证措施。测试步骤如下:

(1) 启动工资管理系统,以操作员身份登录系统。单击"初始数据输入"菜单下的"初始工资数据输入"项,进入"员工工资输入"界面(见图 5.6.14)。单击"员工号"项,检查是否可能输入员工号,然后输入各项目,最后单击"确定"按钮。检查是否能够完成工资数据的输入。

图 5.6.14 "员工工资输入"界面

（2）单击"初始数据输入"菜单下的"员工信息输入"项，进入"员工信息输入"界面（见图 5.6.15）。输入各数据项目，单击"确定"按钮，检查能否完成员工信息的输入。

图 5.6.15　"员工信息输入"界面

（3）单击"初始数据输入"菜单下的"部门设置"项，进入"部门设置"界面（见图 5.6.16）。输入部门名称，如"人事部"，单击"确定"按钮。在继续输入部门名称时，再次输入"人事部"，检查是否输入成功。反复输入其他部门名称，输入完成后单击"退出"按钮。

（4）单击"初始数据输入"菜单下的"职务设置"项，进入"职务设置"界面（见图 5.6.17）。输入职务名称，如"总经理"，单击"确定"按钮。在弹出的对话框中单击"是"按钮，继续输入职务名称，重复输入相同的职务名称，检查能否输入。用类似的方法输入其他职务名称后在弹出的对话框中单击"否"按钮。

图 5.6.16　"部门设置"界面

图 5.6.17　"职务设置"界面

（5）再次单击"初始数据输入"菜单下的"员工信息输入"项，进入"员工信息输入"界面（见图 5.6.15）。输入各数据项目，单击"确定"按钮，检查能否完成员工信息的输入。在输入员工信息时，分别测试几种情况：员工号相同、输入不完整的信息、出生日期大于工作日期等不正常的输入，再测试完整的正确的员工信息输入。

（6）再次单击"初始数据输入"菜单下的"初始工资数据输入"项，进入"员工工资输入"界面（见图 5.6.14）。输入工资数据时要分别测试几种数据情况：

① 选择员工号,检查是否正确显示员工姓名,并检查员工姓名能否在这里修改。

② 选择相同的员工号进行工资数据输入。

③ 扣减工资项目(如公积金、水电费等)之和大于应发工资。

④ 只选择员工号,其他所有工资数据均为输入,直接单击"确定"按钮。

⑤ 最后单击"退出"按钮,并再次进入"员工工资输入"界面进行数据输入。

(7) 单击"查询与打印"菜单中相应的项目,对上述输入的各种数据进行查询,检查输入的数据是否正确。

测试 4:"日常处理"功能测试,测试内容包括"工资数据批量修改""工资数据个别修改""工资汇总"等三个子功能。主要是测试能否完成工资数据修改,汇总等功能,修改后的数据是否正确等。测试过程如下:

(1) 启动并登录工资管理系统,单击"日常处理"菜单下的"工资数据批量修改"项,进入"工资数据批量修改"界面(见图 5.6.18),分别选择按以下情况分别进行工资数据的修改:

① 修改基本工资,分别按增加固定值、按比例增加、减少固定值、按比例减少、全部改为同一值等五种方式,修改值分别为正数、负数、0 三种类型进行组合测试。

② 修改附加工资,分别按增加固定值、按比例增加、减少固定值、按比例减少、全部改为同一值等五种方式,修改值分别为正数、负数、0 三种类型进行组合测试。

③ 修改奖金,分别按增加固定值、按比例增加、减少固定值、按比例减少、全部改为同一值等五种方式,修改值分别为正数、负数、0 三种类型进行组合测试。

④ 修改公积金,分别按增加固定值、按比例增加、减少固定值、按比例减少、全部改为同一值等五种方式,修改值分别为正数、负数、0 三种类型进行组合测试。

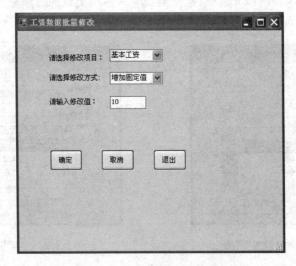

图 5.6.18 "工资数据批量修改"界面

每进行一次修改,单击"确定"按钮后,要检查修改后界面中表格各工资项目数据的值,特别是检查"应发工资""实发工资"及对应修改的工资项目,是否按要求完成修改,有没有进行数值限制。

(2) 单击"日常处理"菜单下的"工资数据个别修改"项,进入"工资数据个别修改"界面(见图 5.6.19),分别选择按以下情况分别进行工资数据的修改:

　　① 只修改单个工资项目,如基本工资、附加工资、奖金、补贴、公积金、房租、水电费,每个项目修改后单击"确定"按钮。

　　② 修改两个以上工资项目,如修改基本工资＋公积金等工资项目组合,修改后单击"确定"按钮。

　　每次确定修改完成后再单击"退出"按钮,使用"查询与打印"菜单项中的"工资查询"进行工资数据的查询,检查修改后的工资数据是否正确。

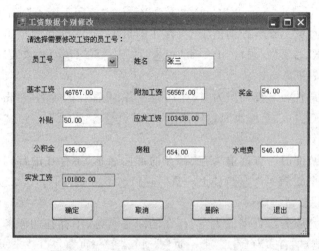

图 5.6.19　"工资数据个别修改"界面

　　(3) 单击"日常处理"菜单下的"工资汇总"项,进入"工资汇总"界面(见图 5.6.20),分别选择按以下情况分别进行工资数据的修改:

　　① 单击汇总条件"按部门",然后单击"汇总"按钮,再单击"打印"按钮。

　　② 单击汇总条件"按职务",然后单击"汇总"按钮,再单击"打印"按钮。

　　测试时要检查表格中显示的原始数据,当汇总后要检查表格中的汇总数据是否正确、打印结果是否正确。同时要测试记录的翻页按钮是否正确(注:测试时要有足够的数据提供多个部门、多种职务,以便检查汇总的正确性)。最后单击"退出"按钮。

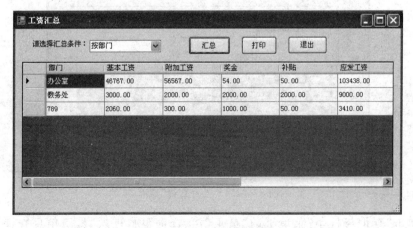

图 5.6.20　"工资汇总"界面

测试5："查询与打印"功能测试,包括"工资查询""员工信息查询""打印工资条""打印工资表"几个功能测试。主要测试系统能否查到已有数据,对不存在的数据是否也能查到,查询到的数据能否正确打印等。测试过程如下:

(1) 启动并登录工资管理系统,单击"查询与打印"菜单下的"工资查询"项,进入"工资查询"界面(见图5.6.21)。分别按以下几种情况进行查询、打印:

① 查询项目为"所有",查询值分别为空、任意值,单击"查询"按钮,然后再分别测试"首页"(≪)、"上一页"(<)、"下一页"(>)、"末页"(≫)、"打印工资条""打印工资表"按钮。

② 查询项目为"员工号",查询值为空、存在的员工号、不存在的员工号,单击"查询"按钮,然后再分别测试"首页"(≪)、"上一页"(<)、"下一页"(>)、"末页"(≫)、"打印工资条""打印工资表"按钮。

③ 查询项目为"姓名",查询值为空、存在的姓名、不存在的姓名,单击"查询"按钮,然后再分别测试"首页"(≪)、"上一页"(<)、"下一页"(>)、"末页"(≫)、"打印工资条"按钮和"打印工资表"按钮。

④ 查询项目为"部门",查询值为空、存在的部门名称、不存在的部门名称,单击"查询"按钮,然后再分别测试"首页"(≪)、"上一页"(<)、"下一页"(>)、"末页"(≫)、"打印工资条""打印工资表"按钮。

⑤ 查询项目为"职务",查询值为空、存在的职务名称、不存在的职务名称,单击"查询"按钮,然后再分别测试"首页"(≪)、"上一页"(<)、"下一页"(>)、"末页"(≫)、"打印工资条""打印工资表"按钮。

测试时要注意记录的显示是否正确、是否按指定的条件进行查询,查询结果能否正确打印。

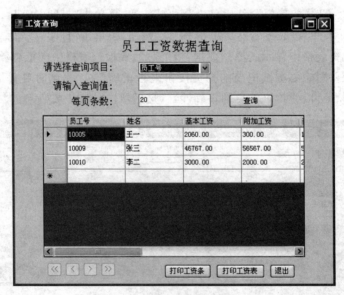

图5.6.21 "工资查询"界面

(2) 单击"查询与打印"菜单下的"员工信息查询"项,进入"员工信息查询"界面(见图5.6.22)。分别按以下几种情况进行查询、打印:

① 查询项目为"所有",查询值分别为空、任意值,单击"查询"按钮,然后再分别测试"首

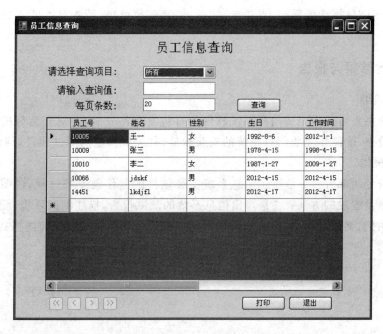

图 5.6.22　"员工信息查询"窗口

页"(⯬)、"上一页"(⯨)、"下一页"(⯩)、"末页"(⯭)、"打印"按钮。

② 查询项目为"员工号",查询值为空、存在的员工号、不存在的员工号,单击"查询"按钮,然后再分别测试"首页"(⯬)、"上一页"(⯨)、"下一页"(⯩)、"末页"(⯭)、"打印工资条""打印工资表"按钮。

③ 查询项目为"姓名",查询值为空、存在的姓名、不存在的姓名,单击"查询"按钮,然后再分别测试"首页"(⯬)、"上一页"(⯨)、"下一页"(⯩)、"末页"(⯭)、"打印工资条""打印工资表"按钮。

④ 查询项目为"部门",查询值为空、存在的部门名称、不存在的部门名称,单击"查询"按钮,然后再分别测试"首页"(⯬)、"上一页"(⯨)、"下一页"(⯩)、"末页"(⯭)、"打印"按钮。

⑤ 查询项目为"职务",查询值为空、存在的职务名称、不存在的职务名称,单击"查询"按钮,然后再分别测试"首页"(⯬)、"上一页"(⯨)、"下一页"(⯩)、"末页"(⯭)、"打印"按钮。

测试时要注意检查记录的显示是否正确、是否按指定的条件进行查询,查询结果能否正确打印(检查输出的 Excel 文件内容是否与实际数据相符)。

测试 6:测试"帮助"功能,主要是检测系统有没有提供帮助,帮助是否简单明了,是否易于操作。单击"帮助"菜单项,单击各帮助项(或直接查看帮助内容),按帮助中的说明进行系统操作,检查帮助内容是否与实际系统一致。

测试 7:测试"退出系统"功能,测试过程如下:

(1) 启动并登录工资管理系统,单击"退出系统"菜单项,检查是否能正确关闭并退出系统。

(2) 重新启动并登录系统,打开某一具体功能界面(如"员工信息输入"界面),输入一部分数据,不关闭该具体功能界面,直接单击"退出系统"菜单项,检查是否能正确关闭并退出系统。

5.6.6 实验结果与报告

1. 实验结果

本实验的主要目的是完成信息系统软件的打包发布与安装,并对安装好的信息系统进行测试。经检查,能制作完成信息系统的安装软件,并完成预定的测试项目,则该项目结束。

2. 实验报告

实验报告分两部分:一是描述信息系统安装软件的制作与安装过程,说明在实验过程中遇到的问题及解决的方法;二是写出信息系统的测试报告,描述测试环境、测试过程及所用到的测试用例、测试结果、对信息系统的评价。测试报告的格式参见前述格式。

参 考 文 献

[1] 汤宗健,梁革英.信息系统分析与设计实验[M].北京:国防工业出版社,2008.

[2] 郑阿奇,刘启芬,顾韵华.SQL Server 实用教材[M].3 版.北京:电子工业出版社,2009.

[3] 李丹,赵古坤,于宏伟,等.SQL Server 2005 数据库管理与开发实用教程[M].北京:机械工业出版社,2010.

[4] 薛华成.管理信息系统[M].6 版.北京:清华大学出版社,2012.

[5] 冯建华,周立柱.数据库系统设计与原理[M].北京:清华大学出版社,2004.

[6] 杨国强,路萍,张志军.ERwin 数据建模[M].北京:电子工业出版社,2004.

[7] 梁昌勇.信息分析、设计与开发方法[M].北京:清华大学出版社,2011.

[8] 姜旭平,姚爱群.信息系统开发方法[M].2 版.北京:清华大学出版社,2004.

[9] 赵乃真,等.信息系统设计与应用[M].2 版.北京:清华大学出版社,2009.

[10] 傅铅生.信息系统分析与设计[M].北京:国防工业出版社,2009.

[11] 邝孔武,王晓敏.信息系统分析与设计[M].3 版.北京:清华大学出版社,2006.

[12] 王晓敏,邝孔武.信息系统分析与设计[M].4 版.北京:清华大学出版社,2013.

[13] Jeffrey L Whitten, Lonnie D Bentley, et al. 系统分析与设计方法[M].肖刚,孙慧,等译.北京:机械工业出版社,2004.

[14] 张海藩.软件工程导论[M].5 版.北京:清华大学出版社,2008.

[15] Lan K Ban.需求工程导引[M].舒忠梅,罗文村,等译.北京:人民邮电出版社,2003.

[16] 微软公司.MCSD 制胜宝典——需求分析与 Microsoft.NET 解决方案体系结构定义[M].姚军,沈建人,译.北京:清华大学出版社,2004.

[17] 玄伟剑.Visio 2003 图纸设计入门与提高[M].上海:上海科学普及出版社,2004.

[18] 刘晓华,等.UML 基础及 Visio 建模[M].北京:电子工业出版社,2004.

[19] 金蝶公司(中国)有限公司.金蝶 K/3 V11.0 标准财务培训教材[M].北京:机械工业出版社,2009.

[20] 金蝶公司(中国)有限公司.ERP 系统的集成应用——企业信息化的必由之路[M].北京:清华大学出版社,2005.

[21] 金蝶公司(中国)有限公司.金蝶 K/3 标准财务(上)[M].深圳:金蝶公司(中国)有限公司,2004.

[22] 金蝶公司(中国)有限公司.金蝶 K/3 标准财务(下)[M].深圳:金蝶公司(中国)有限公司,2004.

[23] 陈晓红.信息系统教程[M].北京:清华大学出版社,2003.

[24] Watt S Humphrey.软件工程规范[M].傅为,苏俊,许青松,译.北京:清华大学出版社,2004.

[25] 肖刚,古辉,程振波,等.实用软件文档写作[M].北京:清华大学出版社,2005.

[26] David Harris.中小企业级系统分析与设计[M].3 版.张瑞萍,孙岩,吴华,等译.北京:清华大学出版社,2004.

[27] 蒋志青.企业业务流程设计与管理[M].2 版.北京:电子工业出版社,2005.

[28] 苏选良,张益星,林荣清,等.数据库与管理信息系统实验教程[M].北京:电子工业出版社,2004.

[29] 单东方,孙凌云,杨桃红,等.管理信息系统案例分析[M].北京:科学出版社,2003.

[30] Mickey Williams.Visual C♯.NET 技术内幕[M].修订版.冉晓,罗邓,郭炎,译.北京:清华大学出版社,2007.

[31] Donis Marshall.Visual C♯ 2008 核心编程[M].施平安,王净,蔡兴泉,译.北京:清华大学出版社,2009.

[32] 王超,潘杨,张维维.Visual C♯ 通用范例开发金典[M].北京:电子工业出版社,2008.

［33］ 钱乐秋,赵文耘,牛军钰.软件工程[M].北京:清华大学出版社,2007.

［34］ Christian Nagel,Bill Evjen,Jay Glynn,et al. C#高级编程[M].7版.李铭,译.北京:清华大学出版社,2010.

［35］ 赵东会,王小科,王军,等.C#开发之道[M].北京:电子工业出版社,2011.

［36］ 郭睿志,张学志.C#＋SQL Server项目开发实践[M].北京:中国铁道出版社,2007.

［37］ 郑宇军,杜家兴.SQL Server 2005＋ Visual C#开发精解[M].北京:清华大学出版社,2007.

［38］ 尹成,陈荔城,陈振宇,等.Visual C# 2010开发权威指南[M].北京:清华大学出版社,2012.

［39］ John Sharp.Visual C# 2010从入门到精通[M].周靖,译.北京:清华大学出版社,2010.

［40］ 杨继萍,孙岩,周保英.Visio 2007图形设计从新手到高手[M].北京:清华大学出版社,2008.

［41］ Mike Hotek.SQL Server 2008从入门到精通[M].潘玉琪,译.北京:清华大学出版社,2011.

［42］ Leszek A Maciaszek.需求分析与系统设计[M].马素霞,王素琴,谢萍,等译.北京:机械工业出版社,2009.

［43］ Kenneth E Kendall,Julie E Kendall.系统分析与设计[M].9版.施平安,赫清赋,译.北京:机械工业出版社,2014.

［44］ Thomas M Connolly,Carolyn E Begg.数据库设计教程[M].2版.何玉洁,黄婷儿,等译.北京:机械工业出版社,2010.

［45］ Peter Rob,Calos Coronel.数据库系统设计、实现与管理[M].6版.张瑜,杨继萍,等译.北京:清华大学出版社,2005.

［46］ Peter Rob,Carlos Coronel.数据库系统设计、实现与管理[M].8版.金名,张梅,等译.北京:清华大学出版社,2012.

［47］ Rob Stephens.数据库设计解决方案入门经典[M].王海涛,宋丽华,等译.北京:清华大学出版社,2010.

［48］ 王珊,萨师煊.数据库系统概论[M].5版.北京:高等教育出版社,2014.

图书资源支持

感谢您一直以来对清华版图书的支持和爱护。为了配合本书的使用，本书提供配套的资源，有需求的读者请扫描下方的"书圈"微信公众号二维码，在图书专区下载，也可以拨打电话或发送电子邮件咨询。

如果您在使用本书的过程中遇到了什么问题，或者有相关图书出版计划，也请您发邮件告诉我们，以便我们更好地为您服务。

我们的联系方式：

地　　址：北京海淀区双清路学研大厦 A 座 707

邮　　编：100084

电　　话：010－62770175－4604

资源下载：http://www.tup.com.cn

电子邮件：weijj@tup.tsinghua.edu.cn

QQ：883604(请写明您的单位和姓名)

用微信扫一扫右边的二维码，即可关注清华大学出版社公众号"书圈"。

资源下载、样书申请

书圈